Hans-Ingo Radatz
Spanische Grammatik im Fokus

Romanistische Arbeitshefte

Herausgegeben von
Volker Noll und Georgia Veldre-Gerner

Band 65

Hans-Ingo Radatz

Spanische Grammatik im Fokus

Klassische Beschreibungsprobleme aus neuer Sicht

DE GRUYTER

ISBN 978-3-11-041031-0
e-ISBN (PDF) 978-3-11-041032-7
e-ISBN (EPUB) 978-3-11-042364-8
ISSN 0344-676X

Library of Congress Control Number: 2021940960

Bibliografische Information der Deutschen Nationalbibliothek
Die Deutsche Nationalbibliothek verzeichnet diese Publikation in der Deutschen Nationalbibliografie; detaillierte bibliografische Daten sind im Internet über http://dnb.dnb.de abrufbar.

© 2021 Walter de Gruyter GmbH, Berlin/Boston
Druck und Bindung: CPI books GmbH, Leck

www.degruyter.com

Vorwort

Studienanfänger der Hispanistik finden auf dem Buchmarkt eine große, ja beinahe schon unüberschaubare Fülle von hervorragenden „Einführungen in die spanische Sprachwissenschaft". Fortgeschrittene Studenten und Examenskandidaten, die nach einem didaktisierten Überblick des erwarteten Examenswissens suchen, haben es da schon deutlich schwerer. Zumeist wird schließlich die Ein-Führung der ersten Semester am Ende des Studiums erneut als Aus-Führung verwendet, mit der nun auch die Examensvorbereitung bestritten werden soll. Das vorliegende Buch versucht diese Marktlücke zu schließen und ist daher ausdrücklich nicht als Ein-, sondern ausschließlich als Aus-Führung konzipiert. Mein Doktorvater Harro Stammerjohann hat vor vielen Jahrzehnten seinem in vieler Hinsicht vergleichbaren Lehrbuch den Titel „Französisch für Lehrer" gegeben. Trotz des abweichenden Titels könnte man auch das vorliegende Buch, neben seiner Funktion als Examensvorbereitung – zugleich auch als „Spanisch für (linguistisch neugierige) Lehrer" ansehen. Inspiration für dieses Buch war, neben dem genannten Französisch-Lehrbuch, auch ein Kurs bei Helmut Berschin, den dieser vor vielen, vielen Jahren während meines Studiums an der Johann Wolfgang Goethe-Universität Frankfurt am Main als Vertretungsprofessor gehalten hat; sein Konzept, den gesamten Inhalt der hispanistischen Sprachwissenschaft auf einen überschaubaren Bestand von klassischen Problemen zu verteilen, hat lange in meiner eigenen Lehre nachgeklungen.

Die Texte in diesem Buch beruhen auf Vorlesungen, die ich im Laufe meiner vielen Jahre als Dozent immer wieder gehalten habe und die auf diese Weise langsam die Form annahmen, in der sie nun hier zur Buchform geronnen sind. Die Darstellung wird durch diesen langen Reifungsprozess natürlich nicht automatisch korrekter als die anderer Lehrwerke, deren Ansichten ich hier möglicherweise wiederzugeben versäumt habe; ich bin aber zuversichtlich, dass er zumindest dazu beigetragen hat, die Argumentation in sich stimmig und nachvollziehbar zu machen.

Als ich im Jahre 2013 mit dem Projekt dieses Buchs erstmals an den Verlag herantrat, glaubte ich daher, das schriftliche Ausformulieren würde sich als reine Fleißarbeit herausstellen, die sich neben Professur und Familie schon noch einschieben ließe. Es sind schließlich über sieben Jahre geworden und es bedurfte der Corona-Zwangspause, um die Fertigstellung schließlich doch zu ermöglichen. Ab einem bestimmten Moment hatte der Verlag das noch lange nicht geschriebene Buch bereits angekündigt, Amazon hatte es umgehend in sein Programm aufgenommen und ich bekam seitdem jedes Jahr eine Werbemail, in der es hieß „Das könnte Sie interessieren: ‚Spanische Grammatik im Fokus'. Diese neue Veröffentlichung sollten Sie nicht verpassen". Das so durch Amazon jährlich vermittelte schlechte Gewissen hat den säumigen Autor in nicht unerheblichem Maße zur Fertigstellung gedrängt.

Ich hatte durch meine Position an verschiedenen Universitäten die Gelegenheit, diese Inhalte mit immer neuen Generationen von Studenten zu besprechen, die Verständlichkeit der Darstellung zu überprüfen und von den vielen Hinweisen und Ratschlägen meiner Hörer zu profitieren. Seit 2010 habe ich nun das Privileg, am Institut für Romanistik der Otto-Friedrich-Universität Bamberg arbeiten zu können, wo ich eine sehr kollegiale und inspirierende Arbeitsatmosphäre vorgefunden habe. Wir kommunizieren nicht nur per E-Mail, sondern sprechen täglich auch persönlich miteinander. Bei vielen gemeinsamen Mittagessen konnte ich Aspekte dieses Buches mit den Kollegen aus Sprachwissenschaft und Fachdidaktik besprechen und schärfen (bzw. auch korrigieren). Die allwöchentlich stattfindende „Linguistische Werkstatt" ermöglicht anregende Kontakte auch zu den linguistischen Kolleginnen und Kollegen der Nachbarphilologien und der allgemeinen Sprachwissenschaft. Wie stark all diese fachlich hochkarätigen (und zugleich sozial angenehm niedrigschwelligen) Gespräche die Ideen in diesem Buch mit geformt haben, ist nicht mehr rekonstruierbar, aber auch schwer zu überschätzen.

Für ihren Beitrag zum Gelingen des Projekts danke ich namentlich Benno Berschin, Katrin Betz, Anna Czypionka, Martin Haase, Christine Henschel, Georg Kaiser, Daniel Münch und Katrin Pfadenhauer, die durch ihre kritische Lektüre viele Fehler und Ungeschicklichkeiten noch vor der Drucklegung aus der Welt schaffen konnten. Meine studentische Hilfskraft Leonie Leis hat sich in der Endphase sehr um die Druckvorbereitung des fertigen Typoskripts verdient gemacht. Pablo López Tato schließlich hat dankenswerterweise die spanischsprachigen Teile auf Korrektheit und Kohärenz überprüft.

Bamberg, den 09.05.2021

Inhalt

Einleitung —— 1

1	**Die klitischen Personalpronomina** —— 11	
1.1	Pronomina, wie die traditionelle Grammatik sie sah —— 12	
1.2	Pronomina in der modernen Linguistik —— 15	
1.3	Die zwei Typen von Personalpronomina im Spanischen —— 25	
1.4	Die freien Pronomina —— 28	
1.5	Die Personalklitika —— 32	
1.6	Lektüre- und Analysetipps —— 37	
1.7	Aufgaben —— 37	

2	**Die differenzielle Objektmarkierung (DOM): die zwei Arten der Transitivität im Spanischen** —— 39
2.1	Terminologische Grundlagen —— 41
2.2	Direkte Objekte, Transitivität und Rektion im Spanischen —— 43
2.3	Indirekte Objekte —— 45
2.4	Präpositionalobjekte —— 47
2.5	Subjekte und Objekte im Lateinischen und in der Romania —— 48
2.6	Differenzielle Objektmarkierung: Die zwei Typen spanischer Transitivität —— 53
2.7	DOM im Spanischen: Grammatikalisierung und Semantik —— 57
2.8	DOM und die „zwei Typen romanischer Syntax" —— 60
2.9	Lektüre- und Analysetipps —— 61
2.10	Aufgaben —— 62

3	*Leísmo, Laísmo, Loísmo* **und die letzten Momente im Leben des spanischen Kasussystems** —— 63
3.1	Das „etymologische" Gesamtsystem der Personalpronomina —— 65
3.2	Die abweichenden Systeme —— 66
3.3	*Leísmo*: Versuch einer Erklärung —— 72
3.4	Lektüre- und Analysetipps —— 83
3.5	Aufgaben —— 84

4	**Die pronominale Doppelung (Reprise) und die Syntax der Klitika** —— 85
4.1	Syntax und Informationsvergabe —— 85
4.2	Diachronie: Woher kommen (und wohin gehen) die Klitika? —— 90
4.3	Resumptive Pronomina und *Clitic Doubling* —— 96
4.4	Objektkonjugation im Spanischen —— 101
4.5	Nachgedanken: „Was wird hier eigentlich gedoppelt"? —— 103

4.6	Lektüre- und Analysetipps —— 104	
4.7	Aufgaben —— 105	

5 Die Konstruktion AdjN und die Semantik der Adjektivvoranstellung —— 107
- 5.1 Einleitung —— 107
- 5.2 Die Sequenzierung von N und Adj im attributiven Gebrauch —— 114
- 5.3 Das Adjektivstellungsproblem im Spanischen: die Forschungslage —— 116
- 5.4 Zwei Typen von Adjektivstellungstheorien —— 118
- 5.5 Die Semantik der Konstruktion Adj-N —— 120
- 5.6 Lektüre- und Analysetipps —— 126
- 5.7 Aufgaben —— 127

6 Das Imperfekt zwischen Tempus, Aspekt, Textpragmatik und Modus —— 129
- 6.1 Die „linguistische Zwei-Welten-Lehre" —— 129
- 6.2 Tempus: morphologische Konzeptualisierung der Zeit in der versprachlichten Welt —— 132
- 6.3 Präteritum und Imperfekt im Spanischen —— 134
- 6.4 Tempus und Aspekt —— 135
- 6.5 Harald Weinrichs Kritik an der Aspekt-Theorie —— 141
- 6.6 Nicht-temporaler Gebrauch des Imperfekts —— 147
- 6.7 Lektüre- und Analysetipps —— 148
- 6.8 Aufgaben —— 149

7 Tempus (und Aspekt?): Präteritum vs. Perfekt —— 151
- 7.1 Das HABEN-Perfekt als Verbalperiphrase —— 152
- 7.2 Vom Lateinischen zum modernen Spanisch —— 154
- 7.3 Hispanoamerika vs. Europa: Stufe 2 vs. Stufe 3 —— 163
- 7.4 Harald Weinrichs Theorie: die Sprechperspektive —— 167
- 7.5 Lektüre- und Analysetipps —— 168
- 7.6 Aufgaben —— 169

8 Der Subjunktiv – Modus oder syntaktischer Subordinationsmarker? —— 171
- 8.1 Modus und Modalität —— 173
- 8.2 Kategorien des Modus im Spanischen —— 176
- 8.3 Theorien zum romanischen Subjunktiv —— 177
- 8.4 Der Subjunktiv erscheint ausschließlich im Nebensatz —— 181
- 8.5 Der nicht-automatische Subjunktiv: Überreste von Modalität —— 182
- 8.6 Lektüre- und Analysetipps —— 186
- 8.7 Aufgaben —— 187

9	**Tempus (und Modus?) – synthetisches vs. analytisches Futur** —— 189
9.1	Einleitung —— 189
9.2	Tempus und Modus: allgemeine Reflektionen zum Futur —— 191
9.3	Das Futur im Lateinischen —— 192
9.4	Fortentwicklung im (Alt-)Spanischen —— 195
9.5	Die Grammatikalisierung des GEHEN-Futurs im Spanischen —— 196
9.6	Das Futur im *Esbozo* —— 202
9.7	Verbreitung und Vitalität der beiden Future —— 203
9.8	Die beiden Future im Vergleich: die temporalen Funktionen —— 204
9.9	Die modalen Funktionen des *futuro simple* —— 207
9.10	Praktische Analysetipps —— 210
9.11	Aufgaben —— 211

10	**Prädikation, Kopula und das *ser/estar*-Problem** —— 213
10.1	Prädikative Konstruktionen —— 214
10.2	Prädikation im Spanischen —— 218
10.3	Entwicklung vom Lateinischen zum Kastilischen —— 219
10.4	Unproblematisch: die nicht-prädikative Verwendung mit *ser* und *estar* —— 220
10.5	Das *ser/estar*-Problem: prädikative Konstruktionen —— 223
10.6	Einige klassische Lösungsvorschläge —— 224
10.7	Kognitionslinguistische Analyse der Konstruktionen SER + ADJP und ESTAR + ADJP —— 227
10.8	Von keiner Regel erfassbar: lexikalisierte Konstruktionen —— 229
10.9	Praktische Analysetipps —— 229
10.10	Aufgaben —— 231

Bibliographie —— 233

Einleitung

Dieses Arbeitsheft versteht sich als Lektüre für Pro- und Hauptseminare, wie auch als Literatur zur Examensvorbereitung im Bereich der sprachwissenschaftlichen Prüfung zur spanischen Gegenwartssprache. Das inhaltliche Konzept baut auf dem Prinzip der Selbstbeschränkung auf, indem nur eine kleine Anzahl grammatischer Phänomene behandelt werden. Der Duktus ist stets argumentierend und es wird nicht versucht, alle Erklärungsansätze zum gegebenen Thema aufzuarbeiten. Es handelt sich bei diesen grammatischen Phänomenen um Themenbereiche, die einerseits unbestritten zentrale Aspekte der linguistischen Analyse des Spanischen betreffen, die andererseits aber überraschenderweise im Studium in dieser Ausführlichkeit oft dennoch nicht behandelt werden. Oft ist es die fehlende inhaltliche Abstimmung zwischen Sprachpraktikern, Fachdidaktikern und Sprachwissenschaftlern, die paradoxerweise dazu führt, dass gerade die allergrundsätzlichsten Fragen der Grammatik im Studium übergangen werden – gerade *weil* sie so fraglos grundsätzlich sind.

An welchem systematischen Ort im Studium werden beispielsweise die Feinheiten der spanischen Pronominalsyntax (Objektklitika, pronominale Reprise, *Leísmo*), die semantische Kasuistik der Vergangenheitstempora oder die Kopula-Alternanz systematisch erarbeitet, wie es später in der Examensklausur als bekannt vorausgesetzt wird? Diese Themen sind nicht nur von theoretischem Interesse, sondern bilden zudem den zentralen Überlappungsbereich zwischen dem theoretischen Erkenntnisinteresse der Linguistik und den kontrastiven Strukturproblemen der Sprachpraxis.

Die Sprachpraxis behandelt diese zentralen Fragen der spanischen Grammatik oft nur am Rande – und wenn, dann nur als praktisches Problem. Lektoren besitzen mitunter nicht die philologische Ausbildung, um eine Verbindung aus linguistischer Reflektion und textanalytischer Arbeit leisten zu können; in jedem Fall fehlt dafür in der Sprachpraxis üblicherweise auch die Zeit. Lektoren gehen außerdem davon aus, dass dies nicht ihre, sondern vielmehr die Aufgabe der romanischen Sprachwissenschaft ist und erwarten, dass diese die betreffenden Themen schon vermitteln wird. Sprachwissenschaftler ihrerseits interessieren sich für mancherlei und gehen oft davon aus, dass die hier behandelten Probleme in der Sprachpraxis behandelt werden. Fachdidaktiker schließlich glauben typischerweise, dass sie in ihrem Unterricht auf ein solides sprachpraktisch-grammatisches Fundament bauen können, das ihre Studenten durch Sprachpraxis und -wissenschaft erworben haben. Nur so ist es zu erklären, dass Kandidaten im Staatsexamen am Ende ihres Hispanistikstudiums vielfach zwar besser Spanisch können als zuvor, in der intellektuellen Durchdringung der grammatischen Prinzipien dieser Sprache aber zuweilen auf dem intellektuellen Niveau ihrer alten Schulgrammatik stagnieren.

Neben der fehlenden Abstimmung zwischen den Teildisziplinen ist aber auch die schiere Kürze der zu Verfügung stehenden Studienzeit für die Sprachwissenschaft mittlerweile zu einem bedrohlichen Problem geworden. Die deutsche Tradition der obligatorischen Fächerkombination im Lehramtsstudium reduziert den Anteil des Spanischen schon einmal auf höchstens 50% des Gesamtstudiums. Nahezu die Hälfte dieser Zeit entfällt zudem auf Sprachpraxis, Pädagogik und Fachdidaktik, sodass für das Fachstudium höchstens noch ca. 30% übrigbleiben, also je 15% für Sprach- und Literaturwissenschaft. Ein tatsächliches sprachwissenschaftliches Fachstudium beschränkt sich also auf ein Proseminar und eine Vorlesung sowie, fakultativ in einem der drei Teilbereiche, ein Hauptseminar; der Examenskurs ist als Repetitorium ausgelegt. Dieser neuen Realität des Hispanistikstudiums im Zeitalter von Bologna, Modularisierung und strikter Regelstudienzeiten will das vorliegende Buch Rechnung tragen.

Konnte man es in den 1990er Jahren noch den Zufall überlassen, ob die relevanten Kernthemen im Laufe des Studiums letztlich behandelt wurden oder nicht, so zwingt die fortschreitende Verschulung des Universitätsstudiums dazu, die Vermittlung des Stoffs didaktisch zu überdenken; insbesondere bewusst dafür zu sorgen, dass zumindest die grundlegendsten Fragestellungen des Fachkerns angemessen und verlässlich unterrichtet werden. Damit die Reaktion auf die veränderten Bedingungen des Studiums nun aber nicht auf Kosten der Ausbildungsqualität erfolgt, sondern vielmehr in Form einer strategischen Selbstbeschränkung und Fokussierung geschehen kann, muss diese Beschränkung spätestens beim Themenkanon enden und darf nicht auf die wissenschaftlichen Standards der linguistischen Ausbildung übergreifen. Dieses Buch will daher einen solchen aufs Notwendigste komprimierten Themenkanon der hispanistischen Sprachwissenschaft im Lehramtsstudium vorschlagen und ausführen.

Das Buch wendet sich an Leser,[1] die mit grammatischen Regeln und Erklärungen zum Spanischen bislang im Rahmen der Sprachpraxis in Kontakt gekommen sind und daher eine Vorstellung davon haben, wo die Problemstellen der spanischen Grammatikbeschreibung liegen. Das Buch versucht, aus der immensen Literaturfülle der professionellen Linguistik Anregungen und Theorieansätze ausfindig zu machen, die für eine vertiefte und anspruchsvollere Erklärung der bekannten Phänomene herangezogen werden können. Im günstigsten Fall sollte aus der Lektüre der doppelte Nutzen entstehen, einerseits mehr über die Strömungen der modernen

---

1 Hier und im Folgenden verwende ich den weiblichen Geschlechtsmarker „-in" nur in Kontexten, in denen er mir inhaltlich geboten erscheint. Ich bekenne mich vorbehaltlos zum gesellschaftlichen Ziel einer Geschlechtergleichberechtigung, glaube aber nicht daran, dass dieses Ziel dadurch befördert werden kann, dass man es Frauen, zumindest sprachlich, verwehrt, „Professor", „Arzt" oder „Bundeskanzler" zu werden. Auch halte ich dieses Lehrbuch nicht für den geeigneten Ort, um durch insistente, aber sachlich irrelevante Dopplungen oder nicht-normsprachliche orthographische Exzentrismen diese gesellschaftspolitische Überzeugung zum Ausdruck zu bringen.

Linguistik zu lernen, andererseits aber auch die behandelten Phänomene der spanischen Grammatik tiefer zu durchdringen. Nicht-muttersprachliche Hispanisten und angehende Spanischlehrer sollen dadurch in die Lage versetzt werden,
- sich durch selbständige und kritische Lektüre einschlägiger Fachliteratur über ein ganzes Berufsleben hinweg fortzubilden
- auf Grundlage vertiefter linguistischer Kenntnisse eigene didaktische Konzepte für die Vermittlung zentraler grammatischer Probleme zu entwickeln
- eigene idiomatische Unsicherheiten durch Anwendung sprachwissenschaftlich fundierter Selbstanalyse zu überbrücken
- Korrekturen im Rahmen des engen Zeitfensters der Schulpraxis zu erledigen
- fremdsprachendidaktische Konzepte kritisch zu hinterfragen.

All diese Fertigkeiten sind Ausprägungen einer intellektuellen Selbständigkeit, die eine wissenschaftliche Ausbildung an einer Universität liefern soll und die hypothetisch den Unterschied zwischen einer akademischen Ausbildung und einem reinen Lehrberuf ausmachen sollten.

Der praxisorientierte Ansatz des vorliegenden Buchs besteht also in einer implizit vergleichenden Linguistik ausgewählter Probleme, die nicht den Anspruch erhebt, die Gesamtheit des spanischen Sprachsystems innerhalb eines kohärenten Theoriegebäudes beschreiben zu wollen, sondern vielmehr nur einen überschaubaren Kanon von Einzelphänomenen beschreibt – diesen dafür aber in angemessener analytischer Tiefe. Das vorliegende Lehrwerk geht von einem Kanon grammatischer Phänomene des Spanischen aus, zu denen die Sprachwissenschaft einen praxisrelevanten Theoriebeitrag leisten kann. Es handelt sich insgesamt um Probleme aus dem Bereich der Morphosyntax, die man als Klassiker der spanischen Grammatik bezeichnen kann. Dabei fallen fünf dieser Themen in den Bereich der nominalen und fünf weitere in den Bereichen der verbalen Sphäre. Die Kapitel bauen aufeinander auf und sind insofern nicht völlig ohne Grund so angeordnet, wie sie es sind. Andererseits wurde darauf geachtet, dass jedes Kapitel grundsätzlich auch für sich durchgearbeitet werden kann. Die zehn Themen sind:

Nominal 1: Klitische vs. freie Personalpronomina

Das Buch beginnt mit fünf Themen aus dem nominalen Bereich und thematisiert einleitend das Thema der Personalklitika. Dass die spanischen Personalpronomina sich syntaktisch in vielerlei Hinsicht völlig anders verhalten als die deutschen, ist zwar in dieser Form kein klassisches Problem, wohl aber eine grundlegende theoretische Reflektion, die im Rahmen des Studiums stattfinden muss und die innerhalb der Sprachpraxis so nicht stattfinden kann. Die Existenz zweier Pronominalreihen (freie vs. klitische Pronomina) ist der wichtigste strukturelle Unterschied zwischen germanischen und romanischen Sprachen. Die theoretische Reflektion sollte hier zu der Erkenntnis führen, dass die freien Pronomina, die unseren deutschen Personalpronomina doch so ähneln, im Spanischen viel weniger wichtig sind als die uns fremden Klitika; dass zudem die spanische Orthographie uns durch Zusammenschreibung der Enklitika (*¡Dámelo!*) und Getrenntschreibung der Proklitika (*¿Me lo das?*) die Allgegenwart der Proklise zu verschleiern droht.

Nominal 2: Der „präpositionale Akkusativ" – Differenzielle Objektmarkierung (DOM)

Dieses Phänomen wird in der Sprachpraxis zwar erklärt, nicht aber in seinen linguistischen Kontext gestellt. Alle romanischen Sprachen markieren indirekte Objekte (= „Dativ") mit einem Marker, zumeist *a*:

(1) Le doy el libro a Pedro. / Je donne le livre à Pierre.

Anders als in den anderen romanischen Sprachen wird derselbe Marker aber im Spanischen auch für einen Teil der direkten Objekte verwendet (= „Akkusativ"):

(2) Conozco a Pedro. / Je connais *[à] Pierre.

Durch diese Reinterpretation des Dativ-Markers als Belebtheits-Marker gibt es im Spanischen also zwei morphologisch unterschiedene Typen direkter Objekte: solche mit und solche ohne die sogenannte differenzielle Objektmarkierung (DOM). Dabei muss auch thematisiert werden, dass „Belebtheit" in der versprachlichten Welt nicht deckungsgleich mit „lebendig" in der realen Welt ist:

(3) Derribaron a dos aviones enemigos.

Nominal 3: Die letzten Reste des Kasussystems der Pronomina: *Leísmo, Laísmo, Loísmo*

Studierende sind zumeist verwirrt über die Variation in der pronominalen Realisierung direkter Objekte der dritten Person:

(4) ¿Conoces a Juan$_i$? – Sí, le$_i$ / lo$_i$ conozco hace tiempo.

Unsere deutsche Intuition lässt uns hier beim direkten Objekt einen „Akkusativ" erwarten, den wir mit der Form *lo* assoziieren. Diese Intuitionen eines Dativ- vs. Akkusativ-Kontrasts werden allerdings von immer weniger Spanischsprechern geteilt. In diesem Zusammenhang stellt sich die Frage: Wo gibt es im Spanischen noch

Kasus? Wenn überhaupt, dann nur noch bei den Klitika in der 3. Person (Akkusativ vs. Dativ); doch angesichts des Schwunds der Kasusintuition bei vielen Spanischsprechern haben wir im *Leísmo* stattdessen eine Reinterpretation des alten Dativmarkers als Belebtheitsmarker; da es dieselbe Unterscheidung durch die DOM-Markierung in den lexikalischen NPs bereits lange gibt, lässt sich *Leísmo* als Versuch deuten, die Belebtheitsmarkierung der lexikalischen Objekte auch auf den Bereich der Klitika zu übertragen. Dies funktioniert bisher aber nur bei maskulinen Objekten und stellt einen natürlichen Sprachwandel dar, der sich normativ (RAE) aber nicht entfalten darf.

Nominal 4: Die pronominale Reprise

Das Thema *Nominal 2* geht nun auf eine syntaktische Besonderheit des Spanischen ein, bei der die soeben eingeführten Klitika eine zentrale Rolle spielen, nämlich die seltsame Dopplung mancher Objekte im Spanischen, bei der ein und dasselbe Objekt in ein und demselben Satz zwei Mal repräsentiert ist. Es geht darum, die Konstruktion erkennen zu lernen:

(5) Me lo han dicho a mí. = ‚Man hat es mir gesagt *[mir]'.
(6) Le dijeron a Juan que viniera. = ‚Sie haben Hans *[ihm] gesagt ...'

Es soll zudem erkannt werden, dass dies eine Struktur ist, die es im Deutschen so nicht gibt, dass zwischen strengem *clitic-doubling* und weiter gefasster pronominaler Reprise sowie zwischen obligatorischer, bevorzugter und unmöglicher Reprise unterschieden werden muss. Diachronisch sollte dabei der jahrhundertealte kontinuierliche Sprachwandel durch Grammatikalisierung thematisiert werden, in dessen Verlauf die ursprünglich obligatorischen freien Pronomina und fakultativ unterstützenden Klitika im *Siglo de Oro* ihre Rollen wechselten, um zur modernen Situation der obligatorischen Klitika und fakultativen freien Pronomina zu gelangen.

Nominal 5: Die Stellung des attributiven Adjektivs

Sie ist zwar frei, aber nicht beliebig. Das Problem ist üblicherweise bekannt, wird dann aber zumeist auf die klassischen Beispiele mit sogenannten bisemantischen Adjektiven (*viejo amigo* vs. *amigo viejo*) reduziert. Es ist also zunächst zu zeigen, dass diese nur eine Anekdote am Rande des eigentlichen Problems sind (auch dtsch. ‚alter Freund' ist polysem). Es kann dann zwischen prädikativem und attributivem Gebrauch unterschieden werden; zudem müsste problematisiert werden, dass es unter den Adjektiven relevante Unterklassen gibt, die sich sehr unterschiedlich verhalten. Die meisten „Adjektive" sind Relationsadjektive, bezeichnen normalerweise keine Eigenschaft und stehen nach. Nur Eigenschaftsadjektive sind „echte Adjektive" und können daher voran- und nachstehen. Manche Relationsadjektive können allerdings sekundär auch als Eigenschaftsadjektive verwendet werden:

(7) Café descafeinado / ?descafeinado café
(8) Descafeinadas negociaciones / negociaciones descafeinadas

Bei echten Kernadjektiven herrscht Stellungsfreiheit:

(9) Una buena cena / una cena buena

Verbal 1: Präteritum vs. Imperfekt

Mit diesem Thema beginnt nun die verbale Hälfte der Analysen. Wir haben im Deutschen ein einziges Erzähltempus, im Spanischen dagegen zwei, die funktional komplementär sind. Nach welchen Kriterien wählen wir zwischen diesen beiden? Tempusfragen werden im Sprachunterricht oft so unterrichtet, als sei die Versprachlichung der Realität ein mechanischer Vorgang ohne Gestaltungsmöglichkeit durch den Sprecher. Studenten versuchen daher die Tempuswahl aus einer Analyse des zu beschreibenden Sachverhalts zu gewinnen. Dabei wird die Funktion des Imperfekts als Gestaltungsmittel der Versprachlichung regelmäßig übersehen und stattdessen nach Regeln gesucht, die einen bestimmten Tempusgebrauch erzwingen. Hier muss zuerst zwischen Tempus und Aspekt unterschieden werden und die temporale Gleichwertigkeit beider Formen herausgearbeitet werden. Parallel bzw. alternativ zur klassischen satzbasierten Analyse mit ihrer Zuspitzung des Kontrasts im sogenannten Inzidenzschema sollte die Funktion der beiden Präterita bei der Erzeugung eines Erzählreliefs gezeigt werden. Relevant ist nicht die Struktur des beschriebenen Ereignisses, sondern die Art und Weise, wie der Sprecher es zu versprachlichen wünscht.

Verbal 2: Präteritum vs. Perfekt

Hier gilt es zunächst einmal im Vergleich mit dem Deutschen zu zeigen, dass die intuitive Assoziation des spanischen Perfekts mit dem deutschen nicht funktionieren kann, weil das deutsche Perfekt in der Sprechsprache ein echtes Erzähltempus geworden ist, das spanische dagegen nicht. Wichtig ist zudem die Information, dass die Semantik des spanischen HABEN-Perfekts ein Phänomen im Umbruch ist, das an verschiedenen Orten der Hispanophonie zu unterschiedlichen Resultaten geführt hat (vor allem Europa vs. Amerika). Harris (1982) stellt in verständlicher Weise den

Grammatikalisierungspfad dar, auf dem die romanische Innovation des HABEN-Perfekts in der Romania zu neuen Tempora geführt hat; neben einem Verständnis für die zugrundeliegenden Sprachwandelphänomene ermöglicht seine Darstellung außerdem, die unterschiedlichen semantischen Effekte dieser Form als eine von vier Stufen auf ein und demselben Grammatikalisierungspfad darzustellen.

Verbal 3: Der Subjunktiv

Nirgends bringen Studenten mehr Halbwissen und Irrtümliches mit als zum Thema Subjunktiv. Die weit verbreitete Reduktion des Subjunktivs auf seine Modusfunktion wird der überwiegenden Mehrheit derjenigen Fälle nicht gerecht, in denen der Subjunktiv ohne jegliche Wahlmöglichkeit syntaktisch ausgelöst wird und damit keinen semantischen Gehalt transportieren kann; eine Reduktion des Subjunktivs auf die Funktion eines redundanten morphosyntaktischen Subordinationsmarkers wird all den Fällen nicht gerecht, in denen eine Modusalternanz möglich ist und tatsächlich dem Ausdruck der Modalität dient. Hispanisten müssen lernen, diese beiden Fälle voneinander zu unterscheiden. Im Fall des modalen Subjunktivs müssen sie lernen, die konkrete Semantik aus dem Grundprinzip abzuleiten, dass der Subjunktiv die Assertion der Proposition des Nebensatzes unterdrückt. Beim syntaktischen Subjunktiv dagegen sollte gelernt werden, dass semantische Erwägungen dort ins Leere greifen. Während der deutsche Konjunktiv ausschließlich als frei wählbares Ausdrucksmittel verwendet wird, tritt diese Funktion in den romanischen Sprachen statistisch weit hinter der Funktion eines syntaktisch ausgelösten Subordinationsmarkers ohne erkennbare eigene Semantik zurück.

Verbal 4.: Synthetisches vs. analytisches Futur

Das Problem scheint auf den ersten Blick darin zu bestehen, zwei konkurrierende Tempora zeitenlogisch gegeneinander abzugrenzen. Auch hier bietet sich zuerst einmal die diachronische Reflektion darüber an, welche der beiden Formen alt und welche innovativ ist. Das GEHEN-Futur wird als eine romanische Innovation erkannt, deren Grammatikalisierungspfad von Stufe 1: Vom GEHEN zur ABSICHT zu Stufe 2: Von der ABSICHT zur ZUKUNFT fortschreitet. Der Prozess ist nicht abgeschlossen, doch ist das GEHEN-Futur tendenziell im Begriff, das synthetische in all seinen temporalen Funktionen zu ersetzen, nicht aber in seinen modalen:

(10) Lloverá = Va a llover.

Future haben nämlich normalerweise nicht nur temporale, sondern auch modale Funktionen – eine Beobachtung, die in der Sprachpraxis oft nicht systematisch vermittelt wird. Dabei zeigt sich, dass sich das synthetische Futur immer mehr von seinen temporalen Funktionen entfernt und vor allem modale Funktionen übernimmt:

(11) Serán las ocho („Es wird wohl acht Uhr sein'). ≠ Van a ser las ocho. („Bald ist es acht').

Verbal 5: Das *ser*/*estar*-Problem

Dieser Klassiker der spanischen Grammatik verliert allein durch eine präzise Ausformulierung einen Großteil seiner Schrecken. Hier sollten die Konzepte „Kopula" bzw. „kopulatives Verb" und Prädikation eingeführt werden. Hilfreich ist erneut die diachronische Perspektive, anhand derer man die Grammatikalisierung von STARE zu einem neuen kopulativen Verb zeigen kann und damit zugleich *ser* als die eigentliche Kopula und *estar* als die Innovation identifiziert. Entgegen studentischer Intuition bildet die Wahl zwischen *ser* und *estar* nur in einem sehr kleinen Teilbereich möglicher Prädikatsnomen ein Problem, nämlich ausschließlich mit „qualifikativen Adjektiven", d.h. solchen, die der semantischen Klasse der Eigenschaftsbezeichnungen angehören. Hier lässt sich an das vorangegangene Adjektivstellungsthema anknüpfen. Die semantische Regel für diesen problematischen Restbereich lässt sich aus der noch nicht völlig abgeschlossenen Grammatikalisierung von *estar* zur Kopula begründen, durch die *estar* im Zweifel nicht völlig überzeitlich funktioniert, sondern zumindest die Möglichkeit einer Veränderung in der Zeit offen lässt.

Das vorliegende Lehr- und Studienbuch strebt bei all diesen behandelten Phänomenen schon aus Gründen der Didaktisierung keine thematische Vollständigkeit an; dasselbe gilt nicht zuletzt auch für die verwendeten linguistischen Methoden. Hier war es die Priorität, jedes einzelne Kapitel möglichst kohärent durchzuargumentieren. Alternative Theorien werden, wo immer möglich, genannt; das eigentliche Ziel war aber nicht die eines umfassenden Forschungsüberblicks, wie ihn beispielsweise die *Gramática descriptiva de la lengua española* (Bosque / Demonte 1999) in unübertroffener Ausführlichkeit liefert; vielmehr soll jeweils eine in sich schlüssige und nicht-triviale Darstellung geliefert werden, wie man das betreffende Phänomen von Seiten der modernen Sprachwissenschaft einordnet und erklärt.

Zugleich ist die Haltung dieses Buchs oft ein wenig aufklärerisch, indem es den Leser bei der Hinterfragung der eigenen Urteile (oder Vorurteile) zu den jeweiligen grammatischen Erscheinungen zu begleiten sucht. Dabei werden regelmäßig die unter Studenten gehandelten didaktischen Reduktionen auf ihren Erklärungswert hin überprüft. Hispanisten treffen auf viele dieser Probleme mit Vorkenntnissen aus ihrem praktischen Sprachunterricht, in denen sich typischerweise Bedenkliches mit durchaus Zutreffendem vermischt. Hier sollte es Aufgabe der Linguistik sein, die so erworbenen Faustregeln zu hinterfragen und argumentativ auf ihre Schlüssigkeit hin zu überprüfen. Oft besteht die Schwierigkeit schon darin, das betreffende grammatische Phänomen überhaupt präzise zu formulieren. Das „*ser-estar*-Problem" kennt jeder Spanischlerner; präzise auszuformulieren, worin es eigentlich besteht, ist dagegen etwas, das nur wenige schaffen. Oft entsteht der Aha-Effekt schon, indem man ein solches Phänomen einfach sprachwissenschaftlich kontextualisiert.

Die traditionelle Lernergrammatik (d.h. die Didaktik für Endverbraucher) sucht Regeln zu etablieren, mit deren Hilfe der Lerner erlaubte (= „richtige") und verbotene (= „falsche") Strukturen zu unterscheiden lernt. Sie beantwortet also die Frage: „Was muss ich tun, um keinen Fehler zu begehen?" Dem kann eine linguistisch-funktionalistische Herangehensweise eine gänzlich andere Frage zur Seite stellen, die, zumindest in einer Fachdidaktik für Lehrer, geeignet ist, die intellektuelle Durchdringung der Gesetzmäßigkeiten der Fremdsprache auf eine neue Stufe zu heben. Statt einer reinen Kasuistik aus Verboten und Geboten vermag die Linguistik Regeln zu liefern, mit deren Hilfe man die unterschiedliche Semantik bzw. Funktion ähnlicher oder konkurrierender Strukturen zu unterscheiden lernt. Diese Herangehensweise sieht die Probleme der Grammatik in einem ganz anderen Licht. Eine typische Fragestellung wäre dann: „Was ändert sich im Ausdrucksgehalt dieser Konstruktion, wenn ich a durch b ersetze?". Die Konzepte „falsch" und „richtig" (hier eher im Sinne von „markiert" vs. „unmarkiert") stehen dadurch nicht mehr im Zentrum des Interesses, sondern sind nur noch zwei Aspekte unter vielen anderen möglichen Faktoren. Mit dieser Erkenntnis ist der Schritt von einer rein sprachpraktischen zu einer linguistisch-analytischen Herangehensweise getan, was sowohl in einer Examenssituation als auch in der Lehramtspraxis einen großen Schritt voran bedeutet.

Allgemeine Lektüretipps

Begleitende und ergänzende Lektüre sollten stets die einschlägigen Artikel aus der *Gramática descriptiva de la lengua española* (Bosque / Demonte 1999), die – entgegen dem anderslautenden Titel – keine Grammatik ist, sondern vielmehr ein thematisch geordneter enzyklopädischer Forschungsüberblick der spanischen Linguistik des 20. Jahrhunderts. Den strukturalistischen Forschungsstand der 80er Jahre findet man, didaktisch perfekt aufbereitet, im bewährten Lehrbuch Berschin / Fernández-Sevilla / Felixberger (^{3}2005). Man könnte den Grammatikteil dieses Lehrbuchs gewinnbringend als vorbereitende Lektüre verwenden, um sich danach dann mithilfe des vorliegenden Lehrwerks den neueren Forschungsstand zu erarbeiten. Ein besonderer und linguistisch für die hier behandelten Themen überall ergiebiger Einführungs- und Überblicktext ist schließlich Haase (2012).[2] Hier wird das Spanische aus der typologischen und historisch-vergleichenden Vogelperspektive analysiert und innerhalb der romanischen, aber auch der indogermanischen Sprachen insgesamt aufschlussreich verortet. Dieser Artikel eignet sich daher besonders als begleitende Lektüre zu diesem Buch.

---

[2] Eine ungekürzte und gegenüber Haase (2012) noch einmal überarbeitete Fassung findet sich im Übrigen unter http://opus4.kobv.de/opus4-bamberg/frontdoor/index/index/docId/1487.

1 Die klitischen Personalpronomina

Personalpronomina sind eine grammatische Kategorie, die man generell eigentlich als bekannt voraussetzen kann und die daher selbst Laien vertraut ist. Man sollte meinen, dass dies ein Vorteil für die linguistische Präsentation ist, da man zumindest ein grundlegendes Verständnis dieses Konzepts voraussetzen kann. Leider ist aber wohl eher das Gegenteil der Fall. Das, was in der Schule über Personalpronomina gelehrt wird, spiegelt oft Definitionen und Charakterisierungen wider, die in der modernen Linguistik längst als überholt und widerlegt gelten, sich aber in Lehrbüchern und Lernergrammatiken durchaus noch finden. So lesen wir beispielsweise in der *Neue[n] spanische[n] Grammatik* des Dnf-Verlags, dass Pronomina[1] „Personen und Sachen vertreten":

> Die Pronomen (Fürwörter) vertreten Personen und Sachen im Nominativ (wer-Fall), die also Subjekt sind oder im Genitiv (wessen-Fall), Dativ (wem-Fall) oder Akkusativ (wen-Fall), die also Objekt sind (Beckmann 1997:146).

Dabei geht der Autor offenbar auch davon aus, dass das Spanische dasselbe Kasussystem wie das Deutsche besitzt und man auch dort einen „wem-Fall" ermitteln kann. In einer beliebten Kurzgrammatik des Hueber-Verlags liest man:

> Pronomen sind Fürwörter und heißen auf Spanisch *pronombres*. Man verwendet sie, um Wörter oder Sätze nicht zu wiederholen (Rudolph 2006:102).

Dieses und anderes, das wir alle über Pronomina zu „wissen" glauben, repräsentiert insgesamt einen Erkenntnisstand, der unter Laien als unauffällig und augenscheinlich vernünftig empfunden wird, von der modernen Linguistik aber mit guten Argumenten zurückgewiesen wird, da er in vielen Aspekten Erkenntnisse der antiken Grammatiktradition unkritisch vom Griechischen und Lateinischen auf andere Sprachen überträgt bzw. die antike Überlieferung halb verstanden zitiert. Bevor wir uns einer objektiven Charakterisierung der spanischen Personalpronomina zuwenden können, müssen wir daher zunächst eine Reihe populärer Irrtümer über das Wesen der Pronomina aufdecken, um uns dann vorurteilsfrei mit der Materie befassen zu können. Wir müssen also zunächst das traditionelle Konzept des Pronomens dekonstruieren.

---

[1] Wir werden im Weiteren das Wort „Pronomen" im Sinne von „Personalpronomen" verwenden und Interrogativ-, Reflexiv-, Possessiv-, Demonstrativ-, Relativ-, Adverbial- und Indefinitpronomina ausdrücklich so bezeichnen.

1.1 Pronomina, wie die traditionelle Grammatik sie sah

Dieser traditionelle Wissenstand findet sich exemplarisch auch in der folgenden Definition wieder, die in *Pons: Das große Handbuch Spanisch* im Kapitel zum Thema „Pronomen" erscheint:

> Der Name zeigt schon, was für ein Wert den Pronomen in der Sprache zukommt. Die *Pronomen* oder Fürwörter stehen in der Tat für andere Wörter, die durch sie ersetzt oder betont werden (PONS 2010:95).

Da das Fürwort eben *für ein anderes* steht, galt es der traditionellen Grammatik als sekundäre Wortart, deren Bedeutung hinter derjenigen der Hauptwortarten wie Substantiv, Verb oder Adjektiv zurücktrat. Die Definition klingt zunächst einmal nicht unplausibel, denn schließlich bedeutet das lateinische Wort „Pronomen" in der Tat nichts anderes als '[steht] für einen Namen / ein Wort'. Dennoch ist sie in mindestens zwei grundlegenden Aspekten unangemessen. Um die Probleme mit dieser Definition klarer herauszuarbeiten, sollten wir daher überprüfen, ob sie wirklich auf alle Elemente anwendbar ist, die wir intuitiv als **Pronomina** bezeichnen würden und ob, andererseits, alle Pronomina tatsächlich die Eigenschaften besitzen, die ihnen die obige Definition zuschreiben will.

1.1.1 Problem 1: Pronomina ersetzen keine „Wörter"

Überprüfen wir zuerst die Behauptung, die Funktion eines Pronomens bestehe darin, „ein anderes Wort" zu ersetzen. Diese Definition ist typisch für die traditionelle Schulgrammatik, die in erheblichem Maße mit der intuitiven Kooperation ihrer Leser rechnete, um unscharfe Formulierungen doch noch sinnvoll erscheinen zu lassen. Verweigert man allerdings diese Kooperation und versteht die Definition wörtlich, so wird sie problematisch. Im Spanischen gelten Elemente wie die folgenden als Personalpronomina: *yo, tú, él, ella ... / me, te, le, lo, la ...* etc. Wenn nun diese Pronomina tatsächlich ein anderes Wort ersetzen sollten, müsste es einfach sein, diese Ersetzung an beliebigen Beispielsätzen zu überprüfen, indem man das Pronomen eben durch ein (geeignetes) „Wort" ersetzt. Welches Wort kann beispielsweise das Pronomen *ella* in dem folgenden Satz ersetzen?:

(1)   Yo toco el violín, pero ella no.

Zum Beispiel *Luisa, Dolores* oder *Carmen*:

(2)   Yo toco el violín, pero Luisa / Dolores / Carmen no.

In der Tat kann *ella* hier also als Ersatz für „Wörter" stehen. Das funktioniert allerdings nur, weil diese Wörter Eigennamen sind, genauer: weibliche Vornamen. Nun gibt es aber neben Eigennamen noch zahlreiche andere Wörter, mit denen man weibliche Personen bezeichnen kann, z.B. *mujer, profesora, amiga*. Doch diese sind offenbar *nicht* unmittelbar ersetzbar durch das Personalpronomen *ella*:

(3)   Yo toco el violín, pero *mujer / *profesora / *amiga no.

Natürlich wird der Satz sofort akzeptabel, wenn man statt der nackten Substantive noch passende Artikelwörter (Determinativa) hinzufügt:

(4)   Yo toco el violín, pero [esta mujer / la profesora / mi amiga] no.

Das war es allerdings nicht, was die traditionelle Definition behauptet hatte, denn dort ist von „Wörtern" die Rede und nicht von „Wortgruppen".[2] Nun könnte man argumentieren, dass es der obigen Definition ja schließlich darum ging, dass Pronomina andere Wörter ersetzen können und nicht, anders herum (wie in den vorangegangenen Beispielen), dass Wörter Pronomina ersetzten. Doch auch das ist in der Mehrheit der Fälle nicht möglich, wie man in einer Abwandlung des letzten Beispiels erkennen kann. Ersetzt man nämlich die Substantive in (4) durch das Pronomen *ella*, erhält man erneut inakzeptable Sätze:

(5)   Yo toco el violín, pero [*esta ella / *la ella / *mi ella] no.

Offensichtlich stimmt es also einfach nicht, dass die zentrale Funktion der Pronomina darin besteht, „Wörter zu ersetzen". Wenn Pronomina überhaupt etwas ersetzen, dann sind es nicht Wörter, sondern vielmehr **Syntagmen** – im Fall der Personalpronomina, genauer: **Nominalphrasen** bzw. **NPs** – oder sogar ganze Sätze. Dabei sind die eingangs angeführten Beispiele, in denen scheinbar tatsächlich einzelne Wörter für das Pronomen substituiert werden konnten, keineswegs eine Ausnahme von dieser Regel: Auch in diesen Fällen substituieren die Pronomina ja NPs – nur eben solche, die durch besondere Umstände (Eigennamen) aus nur einem einzigen Substantiv bestehen:

---

2 Die Bezeichnung „Pronomen" geht letztlich auf die Dependenzgrammatik der Stoiker zurück, die das Konzept der Wortgruppen nicht kannte. Das Pronomen ersetzt dann tatsächlich das NOMEN SUBSTANTIVUM – aber innerhalb dieser Theorie dann ausdrücklich auch zusammen mit seinen „Satelliten", die sich dem Substantiv unterordnen. So verstanden und innerhalb dieses Grammatikmodells ist die traditionelle Definition natürlich wieder kompatibel mit der modernen Phrasen-Interpretation.

(6) Yo toco el violín, pero [esta mujer]$_{NP}$ / [Luisa]$_{NP}$ no.

Auch ganze Sätze bzw. Satzpropositionen können pronominalisiert werden:

(7) Yo [toco el violín]$_i$, pero Luisa no quiere [hacerlo]$_i$.

Die moderne Linguistik spricht daher statt von „Pronomina" oft auch allgemeiner von **Proformen** und unterscheidet dann zwischen Pro-NPs, Pro-AdvPs oder, wie hier, Pro-VPs. Wir korrigieren die Anfangsdefinition also wie folgt:

> Die Pro-Nomen oder Fürwörter stehen für Syntagmen (Phrasen), die durch sie ersetzt werden. Dabei ersetzen Personalpronomina Nominalphrasen (NP) oder Satzpropositionen.

1.1.2 Problem 2: Die Pronomina der 1. und 2. Person ersetzen weder Wörter noch Syntagmen

Bisher haben wir uns mit der Frage beschäftigt, was genau durch ein Pronomen ersetzt wird und dabei als selbstverständlich akzeptiert, dass Pronomina nichts als „sekundäre Ersatzelemente" sind. Stimmt es aber wirklich, dass Pronomina NPs ersetzen? Die Antwort lautet „ja" – aber nur unter bestimmten Bedingungen. Unter „ersetzen" kann man zwei sehr unterschiedliche Dinge verstehen. Im weiteren Sinne lässt sich die Formulierung der traditionellen Definition einfach so verstehen, dass man ein Konzept oft sowohl durch eine NP als auch durch ein Pronomen *bezeichnen* kann. In diesem Sinne ist die Beschreibung trivial korrekt. Statt ein Ding lexikalisch zu bezeichnen, können wir in der Tat stets auch *este*, *eso* oder *aquello* verwenden. Im engeren, syntaktischen Sinn dagegen müsste „ersetzen" aber bedeuten, dass man Pronomina und NPs beliebig gegeneinander austauschen kann. Das schien in den bisherigen Beispielen durchaus zu funktionieren. Worin besteht also das Problem?

Die Austauschbarkeit funktioniert hervorragend, solange man skrupulös darauf achtet, nur Referenten der **3. Person** zu verwenden. Sie endet dagegen abrupt, wenn Pronomina der **1. und 2. Person** ins Spiel kommen, denn es ist unmöglich, *yo* und *tú* im folgenden Beispiel durch irgendeine NP zu ersetzen, da NPs stets der 3. Person entsprechen, die Verben aber eindeutig für die 1. bzw. 2. Person flektiert sind:

(8) Yo pienso que tú deberías ocuparte de esto.

Die morphosyntaktischen Regeln des Spanischen *erzwingen* am flektierten Verb nach Pronomina der 1. und 2. Person die betreffenden Verbalendungen, und umgekehrt sind diese Pronomina *die einzige Möglichkeit*, das Subjekt dieser Verben lexikalisch auszudrücken:

(9) [Yo]/*[Marta]/*[Mi padre] pienso que [tú]/*[la profesora]/*[Pedro] deberías ocuparte de esto.

Doch selbst in der 3. Person ist diese Austauschbarkeit nicht uneingeschränkt gegeben; sie funktioniert nur bei belebten Referenten und führt bei unbelebten Referenten zu klar agrammatischen Strukturen:

(10) Jorge$_i$ y Marta$_j$ están en casa – él$_i$ en la cocina, ella$_j$ en la sala de estar.
(11) Tengo un coche$_i$ y una moto$_j$. – Con *él$_i$ voy al trabajo y con *ella$_j$ de paseo.

Wir korrigieren die Anfangsdefinition also noch einmal:

> Die Pro-Nomen oder Fürwörter stehen für Syntagmen (Phrasen), die durch sie ersetzt werden. Dabei ersetzen Personalpronomina typischerweise eine Nominalphrase (NP). Dies gilt allerdings nur für Pronomina der 3. Person, sofern ihre Referenten als belebt konstruiert werden können.

Von der ursprünglichen Definition ist nun nicht mehr viel übriggeblieben – und selbst diesen Rest können wir noch leicht als unzutreffend widerlegen. Diese Regel mag zwar für die spanischen Pronomina der 3. Person der Reihe *él*, *ella*, *ellos* und *ellas* gelten, doch gibt es im Spanischen, anders als im Deutschen, auch noch die Formen der alternativen Reihe *lo/s*, *la/s* und *le/s*, die zwar ebenfalls „Personalpronomina der 3. Person" sind, sich aber syntaktisch völlig anders verhalten. Ersetzen wir nämlich diese Pronomina mechanisch durch eine NP, entstehen inakzeptable Strukturen:

(12) La conozco. → *Marta conozco. (statt: Conozco a Marta.)
(13) ¡Dáselos ya! → *¡Dá Marta los libros ya! → bzw.: *¡Dámartaloslibros ya!

Damit haben wir nun die Eingangsdefinitionen, die ursprünglich eigentlich leidlich vernünftig klangen, soweit dekonstruiert, dass es keinen Zweck haben dürfte, sie durch eine simple Überarbeitung retten zu wollen. Vielmehr müssen wir noch einmal ganz von vorn anfangen.

1.2 Pronomina in der modernen Linguistik

Pronomina sind die wichtigste Untergruppe der linguistischen Kategorie der **Pro-Formen**, zu denen außerdem auch noch, je nach Sprache, Pro-Adverbien, Pro-

Verben, Pro-PPs etc. gehören können. Während die Hauptfunktion lexikalischer Substantive darin besteht, **Referenten** in der außersprachlichen Welt zu **bezeichnen**, besteht die wichtigste Funktion der Pronomina darin, auf solche Referenten zu **verweisen**, ohne sie dabei bezeichnen. Ihre Fähigkeit eines universellen Verweisens wird dadurch möglich, dass die Pronomina selbst semantisch weitgehend leer sind und sich dadurch allen situativen Gegebenheiten anpassen können. Dass Pronomina eher grammatische als lexikalische Elemente sind, erkennt man nicht nur an ihrer semantischen Leere, sondern auch daran, dass sie Flexionskategorien wie Numerus, Genus oder Kasus nicht inhärent besitzen, sondern sie vielmehr unselbständig von den NPs beziehen, die sie **pronominalisieren**. Da die Anzahl dieser Flexionskategorien begrenzt ist, bilden Pronomina geschlossene Formeninventare.

Pronomina erfüllen ihre Funktion in Abgleich mit dem sprachlichen oder situativen Kontext und ihre Beschreibung gehört daher in den Bereich der linguistischen Pragmatik, die erst in den 30er Jahren des 20. Jahrhunderts begründet wurde. Insofern ist es nicht verwunderlich, dass die traditionelle Grammatik nicht viel mit ihnen anzufangen wusste, denn erst die linguistische Pragmatik schuf die Terminologie und den konzeptionellen Rahmen, die zu einer angemessenen Beschreibung nötig sind.

1.2.1 Phorischer und deiktischer Gebrauch

Das „Verweisen" der Pronomina kann auf zwei grundsätzlich verschiedene Arten geschehen, nämlich entweder **phorisch** oder **deiktisch**. Das phorische Verweisen bewegt sich innerhalb des Textes, indem ein Pronomen beispielsweise eine bereits genannte NP wiederaufnimmt. Von einem solchen aufeinander bezogenen Paar aus NP und darauf bezogenem Pronomen sagt man in der Linguistik, dass sie zueinander in einer **Koreferenz**relation stehen, dass sie also gegenseitig aufeinander verweisen. In der Notation von Beispielsätzen ist es üblich, diese Koreferenzrelation durch übereinstimmende tiefgestellte **Indizes** $_{i,j,k,l}$ auszudrücken:

(14) Tengo [muchos amigos]$_i$ pero no los$_i$ veo muy a menudo.

Das tiefgestellte $_i$ bringt hier zum Ausdruck, dass das Pronomen *los* phorisch auf die NP *muchos amigos* verweist. Dass die NP zuerst erscheint und das Pronomen dann darauf zurückverweist, ist der häufigere von zwei möglichen Fällen und man spricht hier von einem **anaphorisch**en (d.h. zurückverweisenden, wiederaufnehmenden) Gebrauch des Pronomens; den umgekehrten Fall, dass ein Referent zuerst über ein Pronomen eingeführt wird und erst später auch lexikalisch bezeichnet wird, nennt man dagegen den **kataphorisch**en (vorwegnehmenden) Gebrauch des Pronomens. Er ist seltener und baut ein Element der Spannung auf, da der Hörer für einen Moment im Unklaren gelassen wird, wovon eigentlich die Rede ist. Der folgende Satz zeigt ein Beispiel für ein kataphorisches Pronomen:

(15) No los$_i$ veo muy a menudo, pero tengo [muchos amigos]$_i$.

Mehrere Indizes werden in der Notation nötig, wenn in ein und demselben Satz mehrere Koreferenzrelationen vorliegen:

(16) Marta pinta acuarelas$_i$ y Pedro óleos$_j$; Marta las$_i$ regala a los amigos mientras que Pedro los$_j$ vende a coleccionistas.

Die Funktion phorischer Pronomina ist es, die Sprachökonomie zu erhöhen, indem sie die aufwändige Wiederholung ganzer Syntagmen oder Sätze vermeidbar machen, sowie der betreffende Referent einmal eindeutig eingeführt worden ist. Mithilfe dieser Pronomina ist es also möglich, einen Referenten nur ein einziges Mal in einer lexikalischen NP einzuführen (z.B. „[Mein zweiundneunzigjähriger streitlustiger Erbonkel aus Wuppertal]$_i$ kommt morgen zu Besuch"), um dann im Weiteren nur noch ein anaphorisches Pronomen zu verwenden, das auf diese NP verweist („Er$_i$ bleibt hoffentlich nicht lange"). In der Textlinguistik werden Pronomina daher als zentrale Elemente zur Erzeugung von **Textkohäsion** angesehen.

Während Pronomina bei **phorisch**em Gebrauch textimmanent auf Syntagmen verweisen, bzw. mit diesen koreferieren, verweisen sie bei **deiktisch**em Gebrauch auf den außersprachlichen situativen Kontext. Die wichtigste deiktische Funktion der Personalpronomina besteht darin, innerhalb einer dialogischen Diskurssituation zwischen drei deiktischen Entfernungsgraden zu unterscheiden. Das Konzept der Entfernung ist dabei nicht als objektive Entfernung, z.B. in Metern, zu verstehen. Die diskursive Entfernung bezieht sich vielmehr auf die drei Referenzpunkte eines prototypischen Gesprächs:

    den (jeweiligen) Sprecher → 1. Person (= **Proximal**)
    den (jeweiligen) Hörer → 2. Person (= **Medial**)
    den Rest der Welt → 3. Person (= **Distal**)

In einem Satz wie *¡Tú no eres quién para decirme esto!* bezieht sich das Pronomen *tú* nicht auf ein Syntagma des Kotextes (= phorisch), sondern bezeichnet direkt den Partner innerhalb der Gesprächssituation (= deiktisch); der Verweis geschieht also nicht innerhalb der Sprache, sondern vielmehr in Bezug auf die Welt. Man spricht hier auch von Diskurs- oder **Personaldeixis**.

Wie tief diese drei deiktischen Entfernungsstufen im Sprachsystem verankert sind, zeigt sich darin, dass sie sich auch in der Verbalflexion wiederfinden. Die Subjektkonkordanz verlangt, dass Verben ihre Personenflexion nach den betreffenden Eigenschaften ihrer Subjekte angleichen. Steht also das Subjektpronomen beispielsweise im Medial, also *tú* oder *vosotros*, so muss das Verb in der 2. Person flektiert sein; so arbeiten die pronominale Lokaldeixis und die Verbalflexion Hand in Hand; dadurch sind Personaldeixis und Lokaldeixis nach ganz ähnlichen Prinzipien organisiert. Für andere Arten der Deixis stehen zudem noch die Demonstrativa zur Verfügung. Auch hier – und bei den Ortsadverbien – finden wir eine analoge Organisation in drei „Entfernungsstufen":

Tab. 1: Dreistufige Deixis im Spanischen

	Personal-pronomina	Verb-flexion	Demonstrativ-pronomina	Demonstrativ-artikel	Ortsadverbien
Proximal	Yo, nosotros	1. Person	éste, ésta ...	este, esta ...	aquí, acá
Medial	Tú, vosotros	2. Person	ése, ésa ...	ese, esa ...	ahí
Distal	Él, ella, ellos, ellas ...	3. Person	aquél, aquélla ...	aquel, aquella ...	allí, allá

1.2.2 Die 1. & 2. vs. 3. Person

Wenn man sich den Formenbestand der Pronomina des Spanischen oder des Deutschen in einer typischen, nach 1., 2. und 3. Person sortierten Formentabelle betrachtet, so erzeugt die morphologische Kohärenz eines solchen Paradigmas leicht den Irrtum, dass die Personalpronomina auch in ihrer Funktion eine homogene Gruppe bilden. Wir haben aber weiter oben bereits gesehen, dass das nicht der Fall ist. Es gibt nämlich einen grundlegenden Unterschied zwischen den Pronomina der 1. und 2. Person auf der einen, und denen der 3. Person auf der anderen Seite. Die Funktion der Pronomina der 1. und 2. Person ist deutlich spezifischer – und damit eingeschränkter – als die der 3. Person. Die Diskurspronomina der 1. und 2. Person können nämlich nur deiktisch und nicht phorisch verwendet werden, d.h. sie sind nicht als koreferent mit NPs des Kotextes konstruierbar, sondern verweisen stets auf die elementaren **Diskursfunktionen** des **Sprecher**s und des **Hörer**s. Entsprechend können sie auch nur auf Personen und nicht auf Gegenstände verweisen.

Erinnern wir uns an dieser Stelle daran, dass die traditionelle Grammatik Pronomina als sekundäre Platzhalterelemente ansah, die an Bedeutung gegenüber den eigentlichen lexikalischen Wörtern zurücktreten, so wird nun deutlich, dass uns auch diese traditionelle Einschätzung in die Irre führt. Indem sie mit der Bezeichnung von Sprecher und Hörer die grundlegendsten Bedingungen des Diskurses strukturieren, sind Pronomina keineswegs sekundär, sondern sind vielmehr in Häufigkeit und Wichtigkeit jedem beliebigen Substantiv weit überlegen. Man kann in einem Gespräch sehr weit kommen, wenn man auf alle lexikalischen NPs verzichtet und nur Pronomina verwendet; will man dagegen auf Pronomina verzichten, scheitert ein solches Gespräch – zumindest im Deutschen – leicht schon am allerersten Wort.

Die Pronomina der 1. und 2. Person sind gewissermaßen die Ur-Pronomina, da sie ein Gespräch (und damit auch die Notwendigkeit von Pronomina der 3. Person) erst ermöglichen. Sie sind deiktisch fest verankert in der Gesprächssituation, bei der Sprecher und Hörer beide physisch anwesend sind. Wegen der Grundsätzlichkeit ihrer Funktion ist der Formenbestand in der 1. und 2. Person eingeschränkt: Sie kennen im Spanischen keine Genusdifferenzierung (die es in der 3. Person typischerweise gibt), und es gibt auch keine korrespondierenden Demonstrativa der 1. und 2. Person; aus demselben funktionalen Grund kennt denn das Lateinische beispielsweise auch keinen Vokativ für die Pronomina der 1. Person. Wenn also die Rhetoren Gabundus und Terentius auch nur ein wenig linguistische Pragmatik studiert hätten, so wäre die folgende von Umberto Eco berichtete Auseinandersetzung leicht zu umgehen gewesen:

> Aber es waren finstere Zeiten, in denen die Grammatiker sich mit abstrusen Fragen vergnügten, um eine schlechte Welt zu vergessen. Einmal, so heißt es, diskutierten die beiden Gelehrten Gabundus und Terentius vierzehn Tage und vierzehn Nächte über den Vokativ von *ego*. Am Ende griffen sie zu den Waffen ... (Umberto Eco, *Der Name der Rose*, 4. Tag, Nach Komplet)

Man könnte nach dem zuvor Erläuterten nun meinen, dass die Pronomina der 3. Person in jeder Hinsicht das Gegenteil dessen sind, was wir über die 1. und 2. Person gesagt haben und dass also die Pronomina der 3. Personen nicht deiktisch, sondern ausschließlich phorisch verwendbar sind. Das stimmt so allerdings nicht. Vielmehr sind die Pronomina der 3. Person unvergleichlich reicher in ihren Funktionen und in ihrem Formenbestand; zwar ist ihre Hauptfunktion tatsächlich eine phorische, doch können sie durchaus auch deiktisch verwendet werden, geradeso wie die der 1. und 2. Person:

(17) ¿Quién ha hecho esto? – Él.

In diesem Beispiel steht das Pronomen *él* nicht in Koreferenz mit einer NP, sondern verweist direkt auf eine Person, die Sprecher und Hörer in ihrem Blickfeld haben und auf die der Sprecher sogar sprechaktbegleitend mit dem Finger zeigen könnte (auch wenn das als nicht besonders höflich gelten mag).

Der Formen- und Funktionenreichtum der 3. Person ist gewiss nicht überraschend, wenn man bedenkt, dass ihr potenzieller Anwendungsbereich schließlich die gesamte restliche Welt außerhalb der beiden Diskursteilnehmer umfasst. Insofern gibt es für die 3. Person, neben den eigentlichen Personalpronomina, auch noch eine zweite Formenreihe, mit denen sich Gegenstände und Sachverhalte pronominalisieren lassen. Vergessen wir nicht: Personalpronomina heißen zu recht so, denn sie eignen sich typischerweise nur zum Pronominalisieren von Personen oder personifizierten Dingen bzw. Tieren, nicht aber für Gegenstände. Das Spanische ist hier strikter als das Deutsche. Während Personalpronomina im Deutschen durchaus auch auf Gegenstände verweisen können („Ich habe gerade eine Wohnung gekauft. *Sie* hat sechs Zimmer"), ist das im Spanischen – zumindest für die freien Pronomina – unmöglich:

(18) Acabo de comprar un piso$_i$. [*Él]$_i$ tiene seis dormitorios.

Für das Pronominalisieren von Gegenständen besitzt das Spanische eine Gruppe von Pronomina, die – ein wenig unglücklich – **Demonstrativpronomina** genannt werden. Indem sie phorisch oder deiktisch verweisen, sind ja eigentlich alle Pronomina „demonstrierend,", also „zeigend," und es ist daher nicht ihre Demonstrativität, die diese Pronomina von den Personalpronomina unterscheidet, sondern vielmehr die charakteristische Aufgabentrennung zwischen [+belebt] (= Personalpronomina) und [-belebt] (= Demonstrativpronomina). Während es also in der 1. und 2. Person nur die personaldeiktische Funktion gibt, finden wir in der 3. Person mindestens drei Funktionen:

Personaldeixis	→ **A él**, se lo he dicho (mit Zeigegeste)
Lokaldeixis (Demonstrativa)	→ He decidido comprar **éste**.
Phorik	→ Pedro$_i$ acaba de llamar y **le**$_i$ he dicho ...

Die genannten pragmatischen Eigenarten der Personalpronomina bringen es mit sich, dass die Pronomina der 1. und 2. Person auch auf der diamesischen (d.h. mündlich / schriftlich) Ebene andere Affinitäten zeigen als die der 3. Person. Die letzteren tauchen in allen diasystematischen Varietäten mehr oder weniger gleich häufig auf; die Pronomina der 1. und 2. Person dagegen setzen eine prototypische Diskurssituation voraus, in der Sprecher und Hörer sich im Bereich der Bühler'schen[3] **Ich-Hier-Jetzt-Origo** befinden, d.h. wenn sich die Gesprächspartner in unmittelbarer Nähe befinden, einander sehen und hören können und aufeinander reagieren. Der typische Anwendungsbereich dieser Pronomina ist also der mündlich konzipierte Nähediskurs, während ihre Verwendungshäufigkeit mit wachsender Distanz bis auf Null sinkt (vgl. z.B. die Tendenz, in wissenschaftlichen Texten die 1. und 2. Person ganz zu vermeiden).

---

3 Karl Bühler (*1879, † 1963) war ein deutscher Psychologe und Sprachphilosoph, dessen grundsätzliche Überlegungen zur Deixis bis heute wirksam sind. Das Konzept der Ich-Hier-Jetzt-Origo besagt, dass jedes deiktische Verweisen im Diskurs, im Raum und in der Zeit stets vom Sprecher aus gesehen die Punkte ‚ich', ‚hier' und ‚jetzt' als Ausgangspunkte voraussetzen (vgl. Bühler 1965).

1.2.3 Die Propositionaldeixis und das sogenannte Neutrum

Bislang haben wir zwei Arten unterschieden, wie Pronomina verwendet werden können: Im phorischen Gebrauch verweisen sie (textdeiktisch) auf Syntagmen innerhalb desselben Textes; im eigentlich deiktischen Gebrauch dagegen verweisen sie auf Personen oder Objekte der realen Welt (= Referenten):

(19) [Zeigt auf einen Hut:] ¿Lo puedo probar? (→ deiktisch)
(20) Es un buen sombrero$_i$ pero no lo$_i$ voy a comprar. (→ phorisch)

(19) und (20) sind klare Beispiele für die Fälle, die wir bereits besprochen haben. Es gibt aber noch eine weitere Art der Deixis, wie sie im folgenden Beispiel erkennbar wird:

(21) – ¡Pedro se ha comprado un sombrero! – No me lo creo.

Das Pronomen *lo* verweist hier offensichtlich nicht auf irgendeinen Referenten im Umfeld der Gesprächssituation, ist also eindeutig nicht deiktisch im bislang eingeführten Sinne. Es verweist andererseits aber auch nicht auf ein Syntagma des vorangegangenen Satzes, ist also auch nicht phorisch. Vielmehr referiert das Pronomen in (18) auf den gesamten vorangegangenen Satz beziehungsweise, noch präziser, auf die **Proposition**, die mit ihm ausgedrückt wird. Dabei kann man „Proposition" in diesem Zusammenhang getrost mit „Sachverhalt" umschreiben. Die Terminologie für diese Form pronominalen Verweisens ist noch nicht so einheitlich geregelt wie die der bislang behandelten Typen. Eine geeignete Bezeichnung könnte **Propositionaldeixis** lauten. Sie funktioniert übrigens auch, wenn die betreffende Proposition überhaupt nicht versprachlicht wird. So könnte beispielsweise eine Mutter beim Anblick des verwüsteten Kinderzimmers ebenfalls „¡No me lo creo!" rufen und mit dem Propositionalpronomen dann den gesamten vorliegenden Sachverhalt meinen.

Die spanische Grammatikschreibung nennt das Pronomen *lo* in dieser Funktion traditionell **pronombre neutro** und wir müssen diese Terminologie als Konvention akzeptieren. Sie ist allerdings äußerst unglücklich gewählt, weil sie (zumindest deutschen Muttersprachlern) suggeriert, dass es im Spanischen neben den Genera Maskulin und Feminin noch ein drittes Genus, Neutrum, gebe. Das ist aber bekanntermaßen nicht der Fall und das „pronombre neutro" referiert daher auch nicht etwa phorisch auf eine NP, deren Kopf ein Neutrum-Substantiv wäre, sondern vielmehr deiktisch auf eine ganze Proposition, die naturgemäß kein Genus besitzen kann. In diesen Kontext gehört auch der sogenannte **artículo neutro** in Ausdrücken wie *lo bueno, lo rojo* oder *lo justo* (‚das Gute', ‚die Röte', ‚das Gerechte'). Auch hier haben wir es natürlich nicht mit dem Genus Neutrum zu tun, sondern vielmehr mit einem **Abstraktivartikel**, dessen Funktion darin besteht, ein qualifikatives Adjektiv zu substantivieren und die ausgedrückte Eigenschaft als selbständigen abstrakten Referenten zu versprachlichen. Das Adjektiv *bueno* dient dann nicht mehr dazu, irgendeinem Referenten die Eigenschaft ‚gut' zuzusprechen; vielmehr abstrahiert *lo bueno* das Gut-Sein von jeder Attribution oder Prädikation auf die reine Eigenschaft. Auch hier ist es gut, die traditionelle Bezeichnung *artículo neutro* zu kennen, es bietet sich aber an, die weniger missverständliche moderne Bezeichnung „Abstraktivartikel" zu verwenden.

1.2.4 Keine sekundäre Wortart (*preferred argument structure*)

Wir haben weiter oben bereits gegen die Vorstellung argumentiert, Pronomina seien sekundäre Ersatzformen, die in ihrer Bedeutung für das Sprachsystem hinter die eigentlich lexikalischen Wortarten zurücktreten müssten. Das Argument war ihre prinzipielle Unersetzbarkeit in ihrer Funktion als Diskursstrukturierer. Der amerikanische Linguist John W. Du Bois und seine Mitarbeiter haben ein weiteres gewichtiges Argument entdeckt, das auf einer ganz anderen Ebene die fundamentale – und lange Zeit übersehene – Bedeutung der Pronomina unterstreicht (vgl. Du Bois 2003).

Du Bois konnte mit seinen typologischen Studien nachweisen, dass in der spontanen Sprechsprache statistisch in jedem Satz nur ein lexikalisch realisiertes Argument[4] vorkommt, während die restlichen Argumente stets pronominal realisiert werden. Dieses Prinzip nennt Du Bois **preferred argument structure**. Ein Satz wie „Meine Freundin Lieselotte gibt ihrem Mann Karl-Heinz jeden Tag fünf Euro als Taschengeld" ist demnach zwar problemlos möglich innerhalb der syntaktischen und semantischen Gesetzmäßigkeiten des Deutschen, doch ist er zugleich ein extrem unwahrscheinlicher Kandidat für einen spontansprachlichen Satz, wie man ihn in einer Tonaufnahme eines realen Gesprächs finden würde. In unserem Beispiel sind nämlich alle drei Argumente lexikalisch realisiert: Das Subjekt („meine Freundin Lieselotte"), das indirekte Objekt („ihrem Mann Karl-Heinz") und das direkte Objekt („fünf Euro"). Nach Du Bois empirischen Ergebnissen würden wir aber spontansprachlich nur Sätze mit *einem* lexikalischen Argument erwarten. Der Beispielsatz ist für die Sprechsprache zu dicht in seinem Informationsgehalt und der gleiche Inhalt würde demnach wahrscheinlich auf mehrere Sätze aufgeteilt, um dem Prinzip der *preferred argument structure* zu genügen: „Sag mal, du kennst doch meine Freundin, die Lieselotte? Weißt Du, wie kurz die ihren Mann, den Karl-Heinz, hält? Die gibt dem jeden Tag nur fünf Euro als Taschengeld."

---

4 „Argument" wird hier als linguistischer Fachausdruck verwendet, als Oberbegriff über die syntaktischen Grundfunktionen Subjekt, direktes Objekt und indirektes Objekt.

Für die Charakterisierung der Pronomina bedeutet dies, dass wir uns nicht durch die Pronomenarmut distanzsprachlicher Schrifttexte über die wahre Wichtigkeit von Pronomina täuschen lassen dürfen. In echter Spontansprache gehören Pronomina zu den häufigsten und wichtigsten Elementen; erst wenn wir Schreiben lernen, erlernen wir auch die Regeln des Distanzdiskurses und damit das (unnatürliche) Vermeiden von Pronomina. Diese Vermeidungsstrategien sind der (unnatürlichen) Diskurssituation von Schrifttexten geschuldet, in denen die Ich-Hier-Jetzt-Selbstverständlichkeit eines normalen Gesprächs außer Funktion gesetzt ist und daher durch andere sprachliche Strategien ersetzt werden muss. Gegenstand der Linguistik ist aber zuerst einmal die gesprochene und erst in sehr zweitrangiger Weise auch die Schriftsprache!

1.2.5 Die Personalpronomina des Deutschen (kontrastiv)

Nachdem wir nun Personalpronomina im Allgemeinen linguistisch charakterisiert haben, fehlt noch ein letztes Element, bevor wir uns den spezifischen Eigenschaften der spanischen Pronomina zuwenden können: Damit wir diese als Sprecher des Deutschen nämlich angemessen verstehen können, müssen wir uns zuvor kurz mit den Personalpronomina des Deutschen befassen. Eine vollständige Auflistung in Form eines Paradigmas gibt uns den folgenden Überblick:

Tab. 2: Deutsche Personalpronomina

	Nominativ	Genitiv	Dativ	Akkusativ
1. sing.	ich	(†) mein(er)[5]	mir	mich
1. plur.	wir	(†) unser	uns	
2. sing.	du / Sie	(†) dein(er) / Ihrer	dir / Ihnen	dich / Sie

---

[5] Nicht zu verwechseln mit den Possessivpronomina wie in: „dieser ist meiner und der andere ist deiner". Gemeint sind Genitiv-Personalpronomina in Konstruktionen wie: „Schließlich aber wurde sie seiner überdrüssig und verließ ihn", oder: „Wir gedenken Ihrer jedes Jahr".

		Nominativ	Genitiv	Dativ	Akkusativ
2. plur.		ihr / Sie	(†) euer / Ihrer	euch / Ihnen	
3. sing.	mask.	er	(†) sein(er)	ihm	ihn
	neutr.	es			es
	fem.			ihr	
3. plur.	mask.	sie	(†) ihrer	ihnen	sie
	neutr.				
	fem.				

Aus dieser Tabelle gehen die morphologischen Kategorien (Akzidenzien) hervor, nach denen deutsche Pronomina flektieren. Sie besitzen:

> zwei Numeri → Singular und Plural[6]
> vier Kasus → Nominativ, Genitiv, Dativ, Akkusativ
> drei Genera → Maskulin, Feminin und Neutrum

Da Pronomina im Satz dieselben Funktionen übernehmen wie NPs, ist es nicht überraschend, dass deutsche Pronomina genau dieselben Akzidenzien besitzen, wie deutsche Substantive. Was ihr syntaktisches Verhalten betrifft, kann man zusammenfassend sagen, dass sie sich oft ähnlich verhalten wie die NPs, die sie pronominalisieren. So sind sie relativ **stellungsfrei**:

(22) (a) Er will sie ihr nicht geben.

(b) Ihr will er sie nicht geben.

(c) ? Sie will er ihr nicht geben (besser: Die will er ihr nicht geben).

Sie sind **nicht klitisch ans Verb angeklebt**, sondern können von ihm abgetrennt werden:

(23) (a) *Er* [, der Eigentümer,] will sie ihr nicht geben.

(b) Peter liebt [jetzt] [plötzlich] [ganz unerwartet] *ihn* und nicht mehr sie.

---

6 Das mag wie eine Selbstverständlichkeit aussehen, ist es aus typologischer Sicht aber nicht! Zum einen gibt es Sprachen, in denen die Numerusunterscheidung nicht morphologisch, sondern nur bei Bedarf lexikalisch ausgedrückt wird. Zum anderen wiederum gibt es auch Sprachen, die neben einem Singular und einem Plural auch noch Kategorien wie Dual (entsprechend dem deutschen Wort 'beide') oder Paucal (entsprechend dem deutschen 'einige, ein paar') unterscheiden.

Und damit stoßen wir auf eine weitere, prosodische Eigenschaft deutscher Personalpronomina: Sie sind typischerweise **betonbar**:

(24) (a) *Er* will sie ihr nicht geben.
    (b) Er will *sie* ihr nicht geben.
    (c) Er will sie *ihr* nicht geben.

Sie verhalten sich damit also auch phonologisch ähnlich wie die NPs, die sie pronominalisieren. Sie bilden ein geschlossenes Inventar und sind daher eher grammatische als lexikalische Elemente. Angesichts der Merkmale „Stellungsfreiheit", „Trennbarkeit" und „Betonbarkeit" können wir die deutschen Personalpronomina recht eindeutig als freie Morpheme bzw. als grammatische Wörter bezeichnen.

1.3 Die zwei Typen von Personalpronomina im Spanischen

Wenden wir uns nun (endlich) den Personalpronomina des Spanischen zu. Wie zuvor bei den deutschen Pronomina verschaffen wir uns zuerst einmal einen tabellarischen Überblick über den Formenbestand und die darin zum Ausdruck kommenden Akzidenzien:

Tab. 3: Spanische Personalpronomina und -klitika

		freie Pronomina		klitische Pronomina		
		Subjekt	nach Präp.[7]	Subjekt	DO	IO
1. sing.		yo	mí	–	me	
1. plur.		nosotros (-as)		–	nos	
2. sing.		tú	ti	–	te	
2. plur.		vosotros (-as)		–	os	
3. sing.	mask.	él, usted		–	lo	
	fem.	ella, usted		–	la	le (se)
	Dinge	[Demonstrativa!]		–	lo / la	
3. plur.	mask.	ellos, ustedes		–	los	
	fem.	ellas, ustedes		–	las	les (se)
	Dinge	[Demonstrativa!]		–	los / las	

---

7 Siehe 1.4.3.

Im Vergleich mit dem Deutschen fallen schon auf den ersten Blick viele Unterschiede auf. Es gibt bei den Genera kein Neutrum[8], anstelle von Kasus finden wir nur noch eine Unterscheidung in „Subjekt" und „präpositionales Objekt" bzw. in „Subjekt", „DO (= direktes Objekt)" und „IO (= indirektes Objekt)". Der wichtigste Unterschied ist aber die Tatsache, dass es im Spanischen nicht einfach nur „Personalpronomina" gibt, sondern dass es vielmehr **zwei Reihen** von Pronomina gibt, die wir in der obigen Tabelle als „Pronomina" (im engeren Sinne) und „Personalklitika" bezeichnet haben. In der Literatur findet sich eine ganze Reihe von Bezeichnungen für diese Duplizität der spanischen Pronomina und es ist wichtig, das Phänomen in all seinen terminologischen Fassungen wiedererkennen zu können.

Tab. 4: Bezeichnungen der Personalpronomina in der Literatur.

Typ 1	Typ 2	wo?
pronombre personal fuerte	pronombre personal débil	traditionell
pronombres acentuados	pronombres inacentuados	Esbozo (1973)
betonte Formen / Pronomen	enklitische Pronomen	de Bruyne (1993)
formas tónicas	formas átonas	Hernández Alonso (1996)
betonte Formen / Pronomen	unbetonte Formen	Krenn / Zeuch (1998)
(freie) (Personal-)Pronomina	(Personal-)Klitika	moderner Gebrauch

Wissenschaftliche Terminologien sind Konventionen und können als solche weder korrekt noch falsch sein. Was sie allerdings sein können, ist veraltet, ungebräuchlich oder irreführend. Die traditionellen Bezeichnungen basieren alle auf dem Konzept der (angeblichen) Betontheit der einen und der Unbetontheit der anderen Formen. Diese Terminologie stammt aus der historisch-vergleichenden Grammatik des 19. und beginnenden 20. Jahrhunderts und spielt darauf an, dass die Personalpronomina des Lateinischen beim Übergang zu den romanischen Sprachen zwei unterschiedliche Lautentwicklungen nahmen, je nachdem, ob sie in betonten oder unbetonten Positionen auftauchten (Unterscheidung zwischen **Vokalismus in betonten und unbetonten Silben**). Diese auf historischen Lautentwicklungen basierende Terminologie wurde dann in die neuspanischen Grammatiken übertragen. Die meisten Nutzer dieser Grammatiken kennen den Ursprung der Terminologie aber nicht und glauben (verständlicher-, aber nicht berechtigterweise), dass die Betontheit

---

[8] Was die spanische Grammatographie als *pronombres* bzw. *artículos neutros* bezeichnet, ist, wie in Kapitel 1.2.3 ausgeführt, ein gänzlich anderes Phänomen.

sich auf die *modernen* Formen bezieht. Tatsächlich ist der phonologische Befund im Detail ein anderer: Die sogenannten „betonten" Personalpronomina *können* betont werden, *müssen* es aber nicht; mit dem phonologischen Befund vermischt sich dabei auch noch die Tatsache, dass das pure Erscheinen eines spanischen Subjektpronomens bereits einen semantischen Fokus auf das Subjekt legt, den viele Grammatiker als Betonung wahrgenommen haben. „Fokus", eine satzsemantische Kategorie, und „Betonung", ein phonetisches Phänomen, sind aber zwei verschiedene Dinge. Die „unbetonten" Personalpronomina sind ihrerseits nicht einfach nur unbetont, sondern vielmehr streng *unbetonbar*.

Die moderne Linguistik – insbesondere die Typologie – bemüht sich darum, eine Beschreibungsterminologie zu etablieren, die nicht sprach- oder sprachfamilienspezifisch ist, sondern vielmehr universal verwendbar sein soll. Es gibt berechtigte Hoffnung, dass wir umso mehr über das menschliche Sprachvermögen und auch über die Einzelsprachen lernen werden, je mehr wir über den Tellerrand unserer vergleichsweise wenigen indogermanischen Einzelsprachen hinausschauen und stattdessen die ganze Fülle menschlicher Sprachen nach Möglichkeit in unsere Analysen mit einbeziehen. Dazu ist es unabdingbar, dass wir für ähnliche Phänomene dieselben Bezeichnungen wählen. Ausdrücke wie „unbetonte Pronomina", die auf einen früheren historischen Zustand einer Einzelsprache anspielen, sind dafür offensichtlich nicht besonders geeignet. Die moderne Linguistik verwendet für Elemente vom Typ der spanischen „unbetonten Pronomina" die klar definierte Bezeichnung **Klitikon**, Plural **Klitika** und diese Bezeichnung ist in der neueren linguistischen Literatur zum Spanischen im Begriff, die ältere Terminologie zu verdrängen. Es ist daher unabdingbar, die ältere Terminologie zu kennen, doch empfiehlt es sich, in einem linguistischen Kontext aktiv nur noch die neuere zu verwenden.

1.4 Die freien Pronomina

1.4.1 Vergleich mit den deutschen Personalpronomina

Von den beiden Pronominalreihen des Spanischen sind es vor allem die freien Pronomina der Reihe *yo, tú, él/ella, nosotros, vosotros, ell[-os]/[-as]*, die den deutschen Personalpronomina ähneln. Wie diese sind sie vergleichsweise stellungsfrei:

(25) (a) **Yo** te doy el libro.
    (b) Te lo doy **yo**, el libro.
    (c) Te doy el libro, **yo**.

Zudem lassen Sie sich problemlos durch Einschübe von ihrem Bezugsverb trennen:

(26) **Yo**, que ni siquiera te conozco, te doy el libro.

Und schließlich sind sie zwar nicht notwendigerweise betont, können aber problemlos einen phonetischen Kontrastakzent tragen:

(27) No importa lo que diga tu padre, te lo digo *yo*.

Diese Übereinstimmungen der spanischen freien Pronomina mit den deutschen haben etwas damit zu tun, dass im Deutschen alle Personalpronomina potenziell frei sind und Deutsch eben keine echten Pronominalklitika kennt. Wichtiger als die Übereinstimmungen mit dem Deutschen sind aber bereits hier die Unterschiede.

1.4.2 Spanisch ist eine Nullsubjektsprache

Texte erhalten ihre Kohäsion nicht zuletzt durch ein Phänomen, das Talmy Givón **Topic Continuity in Discourse** (Givón 1983) genannt hat. Damit ist die Gesamtheit der sprachlichen Mittel gemeint, die es ermöglichen, in einem Text mehrere aufeinander folgende Sätze zu demselben Gegenstand (= *topic*, Thema) zu formulieren, ohne diesen Gegenstand jedes Mal wieder in einer vollen NP wiederholen zu müssen. Alle Sprachen der Welt bieten Lösungen für dieses Problem. Ein grundlegender Unterschied zwischen dem Deutschen und dem Spanischen resultiert hier daraus, dass das Spanische (wie die meisten romanischen Sprachen) eine sogenannte **Nullsubjekt-** oder *pro Drop*-**Sprache** ist, Deutsch dagegen nicht. Deutsch repräsentiert den Gegentyp einer **subjektprominenten Sprache**, in denen Subjekte stets durch eine NP oder ein Pronomen realisiert werden müssen.[9] In Nullsubjektsprachen wie dem Spanischen wird das semantische Subjekt eines Satzes nur dann in Form einer NP oder eines Pronomens realisiert, wenn es dafür einen besonderen Grund gibt. Ein möglicher Grund für das Auftauchen des spanischen Subjektpronomens kann sein, dass ein Referent zunächst durch eine semantisch reiche NP bestimmt werden muss, damit der Gesprächspartner versteht, wovon die Rede ist:

(28) El nuevo Seat León me gusta mucho.

Ist der Referent dann als Thema ausgewählt, bleibt er in einer Nullsubjektsprache in den Folgesätzen sprachlich normalerweise unausgedrückt (= **Null-Anapher**):

---

9 *Topic Drop*-Konstruktionen wie in „Komme gleich wieder" sind hochmarkierte Ausnahmen.

(29) Tiene estilo y clase. Es económico. Y no es japonés.

Nur wenn der Referent belebt bzw. menschlich ist, kommt eine Pronominalisierung durch freie Subjektpronomina in Frage – bedarf dann aber immer noch einer konkreten Motivation. Ein Grund für die Verwendung eines Subjektpronomens kann sein, dass Ambiguität vermieden werden soll. Da die Verbformen der 1. und 3. Person des Imperfekts im Spanischen identisch sind, benötigt man im Zweifelsfall die eindeutigen Subjektpronomina, um die Zuordnung eindeutig zu machen. Im folgenden Beispiel sind die Pronomina die einzige Möglichkeit, zwischen den drei Personen zu unterscheiden:

(30) Yo pensaba que la fiesta era a las nueve, ella pensaba que era a las ocho y él no se enteraba de nada.

Der häufigste Grund für die Verwendung von Subjektpronomina im Spanischen ist aber wohl ihre Fähigkeit, einen Kontrastakzent zu tragen und damit die Strukturierung bipolarer Sachverhalte zu ermöglichen:

(31) Él se pasa el día haciéndose el importante pero es ella quien hace todo el trabajo.

Wenn diese spezifischen Gründe zu Verwendung eines sogenannten Oberflächensubjekts aber nicht vorliegen, bleibt das Subjekt im Spanischen regelmäßig lexikalisch unausgedrückt:

(32) Me gusta mucho. / Era a las nueve. / Se pasa el día haciéndose el importante.

Im subjektprominenten Deutschen dagegen hat jeder Satz eine Subjektposition, die entweder mit einer NP oder aber einem Pronomen gefüllt werden muss, damit der Satz grammatisch wird:

(33) [Gisela] / *[Ø] spielt Trompete

Selbst in Fällen, wo ein Subjekt logisch unmöglich ist, muss diese Subjektposition in subjektprominenten Sprachen (die keine Nullsubjekte zulassen) zumindest formal durch ein sogenanntes Scheinsubjekt (*dummy subject*) gefüllt werden, also durch ein Pronomen, das semantisch leer ist und auf nichts referiert:

(34) [Es] / *[Ø] regnet.

So wie bei Crashtests an Stelle eines menschlichen Fahrers also eine Dummy-Puppe tritt, so steht das Dummy-Subjekt <es> hier anstelle eines echten, semantisch referierenden Subjekts. Ein weiterer wichtiger Unterschied zwischen den deutschen und den spanischen Personalpronomina hängt unmittelbar mit den *pro drop*-Eigenschaften des Spanischen zusammen: Die freien Pronomina des Spanischen können nur belebte Referenten pronominalisieren, aber keine Gegenstände. Unbelebte Subjekte können nur durch eine NP oder ein Nullsubjekt Ø realisiert werden. Im Deutschen dagegen, wo diese Pronomina bei fehlendem lexikalischem Subjekt eine syntaktische Notwendigkeit sind, gilt diese Einschränkung nicht.

(35) (a) Ich verkaufe mein Auto. Es gefällt mir nicht mehr.

(b) Vendo mi coche. *[Él] / [Ø] ya no me gusta.

Mit anderen Worten: Im subjektprominenten Deutschen sind Subjektpronomina allgegenwärtig und ihre Verwendung unmarkiert; im Gegensatz dazu ist ihr Auftreten in der Nullsubjektsprache Spanisch an sehr spezifische Bedingungen geknüpft. Anders als man auf Grundlage des Deutschen denken könnte, sind die freien Pronomina im Spanischen daher vergleichsweise unwichtig und im Vergleich zu den Personalklitika auch eher selten.

1.4.3 Die freien Pronomina als präpositionale Objekte

Die freien Pronomina des Spanischen an sich sind von ihrem Wesen her Subjektpronomina:

(36) Nosotros no vamos. Ella sí.

Um auch als Objekte verwendet werden zu können, muss dieser Objektcharakter stets durch eine Präposition zum Ausdruck gebracht werden:

(37) El libro es para vosotros. Tengo mucha confianza en él. No sé nada de ella.

Es handelt sich hier also stets entweder um präpositionale Objekte, oder aber um direkte oder indirekte Objekte, die durch den präpositionsähnlichen Marker *a* eingeführt werden:

(38) Lo conozco a él, pero a ella no.

Im Zusammenhang mit dem Objektgebrauch der freien Pronomina gibt es allerdings zwei Ausnahmen zu berücksichtigen: Auch nach Präposition erscheinen generell die normalen Subjektformen der starken Pronomina (*él/ella, nosotros/-as, vosotros/-as, ellos/-as*) doch die Pronomina der 1. und 2. sg. haben hier spezielle Formen, die nur beim Gebrauch nach Präposition erscheinen. So heißt es nicht *a yo, oder *para tú, sondern *a mí, para ti*. Anders als die restlichen starken Pronomina besitzen *yo* und *tú* also spezielle Objektformen. Außerdem haben sich in Verbindung mit der Präposition *con* im Singular obligatorische kontrahierte Sonderformen wie *conmigo, contigo, consigo*[10] gebildet, die die zu erwartenden regelmäßigen Kombinationen *con mí, *con ti, *con si ersetzen.

1.5 Die Personalklitika

Die Personalklitika (im Weiteren nun nur noch „Klitika") stellen einerseits die überwältigende Mehrheit aller Personalpronomina in einem beliebigen spanischen Text und sie sind andererseits dasjenige grammatische Phänomen, in dem sich Deutsch und die romanischen Sprachen am stärksten unterscheiden. Betrachten wir zuerst in einer Übersichtstabelle den Formenbestand der spanischen Klitika:

Tab. 5: Beispiele: Spanische Personalklitika

			Subjekt	Direktes Objekt	Indirektes Objekt
1. sing.			—	No **me** quieres.	¡No **me** des la lata!
1. plur.			—	El representante **nos** persigue.	Quiere vender**nos** un coche.
2. sing.			—	¡**Te** quiero mucho!	**Te** digo la verdad.
2. plur.			—	Quieren suspender**os**.	No puedo decir**os** el precio.
3. sing.	mask.	[z.B. Pedro]	—	**Lo** encuentro simpático.	
	fem.	[z.B. Juana]	—	**La** encuentro simpática.	**Le** damos algo.
	Dinge	[z.B. 'un taxi']	—	¿**Lo** tomamos?	**Le** pongo pneumáticos nuevos (a mi coche).
	höflich	[z.B. a Vd.]		¿Perdón, pero no **lo** / **le** conozco a Vd.?	¿**Le** puedo ofrecer algo?

---

10 *Consigo* ist nur die reflexive Form. Mit den nicht-reflexiven Pronomina der 3. sg. gibt es keine Kontraktion und es heißt regelmäßig *con él, con ella*.

			Subjekt	Direktes Objekt	Indirektes Objekt
3. plur.	mask.	[z.B. 'Juana y Pedro']	—	**Los** voy a presentar a mi padre.	**Les** proponen inscribirse.
	fem.	[z.B. 'tus hermanas']	—	**Las** voy a presentar a mi padre.	
	Dinge	[z.B. 'las llaves']	—	Se **las** doy a mi padre.	**Les** pongo sal (a las patatas).
	höflich	[z.B. a Vds.]		**Los** veo mucho por aquí. ¿Viven cerca los señores?	¿**Les** ha gustado?

Weshalb nun unterscheidet man so scharf zwischen freien und klitischen Pronomina? Auf den ersten Blick sieht man kaum Unterschiede zwischen den beiden Typen. Was auffällt ist allerdings, dass nachgestellte Klitika im Spanischen mit dem Verb in einem Wort zusammengeschrieben werden: *suspenderos, deciros, vendernos*. Die Orthographie suggeriert hier, dass die Verbindung zwischen Verb und Klitikon enger wäre als bei den vorangestellten Formen. Tatsächlich kann davon kaum die Rede sein und die genannte orthographische Lösung suggeriert einen prinzipiellen Unterschied, der so nicht besteht. Die Nachbarsprachen des Kastilischen, Katalanisch und Portugiesisch, verbinden ihre nachgestellten Klitika orthographisch denn auch mithilfe eines Bindestrichs (kast. *deciros*, kat. *dir-vos*, port. *dizer-vos*).

1.5.1 Klitika – Zwitter zwischen Wort und Affix

Der Begriff „Klitikon" (Plural „Klitika") stammt aus dem (Alt-)Griechischen und leitet sich von dem Verb ἐγκλίνειν ab, das soviel wie '(sich) neigen' bedeutet. Klitische Elemente sind demnach solche, die sich zu einem anderen Element hinneigen und mit diesem auf unterschiedlich starke und enge Art und Weise verbunden sind. Als Oberbegriff verwendet man den Ausdruck „Klitisierung", spezifischer spricht man von „Enklise", wenn das Klitikon hinten an sein Wirtswort angefügt ist (*díga-me*), und von „Proklise", wenn es diesem vorangeht (*me dice*). Ein Klitikon ist also ein Element, das sich an ein anderes anlehnt, unabhängig davon, ob es sich vor oder nach diesem Element befindet; charakteristisch ist dabei, dass es nicht isoliert und unabhängig auftreten kann.

Lange Zeit versuchte man in der Linguistik, die von Leonard Bloomfield eingeführte Unterscheidung zwischen freien und gebundenen Morphemen als eine diskrete ja/nein-Kategorisierung zu behandeln, und alle Morpheme der einen oder der anderen Kategorie zuzuordnen. Wörter wie *mujer, casa, piedra* waren demnach freie Morpheme, Verbendungen wie *-o, -as, -a* dagegen gebundene Morpheme (= Affixe). Mittlerweile hat man diese strenge Zweiteilung aufgegeben und sieht das Merkmal der Freiheit bzw. Gebundenheit als etwas, das in mehr oder weniger großem Maße vorliegen kann und das eher als Kontinuum aufzufassen ist. Auf einem solchen Kontinuum liegen nun die Klitika genau in der Mitte, im unentschiedenen Mittelfeld zwischen freien und gebundenen Morphemen, zwischen Wörtern und Affixen. Um besser zu verstehen, was es im konkreten Fall mit den Konzepten der Freiheit und der Gebundenheit auf sich hat, wollen wir zunächst beschreiben, was die spanischen Klitika mit Affixen wie den Verbendungen oder dem Pluralmarker -s gemeinsam haben, um dann im nächsten Schritt die Unterschiede zu den Affixen herauszuarbeiten.

1.5.2 Klitika benötigen ein Wirtswort

Klitika wie Affixe sind notwendigerweise an ein anderes Element gebunden und können niemals isoliert auftreten. Daher können sie in Einwortäußerungen nicht verwendet werden:

(39) ¿Qué has visto? – *Lo. / ¿Pago o pagas? – *-o.

Das Objektklitikon *lo* ist nur in Verbindung mit einem Verb verwendbar, an das es sich anlehnen kann: *Lo he visto*. Die Verbendung *-o* der 1. sg. ist nur in Verbindung mit einem geeigneten Verbstamm verwendbar: *pago*.

1.5.3 Nichts außer anderen Klitika darf zwischen Klitikon und Wirtswort treten

Während allerdings Affixe völlig an ihr Wurzelmorphem gebunden sind und definitiv keinerlei Material dazwischentreten kann, sind Klitika in diesem Aspekt ein wenig flexibler. Auch Klitika müssen zwar unmittelbar **adjazent** (angrenzend) zu ihrem Wirtswort stehen, doch gilt diese Regel nicht ausnahmslos: Weitere klitische Elemente können durchaus zwischen Wirt und Klitikon treten. Aus diesem Grunde sind im folgenden Beispiel die Teile agrammatisch, in denen ein nicht-klitisches Wort zwischen das Klitikon *lo* und das Verb tritt:

(40) ¡Dale el libro. *¡Da [ahora mismo] le el libro. *¡Da [por favor] le el libro.

Man kann allerdings weitere Klitika hinzufügen, und diese dann durchaus zwischen *lo* und das Wirtsverb positionieren – beispielsweise das Klitikon *me*:

(41) ¡Dilo! / ¡Dímelo!

Wir halten also fest, dass Klitika Elemente sind, die nur durch andere Klitika von ihren Wirtswörtern getrennt werden können. Aus demselben Grunde ist es auch unmöglich, Klitika mit anderen freien oder gebundenen Wörtern durch eine Konjunktion zu verbinden:

(42) Vi a Pedro *[y la] en la feria. La *[y Pedro] vi en la feria.

Klitika sind nicht modifizierbar, d.h. sie können nicht durch Modifikatoren ergänzt oder erweitert werden:

(43) Yo no los *[personalmente] conozco.

1.5.4 Klitika sind phonologisch unselbständig

Diese morphosyntaktischen Eigenschaften der Klitika spiegeln sich auch in ihren phonologischen Eigenschaften wider. So haben sie die deutliche Tendenz, mit einem unabhängigen Wort eine phonologische Einheit zu bilden. Dabei sind Klitika typischerweise unbetont und die Betonung der gesamten **Klitikgruppe** (d.h. Klitikon + Wirtswort) hängt stets von der Betonungsstruktur des Elements ab, mit dem sie eine phonologische Einheit bilden. Überprüft man diese Eigenschaft an einer größeren Anzahl von Sprachen und Varietäten, so stößt man zuweilen auf scheinbare Gegenbeispiele. So gibt es im katalanischen Dialekt Mallorcas durchaus betonte Klitika. Die Regel besagt hier, dass die letzte Silbe der Klitikgruppe stets den Akzent auf sich zieht:

(44) (a) Idò, conta-me-là , aquesta història! / Respon-mê! / Saludâ'm! (Mall.)
    (b) Doncs, conta-me-la, aquesta història! / Respón-me! / Saluda'm! (Kat.)

Tatsächlich ist dies kein echtes Gegenbeispiel, denn diese Betontheit der Klitika ist im Mallorquinischen genauso obligatorisch wie deren Unbetontheit im Spanischen und kann daher nicht zum Ausdruck einer Emphase oder zur Hervorhebung eines Gegensatzes verwendet werden. Statt also einfach zu sagen, Klitika seien unbetont, ist es angemessener, zu sagen, dass Klitika für eine expressive Kontrastbetonung nicht zur Verfügung stehen. Dies ist der Grund, warum die kontrastierende Betonungsstruktur des deutschen Beispiels „Gib es nicht Peter, gib es mir!" im Spanischen nicht reproduzierbar ist:

(45) ¡No se lo des a Pedro, *damelo!

Das Spanische muss für eine solche Betonung auf die freien Pronomina zurückgreifen:

(46) ¡No se lo des a Pedro, dámelo a <u>mí</u>!

Dieses Verhalten der Klitika belegt, dass die Klitikgruppe sich phonologisch wie ein Wort verhält und das Klitikon selbst keinerlei Eigenständigkeit besitzt; denn Kontrastbetonungen können auf Wörter fallen – genauer: auf deren Tonsilbe –, nicht aber auf Wortbestandteile, Affixe oder Klitika.

1.5.5 Feste Abfolge der Elemente innerhalb der Klitikgruppe

Eine weitere Konkretisierung der Unselbständigkeit bzw. Gebundenheit der Klitika besteht darin, dass ihre relative Position zu ihrem Wirtswort und zu weiteren Klitika innerhalb der Klitikgruppe normalerweise streng festgelegt ist. Während also deutsche freie Personalpronomina durchaus noch einen gewissen Spielraum besitzen, ist die Position der spanischen Klitika *te* und *lo* exakt geregelt und kann vom Sprecher nicht mehr verändert werden:

(47) (a) Schreib es dir auf! (mündlich:) Schreib dir's auf! / Schreib's dir auf!

    (b) ¡Apúntatelo! / *¡Apúntalote!

1.5.6 Vergleich von Klitika und Affixen

Klitika und Affixe habe viele Gemeinsamkeiten; so klar der Unterschied zwischen beiden theoretisch sein mag, so schwierig ist die Einschätzung im Einzelfall. Es gibt in der Linguistik keine allgemein gültigen Kriterien, die es in jedem Einzelfall erlauben würden, eine endgültige und zwingende Zuordnung zu ermöglichen. Die Eigenschaften überlappen sich häufig und die Unterschiede bestehen oft weniger in einem Vorhandensein oder Fehlen von Eigenschaften, sondern vielmehr in einem Mehr oder Weniger. Klitika wie Affixe sind charakterisiert durch ihr Gebundensein an ein anderes Element, wobei diese Bindung bei den Klitika i.d.R. weniger stark ausgeprägt ist, als bei den Affixen. Klitika wie Affixe sind grammatische Elemente mit äußerst abstrakter Semantik und geringer morphologischer Komplexität; typischerweise sind sie monomorphematisch.

    Unterschiede lassen sich z.B. in der Art der Bindung an den Partner feststellen. So können Affixe ausschließlich an *Wortwurzeln* oder *-stämme* gebunden werden, mit denen gemeinsam sie erst ein vollständiges Wort bilden (vgl. *cant- + -o = canto*). Klitika dagegen binden sich an bereits fertig geformte, d.h. morphologisch vollständige Wörter. Klitika sind *extra-inflectional*, d.h. sie gehören nicht mit zur Flexion eines Wortes, sondern können nur am Anfang oder Ende fertig gebildeter Wörter angedockt werden. Affixe dagegen können nicht an Wörter angefügt werden, die bereits Klitika bei sich führen. Die Bindung von Affixen an ihren Stamm ist morphologischer und/oder lexikalischer Natur und kann dabei durchaus die Bedeutung des Wortes verändern; so z.B. durch die Änderung der Wortart, wenn man dem Verbalstamm *canta-* Affixe wie *-ble* oder *-dor* hinzufügt: *cantable* (Adj.), *cantador* (Subst.). Im Gegensatz zu den Affixen verändern Klitika die Bedeutung und Wortart ihres Wirtsworts nicht:

(48) ¿Esta canción? Pues, ¡cántala!

Personalpronomina sind deiktische Elemente mit Argumentstatus (= Subjekt, direktes Objekt oder indirektes Objekt), die referieren, ohne zu bezeichnen, indem sie entweder phorisch auf Syntagmen des Kotextes oder aber deiktisch auf Referenten der Lebenswelt verweisen.

1.6 Lektüre- und Analysetipps

Bei Analyseaufgaben zu spanischen Pronomina muss zunächst stets zwischen den freien und den klitisch-gebundenen Formen unterschieden werden. Da Spanisch eine Nullsubjekt-Sprache ist, sind dabei die freien Formen viel seltener als die entsprechenden deutschen Formen und ein zentrales Thema in diesem Zusammenhang sind die Regeln und Motivationen, die sich hinter ihrer Verwendung verbergen. Zudem sollte stets zwischen Subjekt- und Objektpronomina unterschieden werden – im Falle der Klitika der 3. Person sogar noch zwischen direktem und indirektem Objekt. Bei den klitischen Pronomina ist außerdem auch noch deren Positionierung zu berücksichtigen, da es im modernen Spanischen klare Regeln zur Voranstellung (Proklise) und Nachstellung (Enklise) bezüglich des Wirtsverbs gibt, aber auch Positionsregeln für die Kombination mehrerer Objektklitika.

Zur vertiefenden Lektüre bietet sich der Überblicksartikel Kaiser (2012) aus dem Handbuch Spanisch an, in größerer linguistischer Tiefe auch der Forschungsüberblick in Kaiser (1992), der das Phänomen der Klitika in gesamtromanischer Perspektive behandelt. Fernández Soriano (1999) ist der einschlägige Artikel der monumentalen *Gramática descriptiva de la lengua española* und bietet einen umfassenden Forschungsbericht zum spanischen Pronominalsystem – wenn auch nur bis Ende der 1990-er Jahre. Eberenz (2000) ist eine Monographie mit empiriebasierten Studien zur historischen Entwicklung des spanischen Pronominalsystems und kann, neben Lleal (1990), aus sprachgeschichtlicher Perspektive konsultiert werden.

1.7 Aufgaben

1. Erläutern Sie die grundlegenden Unterschiede zwischen dem deutschen und dem spanischen System der Personalpronomina!
2. Beschaffen Sie sich zwei spanische Texte – einen eher distanzsprachlichen (Nachrichten, Bedienungsanleitung, Gesetzestext o.Ä.) und einen eher nähesprachlichen (literarischer Dialog, Blogbeiträge) und markieren Sie darin alle freien und alle klitischen Pronomina! Verwenden Sie dabei verschiedene Farben für Pronomina der 1. und 2. Person auf der einen Seite und solchen der 3. Person auf der anderen!
3. Suchen Sie in Texten nach Subjektpronomina und versuchen Sie für jedes gefundene Auftauchen eine Erklärung zu finden!
4. Suchen Sie in Texten nach freien Objektpronomina, also den post-präpositionalen Verwendungen der Subjektpronomina! Oft werden Sie in ein und demselben Satz auch noch ein koreferentes klitisches Pronomen finden. Ist das immer so, oder können post-präpositionale starke Pronomina wirklich noch für sich allein ein Objekt realisieren?

2 Die differenzielle Objektmarkierung (DOM): die zwei Arten der Transitivität im Spanischen

Nachdem das ersten Kapitel sich mit (klitischen) Personalpronomina befasst hat, verlassen wir den Bereich der Pronomina zunächst, um uns mit einem charakteristischen Phänomen der spanischen Syntax zu befassen, das vor allem Nominalphrasen (NPs) betrifft: der **präpositionale Akkusativ** bzw., in moderner Terminologie, die **Differenzielle Objektmarkierung (DOM)**.[1] Es ist ein Konzept, das wir bereits an dieser Stelle einführen müssen, da es für ein vertieftes Verständnis der beiden folgenden Phänomene im Bereich der Pronominalsyntax (*Leísmo* und Pronominale Reprise) wichtig werden soll. Traditionell ist „präpositionaler Akkusativ" die Bezeichnung dafür, dass man im Spanischen – anders als im Französischen, Italienischen oder Portugiesischen – direkte Objekte manchmal mit einem Marker einleiten muss, der traditionell mit der Präposition <a> identifiziert wird:

(1) Marta no conoce **[a]** Pedro. (kast.)
(2) Marthe ne connait pas [Ø] Pierre. (frz.)
(3) Marta non conosce [Ø] Pietro. (it.)

Das gilt aber eben nur für „belebte" Referenten; bei unbelebten entfällt diese Markierung und das Kastilische verhält sich hier wieder wie seine Schwestersprachen:

(4) Marta no conoce **[a]** Pedro pero conoce [Ø] su coche. (kast.)
(5) Marthe ne connait pas [Ø] Pierre mais elle connait [Ø] sa voiture. (frz.)
(6) Marta non conosce [Ø] Pietro ma conosce [Ø] la sua macchina. (it.)

Das mag auf den ersten Blick wie ein anekdotisches Detail wirken: Ein winziges <a> mehr oder weniger erscheint gerade Sprachlernern möglicherweise als Luxusproblem angesichts der vielen anderen Baustellen auf ihrem Weg zur Beherrschung des Spanischen. Es ist aber zugleich eine Kuriosität und ein Grundprinzip natürlicher Sprachen, dass gerade die wichtigsten Strukturelemente typischerweise in einem minimalistischen Zeichenkörper erscheinen. Denn alles, was wichtig ist, wird dadurch auch häufig; was aber häufig ist, wird instinktiv verkürzt; und das schließlich geschieht in Form einer lautlichen Abschleifung und so zu einer fortschreitenden Reduktion des Lautkörpers, bis oft nur noch ein einziges Segment übrigbleibt. Das Wichtigste kommt in menschlichen Sprachen daher oft extrem unscheinbar daher.

---

[1] Die Real Academia de la Lengua Española (RAE 2010:2595) spricht in ihrer neuesten Grammatik von einem *complemento directo preposicional*.

Man muss sich das in einer Fremdsprache vielleicht verdeutlichen, indem man sich an ähnliche Phänomene in der eigenen Sprache erinnert. So hängt im Deutschen beispielsweise der fundamentale Unterschied zwischen Akkusativ und Dativ oft nur am Unterschied zwischen dem phonetischen Merkmal „alveolar" vs. „bilabial". Ein winziger Unterschied zwar, doch eine Verwechslung der beiden ist für Muttersprachler dennoch schockierend:

(7) Gisela hat *ihn sein Buch zurückgegeben.

Dass der präpositionale Akkusativ also nur aus der An- oder Abwesenheit des Lauts [a] in bestimmten Fällen besteht, ist demnach kein Indiz für seine geringe Bedeutung, sondern das genaue Gegenteil. Wir werden im Folgenden sehen, dass dieses Phänomen grundlegende Begriffe wie „Akkusativ" und „Dativ" oder „direktes vs. indirektes Objekt" sowie das gesamte Konzept der Transitivität zumindest für das Spanische in Frage stellt. Hinter diesem kleinen *a* verbirgt sich also ein gewichtiges Analyseproblem.

Dafür, dass sich dieser Objektmarker *a* heute funktional nicht mehr mit der homophonen Präposition identifizieren lässt, sprechen viele Argumente – semantische wie syntaktische. Zwar gehen beide Elemente etymologisch auf die lateinische Präposition *ad* zurück, doch ist von semantischer Seite bei Verwendungen wie *Veo a Pedro* von der ursprünglichen Semantik nichts mehr zu erkennen. Ein wichtiges syntaktisches Argument wäre, dass es bei einer Gleichsetzung des Objektmarkers mit der Präposition im Spanischen keine indirekten, sondern nur präpositionale Objekte gäbe. Diese Analyse ist aber absurd, da indirekte Objekte als typologisches Universale menschlicher Sprachen gelten. Bevor man eine solche Abweichung des Spanischen von seinen indogermanischen Nachbarsprachen annimmt, bietet es sich an, zunächst einmal die Analyse zu überprüfen. Man geht also heute mehrheitlich davon aus, dass der Objektmarker *a* zwar etymologisch mit der homophonen Präposition verwandt ist, sich aber durch Grammatikalisierung von der ursprünglichen Lokalpräposition fortentwickelt hat.

Was den semantischen Sprachwandel von einer dynamisch gerichteten Lokalpräposition zu einem Transitivitätsmarker angeht, so findet sich in Langacker (1995) eine detaillierte Analyse im Formalismus der *Cognitive Grammar*, in der dieser Vorgang im Detail nachgezeichnet wird. Die ursprüngliche Semantik der Präposition <a(d)> evoziert die Bewegung eines Agenten oder Objekts (*trajector*) in Richtung auf einen Zielpunkt (*landmark*). Dabei kann der *trajector* eine Person sein und sich selbständig bewegen (*Pedro corrió a la escuela*), aber auch ein Gegenstand, der von einem unabhängigen Agenten auf den Weg geschickt wird (*Pedro envió un paquete a la escuela*). Die eigentliche Reinterpretation geschieht dann, wenn als *trajector* (also das bewegte Objekt) nicht mehr nur physische, sondern in metaphorischer Übertragung auch virtuelle Dinge erscheinen können, indem man z.B. auch Informationen als *trajector* verwendet. In *Se lo digo a Pedro* wird das Gesagte metaphorisch wie ein Gegenstand behandelt, der dann zu dem Hörenden auf die Reise geschickt wird. Dies ist nicht etwa eine *ad hoc*-Hypothese; vielmehr finden sich solche metaphorischen Übertragungen überall in menschlichen Sprachen in Form eines sogenannten *image schema* (vgl. Lakoff 1987), in dem physische Prozesse als Vorlage verwendet werden, um abstrakte Vorgänge analog dazu strukturieren zu können. Ein anderes Beispiel für eine solche Übertragung von einer konkret physischen zu einer abstrakteren Bedeutung wären hier Ortspräpositionen, die auf zeitliche Verhältnisse übertragen werden („*vor* fünf Minuten", „*in* zwei Stunden" etc.). In unserem Fall findet die Übertragung im Bereich semantischer Prototypen statt, wobei eine gerichtete Bewegung als Transitivität umgedeutet wird. Langacker beschreibt diesen Vorgang so:

> Among the domains structured by the source-path-goal image schema is the notion of transitivity. We certainly find it natural to conceive of prototypical transitive events (involving energetic interaction) in terms of the agent transmitting energy to the patient, either directly or via a path including an instrument and possibly other intermediaries. In the mental sphere, prototypical transitive verbs are probably to be identified with those describing the perception of external objects, particularly visual perception, which we tend to conceptualize in terms of the viewer's gaze following a perceptual path whose goal is the object perceived. This image-schematic commonality [...] renders quite natural the semantic evolution of a path-goal preposition to become the marker for transitive objects (Langacker (1995:440).

2.1 Terminologische Grundlagen

Um den präpositionalen Akkusativ des Spanischen in seinem systematischen Kontext diskutieren zu können, sollten wir uns zunächst mit den verschiedenen Objekten und Kasus im Deutschen und Spanischen beschäftigen und einige grundlegende Konzepte der traditionellen Syntax klären. Dort unterscheidet man die folgenden Objekttypen:
- **Direkte Objekte (DO)** → Gisela sieht [den Fahrer].
- **Indirekte Objekte (IO)** → Gisela gab [dem Fahrer] die Fahrkarte.
- **Präpositionale Objekte (PräpO)** → Gisela verzichtet [auf die Fahrkarte].

Objekte sind eine syntaktische Funktion, die vom Verb des Satzes bestimmt wird (**Rektion**); sie werden also von ihren Verben „regiert". Objekte sind demnach keine fakultativen (= **Adjunkte**), sondern vielmehr obligatorische Komplemente, also **Argumente**. Global geht die Linguistik davon aus, dass diese Konzepte universal sind und es diese Objekttypen demnach in allen Sprachen gibt. Ihre konkreten syntaktischen Eigenschaften variieren allerdings zum Teil erheblich von Sprache zu Sprache. Als erste Annäherung an die Eigenschaften *deutscher* Objekte können wir festhalten, dass direkte Objekte (ab jetzt: DO) typischerweise im Akkusativ stehen, indirekte dagegen (ab jetzt: IO) im Dativ. Als zusätzliches Charakteristikum des DO gilt zudem die Beobachtung, dass es stets das Satzglied ist, das zum Subjekt wird, wenn man den Satz ins Passiv setzt.

(8) a. Gisela gab dem Fahrer [die Fahrkarte].
   b. [Die Fahrkarte] wurde dem Fahrer von Gisela gegeben.
   c. *Der Fahrer wurde von Gisela die Fahrkarte gegeben.

In (8) a. haben wir zwei Objekte – eines im Dativ, „dem Fahrer", und eines im Akkusativ, „die Fahrkarte". Von den Kasus her ist demnach „die Fahrkarte" durch den Akkusativ ein Kandidat für ein DO. Setzen wir diesen Satz nun ins Passiv, indem wir „die Fahrkarte" zum Subjekt machen, erhalten wir einen perfekten (wenn auch stilistisch ziemlich ungelenken) Passivsatz. Der Versuch, das andere Objekt, „dem Fahrer", als Subjekt im Passivsatz zu verwenden, scheitert dagegen kläglich (vgl. (8) c.). Die Passivregel hat hier also das erwartete Resultat geliefert.

Man könnte nun meinen, dass es zur Charakterisierung von DO und IO ausreichen könnte, einfach nach den Kasus Akkusativ und Dativ zu suchen. Das würde allerdings bei kasuslosen Sprachen wie Englisch oder Spanisch bedeuten, dass es dort keine Unterscheidung zwischen DO und IO gibt, was gegen die Intuition verstößt. Es funktioniert zudem selbst im Deutschen nicht, da Akkusativ und Dativ hier zwar regelmäßig zur Unterscheidung der Objekte dienen, aber eben auch viele andere Funktionen erfüllen, da Kasus nicht nur von Verben, sondern auch von Präpositionen etc. regiert werden. Das direkte Objekt wird in deutschen Schulgrammatiken (einschließlich Duden) „Akkusativobjekt" genannt, was aus der internationaleren und sprachvergleichenden Sicht der modernen Linguistik keine gute Idee ist. Es verstößt zum einen gegen das Prinzip, grundsätzliche linguistische Kategorien möglichst sprachübergreifend zu bezeichnen und zu definieren. Es ist aber auch im Deutschen irreführend. Zum einen gibt es, neben NPs, auch ganze Nebensätze, die als DOs fungieren, als Sätze aber natürlich nicht „im Akkusativ stehen" können (→ *Er bat, [die Fahrkarten kontrollieren zu lassen]*. Im Akkusativ stehen aber auch zahlreiche vom Verb abhängige NPs, die eindeutig keine direkten Objekte sind:

(9) a. Gisela schlief [den ganzen Tag]

Das ist kein DO, sondern ein temporales Adverbiale, was sich unter anderem durch die Unmöglichkeit einer Passivisierung zeigen lässt:

   b. *Der ganze Tag wurde von Gisela geschlafen.

Es stimmt allerdings, dass der Akkusativ eine natürliche Affinität zum DO besitzt und dass all diejenigen direkten Objekte, die überhaupt nach Kasus flektieren, im

Deutschen im Akkusativ stehen. Nach dieser Einstimmung wenden wir uns nun den Verhältnissen im Spanischen zu (vgl. Kiesler 2015, Kap. 7-9).

2.2 Direkte Objekte, Transitivität und Rektion im Spanischen

Das **direkte Objekt** ist die direkt angeschlossene syntaktische Ergänzung eines transitiven Verbs. **Transitivität** ihrerseits ist die Eigenschaft eines Verbs, in seinem Satzbauplan eine solche DO-Ergänzung zwingend vorzusehen. DO und Transitivität sind also Konzepte, die einander bedingen und daher wegen der entstehenden Zirkularität allein noch nicht ausreichen, um diese Begriffe angemessen zu definieren. Ob ein Satz ein direktes Objekt enthalten kann, hängt aber in jedem Fall von der Rektion des flektierten Verbs ab:

(10) Pedro toma [una caña]. / Marta lee [el periódico].

Die Verben *tomar* und *leer* sind demnach transitiv. Wie immer, wenn es um die Bestimmung syntaktischer Funktionen geht, kann der oberflächliche Eindruck täuschen, und Gewissheit über den DO-Status eines Syntagmas lässt sich nur durch Anwendung diagnostischer Tests gewinnen. Im Spanischen verwendet man drei Tests, um DOs nachzuweisen:
- den Pronominalisierungstest,
- den Passivisierungstest und
- den Fragetest.

Der **Pronominalisierungstest** besteht darin, die fragliche Nominalphrase durch ein klitisches Pronomen zu ersetzen, um so den Unterschied zwischen DO und IO morphologisch sichtbar zu machen:

(11) Pedro toma [una caña]$_i$. Pedro la$_i$ toma. / Marta lee [el periódico]$_j$. Marta lo$_j$ lee.

Wenn man die fragliche NP, wie hier, durch die DO-Klitika *lo(s) / la(s)* pronominalisieren kann, ist dies ein deutliches Indiz für ein DO; verlangt die Pronominalisierung dagegen die „Dativ"-Klitika *le(s)*, liegt wahrscheinlich ein indirektes Objekt (IO) vor:

(12) Pedro lleva una caña [a Marta]$_i$. / Pedro le$_i$ lleva una caña.

Wie alle diagnostischen Tests ist der Pronominalisierungstest aber nicht unfehlbar. So funktioniert er beispielsweise auch beim sogenannten Prädikatsnomen oder Subjektprädikativ (vgl. dazu auch Kapitel 10.) und bei manchen Adverbialien, die eigentlich klar von den Objekten unterschieden werden müssten:

(13) Marta es abogada₁. / Marta loⱼ es. (= Subjektprädikativ)
(14) El libro vale [dos euros]ⱼ. / Losⱼ vale. (= Adverbiale)

Leider funktioniert der Pronominalisierungstest zudem nur in der 3. Person, weil die Pronominalklitika nur dort eine morphologische Unterscheidung (*le* vs. *lo/la*) zwischen DO und IO vorsehen; in der 1. und 2. Person sind diese Formen bereits zusammengefallen (1. Person: *me, nos*; 2. Person: *te, os*). Entspricht das fragliche Syntagma einer anderen Person, muss der Satz zunächst entsprechend in die 3. Person umgeformt werden. So ergibt die Pronominalisierung hier kein klares Ergebnis:

(15) Debemos 50,00 € [a vosotros]ᵢ. → Osᵢ debemos 50,00 €. (os = DO oder IO?)

Um zu überprüfen, ob [a vosotros] hier ein DO ist, bringen wir den Satz also zunächst in eine Form der 3. Person:

(16) Debemos 50,00 € [a ella]ᵢ. → Leᵢ debemos 50,00 €. (le = IO)

Nun zeigt sich durch Pronominalisierung, dass hier ein IO-Klitikon nötig ist und daher sowohl [a ella] in (16) als auch, analog dazu, [a vosotros] in (15) IOs sein müssen.

Im **Passivisierungstest** wird überprüft, ob der betreffende Satz so umformuliert werden kann, dass die zu testende NP im Passivsatz zum Subjekt wird. Wenn das möglich ist, handelt es sich bei der NP um ein direktes Objekt:

(17) Pedro toma [la caña]. → [La caña] ha sido tomada por Pedro.

Der Passivierungstest dient auch dazu, die unscharfen Randbereiche des Pronominalisierungstests zu erfassen, in denen auch NPs pronominalisierbar waren, die keine direkten Objekte sind. Sowohl Subjektprädikative als auch Adverbialien fallen nämlich beim Passivierungstest durch:

(18) Marta es [abogada]. → *[Abogada] es sida por Marta.
(19) El libro vale [dos euros] → *[Dos euros] son validos por el libro.

Wenn der Passivierungstest hier also präziser ist als der Pronominalisierungstest, so stößt er doch an gewisse Grenzen, da eine Anzahl direkter Objekte dennoch nicht passivierbar sind:

(20) Marta tiene [dos coches] → *[Dos coches] son tenidos por Marta.

Als letzte Kontrolle bleibt schließlich der **Fragetest**, der darin besteht, die betreffende NP durch ein passendes Interrogativpronomen zu ersetzen. Hier kommen die komplementären Pronomina ¿*qué?* (DO, Subjekt) und ¿*a quién?* (DO, IO) in Frage. Das funktioniert allerdings nur negativ: Wenn man ¿*qué?* verwenden kann, kann ein indirektes Objekt ausgeschlossen werden; allerdings haben wir es damit aber nicht notwendigerweise mit einem DO zu tun, weil eben auch Subjekte so erfragt werden können:

(21) Marta come [albóndigas]. → ¿Marta come [qué]? = DO
(22) [El bosque] está ardiendo. → ¿[Qué] está ardiendo? = Subjekt

Lässt sich etwas dagegen mit ¿*a quién?* erfragen, kann wiederum ein Subjekt ausgeschlossen werden; allerdings funktioniert dieses Fragepronomen sowohl bei direkten als auch bei indirekten Objekten:

(23) Pedro ve [a Marta]. → ¿Pedro ve [a quién]? = DO
(24) Pedro pasa su caña [a Marta]. → ¿Pedro pasa su caña [a quién]? = IO

Keiner der drei Tests ist also für sich allein ausreichend, um ein direktes Objekt zweifelsfrei zu bestimmen!

2.3 Indirekte Objekte

Ebenso wie das direkte Objekt ist auch das indirekte Objekt zunächst einmal ein „Objekt", also die syntaktische Ergänzung (Argument) eines Verbs, die in dessen inhärentem Satzbauplan obligatorisch angelegt ist. So wie also das Verb *sehen* ein direktes Objekt voraussetzt, ist in dem Verb *geben* – neben einem direkten Objekt – auch das Erscheinen eines indirekten Objekts angelegt. Anders als bei den direkten Objekten, deren Erscheinen wir als „Transitivität" bezeichnen, gibt es bei den IOs allerdings keinen entsprechenden Ausdruck. Das hat etwas damit zu tun, dass IOs in jeder Hinsicht zweitrangig sind gegenüber den DOs:
- sie sind im Spanischen statistisch seltener;
- sie werden immer durch den Objektmarker *a* eingeleitet;
- sie erscheinen typischerweise in der sogenannte **ditransitiven Konstruktion** *neben* einem DO (vgl. z.B. „Günther$_S$ gibt Gisela$_{IO}$ das Buch$_{DO}$") und
- sie setzen einen konkreten semantischen Prototypen voraus; IOs sind typischerweise Benefizienten (Nutznießer) oder Rezipienten (Empfänger) eines Vorgangs und prototypisch [+belebt] oder sogar [+menschlich]. Für DOs gelten solche Einschränkungen nicht.

Bei der syntaktischen Analyse werden zur Bestimmung von IOs zwei Tests verwendet: der **Pronominalisierungstest** und der **Fragetest**. Die grundlegende Idee ist dieselbe wie auch bei den Testverfahren zur Bestimmung von DOs: Lässt ein Syntagma sich durch *le(s)* pronominalisieren oder durch *¿a quién?* erfragen, so ist es demnach ein indirektes Objekt:

(25) Pedro pasa su caña [a Marta]$_i$. → Pedro [le]$_i$ pasa su caña. = IO
(26) Pedro pasa su caña [a Marta]. → ¿Pedro pasa su caña a [quién]? = IO

Allerdings sind beide Tests äußerst unzuverlässig und besonders bei der Abgrenzung zu belebten DOs beinahe hoffnungslos unscharf. Zwar funktioniert *¿a quién?* in der Tat mit allen IOs – aber längst nicht *nur* mit diesen. So wird auch das *direkte* Objekt in *Marta ve a Pedro* in allen Varietäten des Spanischen mit *¿a quién?* erfragt. Dem Pronominalisierungstest für IOs ergeht es nicht besser, da beispielsweise in den *Leísta*-Varietäten (vgl. dazu auch Kapitel 10) auch das *direkte* Objekt in Beispielsätzen wie dem folgenden regelmäßig mit dem „Dativ"-Pronomen *le* pronominalisiert wird: *Marta ve a Pedro$_i$. → Marta le$_i$ ve.*

Dieses Scheitern der traditionellen syntaktischen Tests zur Ermittlung indirekter Objekte ist nun allerdings keinesfalls ein Indiz für eine unangemessene syntaktische Beschreibung! Die Beschreibung ist perfekt und die Unschärfe liegt nicht in der Theorie, sondern in der spanischen Sprache selbst: **Die Konzepte des direkten und indirekten Objekts sind im Spanischen charakteristisch unscharf** und die Entwicklung geht sogar dahin, diese Unschärfe noch zu verstärken. Schuld daran sind zwei Phänomene des Spanischen, die es in den anderen romanischen Sprachen entweder überhaupt nicht oder doch zumindest nicht in dieser Ausprägung gibt. Diese beiden Phänomene sind zudem ursächlich miteinander verknüpft und müssen daher im Zusammenhang studiert werden. Es handelt sich dabei zum einen um den **präpositionalen Akkusativ** (behandelt in diesem Kapitel), zum anderen aber um den **Leísmo** (behandelt im dritten Kapitel). Beiden Phänomenen ist gemeinsam, dass sie etymologische Dativ-Morphologie auf direkte Objekte übertragen und dort die alte Akkusativmorphologie verdrängen; Company Company (1998) spricht in diesem Zusammenhang dramatisch von *cannibalistic datives*. Dadurch verwischt sich die scharfe Trennlinie zwischen DO und IO, und die zugrundeliegende Kasusunterscheidung wird schleichend durch andere Prinzipien (Belebtheit, Bestimmtheit, Genusunterscheidung) ersetzt. Inwiefern trägt nun der präpositionale Akkusativ genau zur Verwischung dieser Kategoriengrenze bei?

Morphologisch lassen sich IOs im Spanischen dadurch charakterisieren, dass sie als Syntagmen *immer* durch *a* eingeleitet werden: *Han regalado los libros* **a** *[mí / Pedro / los demás / la República Francesa ...]*. Im präpositionalen Akkusativ *Veo a Marta* haben wir allerdings genau dasselbe *a* auch in Verbindung mit einem DO, sodass folglich gilt: *Alle* IOs werden mit *a* gebildet – aber eben auch einige DOs. Man könnte insofern meinen, dass alle durch *a* eingeleiteten Syntagmen entweder DOs oder IOs sein müssen. Leider ist die Sachlage aber noch verzwickter, denn es könnte sich ja auch um die normale Ortspräposition *a* handeln, die dann überhaupt kein Objekt, sondern lediglich ein Lokaladverbiale bezeichnet:

(27) Marta va [a Madrid].

Und schließlich gibt es auch noch **Präpositionalobjekte**, die es sowohl von den Adverbialien als auch von den IOs und DOs abzugrenzen gilt.

2.4 Präpositionalobjekte

Wie alle Objekte hängen auch Präpositionalobjekte von der Valenz eines Verbs ab und sind demnach obligatorische Argumente dieses Verbs. Anders als das prototypische DO und IO beinhaltet die Valenz des Verbs bei Präpositionalobjekten aber auch die Wahl einer bestimmten Präposition, wie beispielsweise in: *warten auf, sich kümmern um, denken an, drohen mit, danken für*. Ein spanisches Beispiel wäre:

(28) Pedro renuncia [a su proyecto].

Im Deutschen ist die Abgrenzung von Präpositionalobjekten von DOs und IOs unproblematisch daran festzumachen, ob das Argument über eine Präposition angeschlossen wird oder nicht. In den romanischen Sprachen ist der Sachverhalt schon nicht mehr so einfach, da ja auch IOs über eine Partikel <a> angeschlossen werden, die auf den ersten Blick nicht von der homophonen Präposition unterscheidbar sind. Auf welcher Grundlage können wir also argumentieren, dass die folgenden IOs nicht auch Präpositionalobjekte sind, wo sie doch augenscheinlich von einer Präposition eingeleitet werden:

(29) span. Pedro (le) habla [a su amigo]. / fr. Pierre parle [à son ami]. / it. Gianni parla [al suo amico].

Es gibt mindestens zwei Argumente dafür, dass dies in der Tat IOs sind, und keine Präpositionalobjekte. Bei Letzteren ist nämlich in der Verbvalenz eine konkrete Präposition festgelegt. Das ist im bei dem Verb *renunciar* der Fall (= Präpositionalobjekt), bei *hablar* dagegen nicht:

(30) Pedro renuncia [a] / *[de, sobre, para, con ...] su proyecto.
(31) Pedro habla [a su amigo] / [sobre otros asuntos] / [con astucia] / [con su amigo].

Das zweite Argument betrifft die Semantik der beteiligten Präpositionen. Wir werden darauf weiter unten noch genauer eingehen müssen. Hier soll zunächst die Beobachtung reichen, dass <a> in seiner Kernbedeutung eine Ortspräposition ist, die den Zielpunkt einer Bewegung bezeichnet. In Sätzen wie *Marta conoce a Pedro* ist aber von einem statischen Sachverhalt ohne jegliche Bewegung die Rede, in dem die Ortspräposition semantisch augenscheinlich keine Rolle spielen kann. Die Arbeitshypothese soll daher in der Folge lauten, dass der Marker <a> vor IOs und einigen DOs *nicht* identisch ist mit der homophonen Präposition <a>. Es handelt sich vielmehr um einen **Objektmarker**, dessen Semantik sich auf seine syntaktische Funktion beschränkt und synchronisch nichts mehr mit der Semantik der gleichlautenden Präposition zu tun hat.

Wenn wir zusätzlich bedenken, dass das Spanische keine morphologischen Kasus (und damit auch keinen „Akkusativ") mehr besitzt, gelangen wir zu der Überzeugung, dass die traditionelle Bezeichnung „präpositionaler Akkusativ" sich aus zwei Konzepten zusammensetzt, die wir nun beide mit guten Gründen zurückgewiesen haben: Es gibt hier weder einen Akkusativ noch eine Präposition.

2.5 Subjekte und Objekte im Lateinischen und in der Romania

Die bisher geschilderten Verhältnisse im spanischen Satz sind das Ergebnis sprachgeschichtlicher Veränderungen und lassen sich besser verstehen, wenn man mit der historischen Entwicklung vom Lateinischen bis ins moderne Spanisch vertraut ist. Glücklicherweise ist die Geschichte der romanischen Sprachen und ihrer Vorgängersprache Latein über einen Zeitraum von fast 2500 Jahren sehr gut dokumentiert, sodass die romanistische Linguistik sich in einer privilegierten Position befindet, um Langzeitsprachwandel zu erforschen.

Das Lateinische war eine Sprache mit umfassender Kasusflexion. Subjekte standen im Nominativ und direkte Objekte im Akkusativ. Diese fast durchgängig eindeutige Kasusmarkierung an Substantiven, Adjektiven, Pronomina und Partizipien ermöglichte im Lateinischen eine syntaktisch nahezu unbegrenzte Stellungsfreiheit im Dienste der Ideendisposition im Satz. Die normale, unmarkierte Reihenfolge der Argumente im klassischen Latein (= kLat.) war dabei SOV (= Subjekt-Objekt-Verb):

(32) Marcus amicum videt (SOV).

Demgegenüber haben die meisten europäischen Sprachen sich heute in Richtung auf den Typus SVO entwickelt: *Markus sieht den Freund* (Deutsch, SVO).

(33) Marc voit son ami (Französisch, SVO)
(34) Marcos ve a su amigo (Spanisch, SVO)

Der wirkliche typologische Unterschied zwischen der lateinischen Syntax und den modernen romanischen Sprachen besteht aber nicht in diesem Wandel von SOV nach SVO, sondern in der extremen Freiheit des Lateinischen bei der Anordnung der Elemente im Satz im Kontrast zur extremen syntaktischen Positionsfestigkeit und Rigidität der modernen Sprachen. Die Anordnung der Syntagmen war im k.Lat. völlig „frei", d.h. nicht gesteuert von syntaktischen Zwängen. Die modernen Sprachen gelangen demgegenüber schnell an ihre Grenzen:

(35) Marcus amicum videt! / Amicum videt Marcus! / Videt Marcus amicum!
(36) Markus sieht den Freund! / Den Freund sieht Marcus! / *Sieht Markus den Freund!
(37) Marc voit son ami! / *Son ami voit Marc! / *Voit Marc son ami!
(38) ¡Marcos ve a su amigo! / ?¡A su amigo ve Marcos! / ?¡Ve Marcos a su amigo!

Hier hat offenbar in den vergangenen zwei Jahrtausenden ein ganz grundsätzlicher Wandel stattgefunden. Angesichts der fast totalen Stellungsfreiheit der Syntagmen im Lateinischen stellt sich die Frage, was deren tatsächliche Reihung im Lateinischen eigentlich steuert?

Hier nehmen wir nun ein Thema wieder auf, das bereits im Kapitel zur pronominalen Reprise (vgl. dazu Kapitel 4) im Zentrum der Betrachtung stand: Sprachliche Äußerungen funktionieren normalerweise so, dass sie einerseits einen Weltausschnitt bestimmen, über den etwas ausgesagt werden soll, um dann zu eben diesem Weltausschnitt eine Information zu kommunizieren. Der gewählte Weltausschnitt enthält naturgemäß bereits bekannte Informationen und wird in der Linguistik **Thema** (griech. θέμα, théma, ‚das Gesetzte, Aufgestellte, die These') genannt. Das Thema ist also das, worüber gesprochen werden soll. Die neue Information, die sodann über dieses Thema geäußert wird, nennt die Linguistik demgegenüber das **Rhema** (griech. ῥῆμα, rhēma, d.h. ‚das Gesagte, Wort, Aussage'). Die **Informationsstruktur** von Sätzen natürlicher Sprachen folgt also einer Thema-Rhema-Progression, indem es im Normalfall kommunikativ effizienter ist, zunächst den thematischen und erst dann den rhematischen Teil eines Satzes zu äußern. Welche Teile das sind, hängt allerdings vom jeweiligen situativen und enzyklopädischen Wissen der Beteiligten ab und die Thema-Rhema-Progression ist damit Teil dessen, was der Sprecher im Rahmen seines Ausdrucksbedürfnisses selbst steuert. So ist die Abfolge Thema-Rhema zwar zumeist die angemessenere, doch kann ein Sprecher sie zum Erzielen bestimmter Effekte jederzeit auch umkehren. So kann man beispielsweise expressive Spannung erzeugen, indem man die übliche Reihenfolge bewusst umstellt:

(39) Der hat mich heute vielleicht wieder genervt, dieser Klaus-Günther!

Die lateinische Syntax erlaubt es nun, die Argumente des Satzes, Subjekt, direktes Objekt oder indirektes Objekt ohne syntaktische Einschränkungen völlig nach eigenem Gutdünken zu platzieren, um dabei entweder eine normale Thema-Rhema-Progression zu realisieren, aber sogar auch, um gegebenenfalls aus stilistischen Gründen gegen sie zu verstoßen. Gerade in literarischen Texten machen Autoren wie Cicero oder Horaz (zum ewigen Leidwesen von Lateinlernern) umfänglichen und zuweilen gar exzessiven Gebrauch von diesen Möglichkeiten. Tatsächlich geht die Stellungsfreiheit des Lateinischen noch viel weiter als bisher beschrieben: Sie betrifft nämlich nicht nur die Stellungsfreiheit der Subjekt- und Objekt-NPs, die stilistisch frei platzierbar sind (was teilweise auch in den modernen Sprachen noch reproduzierbar ist), sondern auch die Freiheit, diese NPs auseinanderzureißen und frei umzustellen. Und während das Deutsche bei der Stellungsfreiheit der Syntagmen noch halbwegs mithalten konnte, ist eine solche Freiheit nur noch im Lateinischen möglich. Bei einer Präpositionalphrase wie z.B. *mit höchstem Lob* gibt es keine Umstellungsmöglichkeiten mehr (*Höchstem mit Lob. *Lob mit höchstem. etc.). Im Lateinischen dagegen sind prinzipiell alle Reihungen syntaktisch möglich – auch diejenige, die uns „normal" erschiene:

(40) cum summa laude

Und doch hat sich beispielsweise im akademischen Gebrauch eine Reihung als idiomatisch eingespielt, bei der die Präposition nun zwischen Adjektiv und Substantiv steht:

(41) summa cum laude

In allen modernen germanischen und romanischen Sprachen herrscht in der Syntax zunächst einmal das **Kontiguitätsprinzip**, das besagt, dass die Konstituenten eines Syntagmas unmittelbar zusammenstehen müssen, also nicht über den gesamten Satz verteilt werden können. Die Stellungsbeschränkung geht aber noch weit darüber hinaus, denn innerhalb einer gegebenen NP sind die meisten strukturellen Positionen nun ebenfalls fast völlig festgelegt. In einer NP wie der folgenden

(42) [[estos]$_{DET}$ [preciosos]$_{AdjP}$ [libros]$_N$ [mios]$_{Adj}$ [muy interesantes]$_{AdjP}$ [de filología inglesa]$_{PP}$]$_{NP}$

ist die Reihenfolge nahezu unveränderlich und jede Umstellung würde einen auffälligen oder gar agrammatischen Satz ergeben. Ein solches Prinzip kennt das klassische Latein nicht; es entwickelte sich – stets nur als Tendenz – erst im Mittellateinischen, indem die syntaktischen Intuitionen der romanischen Muttersprachen der Schreiber langsam ins Lateinische durchsickerten.

Ermöglicht wurde diese Stellungsfreiheit durch die elaborierte Nominalflexion des Lateinischen, die beispielsweise alle Bestandteile einer DO-Nominalphrase eindeutig mit Akkusativmarkierungen versieht. Selbst wenn man das Substantiv und seine drei attributiven Adjektive gleichmäßig über den Satz verteilt, sorgt die Morphosyntax mithilfe der Akkusativflexion dafür, dass diese verstreuten Bestandteile eindeutig der DO-Nominalphrase zugeordnet werden können. Es ist unwahrscheinlich, dass diese systemisch angelegte Möglichkeit im Alltag umfassend genutzt wurde; in der Literatur dagegen haben die Klassiker sie zuweilen bis ins Extrem getrieben. So werden die folgenden Verse Vergils allein durch morphosyntaktische Mittel zusammengebunden, während ihre Sequenzierung allein metrischen und stilistischen Erwägungen folgt:

(43) At volucres patulis residentes dulcia ramis / carmina per varios edunt resonantia cantus.
  'Aber die Vögel, die auf breiten Ästen sitzen, lassen süße, klingende Lieder durch verschiedene Gesänge erschallen'

Tab. 1: Beispiel lateinische Morphosyntax: Vergil, Culex ad Octavium, vv. 144-5.

AT	VOLUCRES	PATULIS	RESIDENTES	DULCIA	RAMIS
Aber	Vögel	breiten	sitzende	süße	Zweigen
	-Nom.-Fem.	-Abl.-Mask.	-Nom.-Fem.	-Neutr.-Plur.	-Abl.-Mask.
CARMINA	PER	VARIOS	EDUNT	RESONANTIA	CANTUS
Lieder-	durch	verschiedene	verlauten	klingende	Gesänge
-Akk.-Neutr.		-Akk.-Mask.	-3.-Plur.	-Akk.-Neutr.	-Akk.-Mask.

Im Laufe der Jahrhunderte veränderte sich das gesprochene Latein allerdings und entfernte sich immer weiter vom künstlich unveränderlich gehaltenen Schriftlatein. Ein zentrales (morpho-)syntaktisches Element beim Übergang vom Vulgärlateinischen zu den protoromanischen Varietäten ist der kontinuierliche Verfall der Nominalflexion, bei dem zunächst Ablativ und Dativ zusammenfielen und später dann dieser neue Mischkasus mit dem Akkusativ verschmolz und ein Zweikasussystem bildete, in dem nur noch Subjekte von Objekten unterschieden werden konnten. Dieses Zweikasussystem beobachtet man noch in den ältesten Texten der Galloromania, also im Altokzitanischen und Altfranzösischen. In der Iberoromania dagegen finden sich auch in den ältesten Schriftzeugnissen keine Spuren einer Kasusflexion mehr. In dem Maße, in dem die morphosyntaktische Eindeutigkeit des Lateinischen schwand, entwickelte die Sprechsprache aber alternative syntaktische Strategien, um einerseits die Kohäsion der Syntagmen und andererseits die Argumentstruktur der Sätze erkennbar zu halten. Global kann man diese neuen Strategien so zusammenfassen, dass die Bedeutung der Stellungssyntax in dem Maße zunahm, wie die Belastbarkeit der nominalen Morphosyntax nachließ. Die Kohäsion der Syntagmen wurde zusehends durch eine immer rigidere Stellung gewährleistet, insbesondere aber durch das Kontiguitätsprinzip. Anstelle der alten Kasus treten nun zusehends Präpositionen und eine Stellungsfestigkeit auch der Argumente im Satz.

Im Spanischen bestimmen sich die Argumente Subjekt, DO und IO aus einem Zusammenspiel zweier Hauptfaktoren, nämlich die kanonische Sequenzierung S-V-DO(-IO) und die Markierung von Objekten durch den Marker <a>. Die Reihenfolge der Syntagmen im (Kern-)Satz bestimmt also primär deren syntaktische Interpretation. Was links vom flektierten Verb steht, ist prototypisch das Subjekt, was rechts davon steht, das direkte Objekt (= DO); was schließlich nach dem DO steht, ist typischerweise das indirekte Objekt (IO):

(44) Pedro [ha dado [veinte Euros] [a Carlos]]
      S   V   DO   IO

Wie man in (44) sieht, stimmt diese Regel für das IO aber nur teilweise, denn seine syntaktische Funktion ist nicht nur durch seine Position markiert, sondern zusätzlich auch noch mit morphologischen Mitteln durch Setzung des IO-Markers <a>. Diese Markierung von IOs durch die Präposition *a* ist nicht spezifisch spanisch, sondern der Normalfall in der Romania:

(45) Pierre [a donné [vingt Euros] [à Charles]]   (frz.)
(46) En Pere [ha donat [vint Euros]   [a en Carles]] (kat.)
(47) Pietro [ha dato   [venti Euro]   [a Carlo]]   (it.)

Allerdings haben wir ja bereits herausgefunden, dass dieser Marker im Spanischen kein sicheres Unterscheidungsmerkmal zwischen DO und IO mehr ist, denn Französisch und Spanisch gehen hier getrennte Wege:

(48) Pedro conoce   [Ø el libro] (span.). / Pierre connait   [Ø le livre] (frz.).
(49) Pedro conoce   [a Juan] (span.). / Pierre connait   [Ø Jean]   (frz.).
     S   V   DO   S   V   DO

Und hier zeigt sich nun der große strukturelle Unterschied zwischen dem Spanischen und den romanischen Vergleichssprachen: Während im Französischen beide DOs direkt an das Verb angeschlossen werden, unterscheidet Spanisch zwischen zwei verschiedenen Transitivitäten, also zwei Arten von direkten Objekten: DOs mit und DOs ohne Präposition. Auffällig sind dabei im typologischen Vergleich vor allem die DOs mit *a*, denn die präpositionale Markierung ist in vielen anderen Sprachen allein dem IO vorbehalten. Für dieses Phänomen kursieren unterschiedliche Bezeichnungen in der Literatur:

- Präpositionaler Akkusativ (*acusativo preposicional*)
- Personal Accusative (Hatcher 1942)
- Objet prépositionnel (Niculescu 1959)
- Objeto directo de persona con a (Lapesa 1964)
- Morphemmarkiertes Satzobjekt (Müller 1971)
- Personal 'a' (Kliffer 1984 [1995])
- Differential Object Marking (DOM) (Bossong 1991)
- Complemento directo preposicional (Pensado 1995, RAE 2010)

Im Zusammenhang mit dem Spanischen wird das Phänomen traditionell „präpositionaler Akkusativ" genannt; in neuerer Literatur (und allgemein im Zusammenhang mit anderen Sprachen) setzt sich aber langsam „Differential Object Marking (DOM)", „Marcado Diferencial de Objeto (MDO)" bzw. „Differenzielle Objektmarkierung" durch. Am ausgeprägtesten ist dieses Phänomen im **Iberoromanischen**, wo es in allen drei Sprachen (**Spanisch, Portugiesisch, Katalanisch**) vorkommt. Im Portugiesischen, Galicischen und Katalanischen ist der Anwendungsbereich aber deutlich restriktiver als im Spanischen – wohl auch, weil es von der portugiesischen und katalanischen Normative als unauthentischer Kastilianismus bekämpft wurde.

Außerhalb der Iberoromania findet sich das morphemmarkierte DO auch in den westlichen Varietäten des Okzitanischen, in den unterengadinischen Idiomen des Bündnerromanischen (Vallader, Puter, Jauer) und in den sprechsprachlichen Varietäten Süditaliens. Im Rumänischen ist das morphemmarkierte DO fester Bestandteil der Standardsprache, wird aber (anders als in der restlichen Romania) nicht durch einen Fortsetzer der Präposition AD, sondern vielmehr durch die grammatikalisierte Präposition PER (rum. *pe*) realisiert. Die rumänische Entsprechung von span. *Marta ve a Pedro* verwendet daher anstelle des Spanischen <a> den funktionsäquivalenten Marker <pe>: *Marta îl vede pe Petru*.

> Gegenüber allen übrigen romanischen Sprachen, die AD oder eine Mischform mit AD als Kennzeichen verwenden und somit eine erstaunliche Übereinstimmung zeigen, bildet das Rumänische den präp. Akk. mit PER > heutige schriftsprachliche Form pe. [...] Der rumänische präp. Akk. ist die (wegen eines unterschiedlichen Präpositionalsystems) formal differente Realisierung eines typologisch allgemeinromanischen Phänomens (Müller 1971:481f.)

2.6 Differenzielle Objektmarkierung: Die zwei Typen spanischer Transitivität

Wir haben also bislang festgestellt, dass es im Spanischen zwei Arten von DOs gibt: solche, die direkt ans Verb angeschlossen werden, und solche, bei denen ein Objektmarker <a> vorangestellt wird, der formal mit dem homophonen IO-Marker identisch zu sein scheint. Die eigentliche Frage, die Sprachlerner wie Linguisten zu interessieren hat, lautet nun: Nach welchen Kriterien verteilen sich diese beiden Arten von DOs? Wann wird die Markierung verwendet, wann nicht und welche semantischen Konsequenzen hat dies gegebenenfalls?[2] Die übliche didaktische Reduktion im Spanischunterricht besagt, dass belebte DOs markiert werden müssen, unbelebte dagegen nicht markiert werden dürfen. Das wird traditionellerweise auch von der der Grammatikographie so gesehen (wenn dort auch schon differenziert wird). Eine klassische Darstellung dieser Sichtweise finden wir beispielsweise in Rafael Lapesas Aufsatz *Los casos latinos: restos sintácticos y sustitutos en español*. Lapesa geht davon aus, dass der Marker dazu dient, Personen von unbelebten DOs zu unterscheiden. Dabei gibt es allerdings Ausnahmen:

> § 17. El objeto directo de persona con a. [...] No todo objeto directo de persona lleva a en español, sino sólo el que designa un ente personal o grupo de personas vistos en su individualidad concreta o como suma de individualidades concretas. Por eso no llevan a giros como ganar amigos, buscar criado en que el nombre no se refiere a individuos determinados sino a nociones categóricas equivalentes a 'amistades' o 'servicio', y en cambio es necesaria la preposición en "busco a un criado", donde se trata de una persona concreta. (Lapesa 1964:76f).

Zu dem Kriterium „Person" tritt also hinzu, dass es sich um eine bestimmte Person oder Personengruppe handeln muss, während der Marker bei unbestimmten Personen(gruppen) durchaus fortfallen kann.

> No hay límites tajantes para el uso u omisión de la a: los decide una sutil casuística según los matices significativos del verbo, el grado o carácter de la determinación del nombre y factores psicológicos diversos. Así puede haber contrastes como el de "tiene a su mujer enferma" frente a "tiene una mujer muy inteligente". Por otra parte el sentido categórico en que está empleado el nombre no impide la presencia de a en "lo quería como a padre", donde a precisa el tipo de relación y evita equívocos: "lo quería como padre" podría entenderse refiriendo padre al sujeto o interpretando 'por padre', 'en concepto o funciones de padre'. (Lapesa 1964:77).

Die Verwendung des Markers geschieht also nicht rein mechanisch! Vielmehr hat der Sprecher einen Entscheidungspielraum, innerhalb dessen die Verwendung oder Nichtverwendung einen expressiven Wert erhält. Wir bemerken beiläufig, dass Lapesa diese Phänomene zwar beschreibt, aber keine rechte Erklärung dafür anbieten kann.

> La preposición se encuentra a veces ante objeto de cosa, bien por tratarse de nombres propios o personalizados ("gañó a Colada", Cid, 1010 [...]), bien para evitar anfibologías ("El deseo vence al miedo" [...]). (Lapesa 1964:77).

---

[2] Traditionelle Darstellungen finden sich u.a. in Esbozo (1973:370-6), Berschin et al. (2012:262f.), Alarcos Llorach (1994, cap. XXII), De Bruyne (2002:291-6).

Es gibt also auch Fälle, in denen der Marker bei DOs verwendet wird, die auf Gegenstände referieren. Das geschieht zum einen, wenn Gegenstände personalisiert werden, zum anderen aber auch, um als letzte Rettung vor einer *anfibología* (,Doppeldeutigkeit') eine von zwei konkurrierenden NPs als DO zu markieren und so das andere als Subjekt erkennbar zu machen.

> El uso de a ante el objeto directo personal se ha extendido y consolidado con el transcurso del tiempo: el español medieval y clásico lo ofrecían con regularidad mucho menor que el moderno. En el Cantar de Mio Cid alternan "recibe a Minaya" (488) y "recebir las dueñas" (1583), "veré a la mugier" (228) y "veremos vuestra mugier [...]. En los siglos XVI y XVII es grande el predominio de a, pero todavía es frecuente la omisión [...] (Lapesa 1964:77).

Und schließlich lernen wir, dass die „subtile Kasuistik" des präpositionalen Akkusativs sich erst im modernen Spanischen so verfestigt und systematisiert hat, wie wir es heute kennen.

Bei Körner (1987:14) finden sich weitere interessante Beispiele, an denen sichtbar wird, dass die traditionelle Belebtheitsregel eben wirklich nur als didaktische Reduktion taugt, vielen tatsächlichen Verwendungen aber kaum gerecht wird. So fehlt in der folgenden Zeitungsüberschrift erwartungsgemäß der präpositionale Akkusativ, da das DO „aviones" ja unbelebt ist:

(50) Vietnam del Norte afirma haber derribado tres aviones.

Doch in einer anderen Schlagzeile steht an derselben Stelle dann doch der Marker:

(51) Hanoi afirma haber derribado a tres aviones.

Die Motivation für diese unterschiedliche Behandlung ist semantisch durchsichtig: Im ersten Fall dachte der Schreiber wirklich nur an die betreffenden Maschinen; im zweiten Fall dagegen werden die Flugzeuge metonymisch für ihre Piloten eingesetzt, die beim Abschuss ums Leben gekommen sind, also Flugzeug + Pilot, wobei der menschliche Referent dann alle anderen Erwägungen an Wichtigkeit übertrifft. In anderen Beispielen ist nicht eindeutig, ob der Marker nun gesetzt werden muss, oder nicht:

(52) He visto (a) un inglés con sombrero calañés.
(53) El ácido ataca (a) los metales.

Und in wieder anderen Fällen ist die Setzung oder Nichtsetzung Ausdruck subtiler Nuancen:

(54) Honrar padre y madre. – Honrar a Dios.
(55) tener una criada enferma / tener a la criada enferma

Heusinger / Kaiser (2003) berichten zudem, dass in manchen hispanoamerikanischen Varietäten das Kriterium der Belebtheit in den Hintergrund tritt, wenn das DO zugleich definit und spezifisch ist:

(56) Vio a las sierras. (Puerto Rico)
(57) Cosecharon al maíz. (Argentinien)

In der neueren Linguistik gibt es zahlreiche theoretische Ansätze, um diese Beobachtungen in einen linguistischen Erklärungszusammenhang zu bringen. So hat Georg Bossong in mehreren Publikationen gezeigt, dass die Differenzierung zwischen zwei verschiedenen DOs keineswegs ein spezifisch romanisches Phänomen ist, sondern dass es vielmehr in den Sprachen der gesamten Welt beobachtet werden kann.[3] Bossong (1991) unterscheidet zwei Typen von Kasussystemen. Sprachen, in denen Subjekte stets morphosyntaktisch eindeutig von Objekten unterschieden werden, nennt er „nicht-differenziell" (*non-differential*), da ihre direkten Objekte in der Analyse keiner weiteren Differenzierung bedürfen. Es genügt, sie als DOs zu beschreiben. Beispiele für solche Sprachen sind das Deutsche, aber auch das Lateinische, aus denen die romanischen Sprachen sich im Laufe der Jahrhunderte ausgegliedert haben. Im Verlauf der Ausgliederung der iberoromanischen Sprachen – und in unserem konkreten Fall des Kastilischen – haben eine Reihe von Lautwandeln die Kasusmarkierungen des Lateinischen so weit erodiert, dass dessen morphosyntaktisches Kasussystem schließlich völlig zusammenbrach und durch Sequenzierung, Objektmarker und klitische Reprise-Konstruktionen ersetzt wurde. Dabei hat Spanisch nun ein Markierungssystem herausgebildet, bei dem ein Teil der DOs mit einem obligatorischen alten Dativ-Marker <a> konstruiert wird (und damit morphosyntaktisch mit den IOs zusammenfällt), ein anderer Teil der DOs dagegen ohne diesen Marker erscheint (und damit morphosyntaktisch nicht mehr von den Subjekten unterscheidbar ist). Da hier innerhalb der DOs noch einmal zwischen zwei Typen unterschieden werden muss, spricht Bossong in diesen Fällen von **differenzieller Objektmarkierung**. Diese Bezeichnung hat nun gegenüber allen weiter oben aufgelisteten anderen Bezeichnungen den Vorteil, eben nicht auf das Spanische beschränkt zu sein, sondern ein und dasselbe Phänomen sprachenübergreifend vergleichbar zu machen. Bossongs Terminologie setzt sich daher in der Linguistik allgemein, aber auch in der Hispanistik, zusehends durch. Wir sprechen also von differenzieller Objektmarkierung bzw. *Differential Object Marking*, oft auch kurz DOM (*marcado diferencial de objeto*, MDO).

---

[3] DOM ist, unter anderem, im Slawischen, Armenischen, Neu-Iranischen und Neu-Indoarischen beobachtet worden; außerhalb der indogermanischen Sprachfamilie im Finno-Ugrischen, Dravidischen, in den Turksprachen, dem Mongolischen, Tungusischen, Tibeto-Burmesischen, Munda, Bantu, Pama-Nyungan, Mikronesischen, Uto-Aztekischen, Chibcha, Tupí-Guaraní.

Damit ist die morphosyntaktische Situation bei der Markierung direkter und indirekter Objekte in den Schwestersprachen Spanisch und Französisch nun grundlegend unterschiedlich organisiert. Im Französischen sind DOs und IOs morphosyntaktisch scharf voneinander abgetrennt, indem allein das IO durch einen Marker von den restlichen Argumenten unterschieden wird. Die Morphosyntax trennt also DOs und IOs in zwei klare Lager, nämlich Subjekte und DOs ohne Markierung und die IOs mit einem obligatorischen <à>:

Tab. 2: Objektmarkierung im Französischen

Lexikalische NPs – Französisch		
Subjekt = Ø	DO = Ø	IO = à
Ø Pierre (donne)	Ø le livre	à Julie.
Ø Pierre (voit)	Ø Julie.	
Ø Pierre (voit)	Ø le livre.	

Im Spanischen dagegen ist die Lage unübersichtlicher. Die Subjekte fallen zusammen mit einem Teil der DOs (nämlich den nicht-belebten, nicht agentiven, nicht thematischen und nicht tiefensubjektfähigen), während die restlichen DOs dieselbe Markierung erhalten, wie die IOs. Damit ist die erwartete scharfe Trennlinie zwischen den beiden Objekttypen im Spanischen aufgelöst:

Tab. 3: Objektmarkierung im Spanischen

Lexikalische NPs – Spanisch			
Subjekt = Ø	DO = Ø / a		IO = a
	[- belebt] = Ø	[+ belebt] = a	
Ø Pedro (da)	Ø el libro	a Julia.	
Ø Pedro (ve)			
Ø Pedro (ve)	Ø el libro.		

Anstelle der Zweiteilung nach Maßgabe des Objekttyps (wie im Französischen) zeichnet sich im Spanischen eine neue Zweiteilung ab, die sich nicht mehr nach der syntaktischen Funktion DO vs. IO richtet, sondern vielmehr die belebten und die unbelebten Objekte jeweils in einer neuen Kategorie zusammenfasst.

2.7 DOM im Spanischen: Grammatikalisierung und Semantik

Ein großer Teil der modernen hispanistischen Forschung zum präpositionalen Akkusativ befasst sich mit dessen Funktion bzw. Semantik und versucht dabei zum einen zu erklären, wie die lateinische Präposition AD zu einem Objektmarker grammatikalisiert wurde, zum anderen aber auch, welche Faktoren im konkreten Fall dazu führen, dass ein DO mit oder ohne DOM verwendet wird. Dabei geht es letztlich um eine differenziertere Ausformulierung des Merkmals, das wir bislang ein wenig vorläufig „Belebtheit" genannt haben.

Was die DOM-auslösenden Faktoren im modernen Spanischen angeht, so sind verschiedene Theorien geäußert worden. Pomino (2011) fasst die allgemeinen Tendenzen wie folgt zusammen:

> Als relevante Eigenschaften des DOs, die den PA [präpositionalen Akkusativ] auslösen können, fungieren bestimmte inhärente semantische Merkmale des DOs (z.B. Belebtheit) und/oder diskurspragmatisch-referentielle Faktoren (z.B. Definitheit, Spezifizität), aber auch informationsstrukturelle Faktoren (z.B. Topikalität) (cf. u.a. Bossong 1985, Heusinger/Kaiser 2005). Zur Erfassung der einzelsprachspezifischen PA-auslösenden Faktoren werden die jeweiligen Werte dieser Faktoren in Form von Skalen hierarchisch angeordnet (cf. u. a. Silverstein 1976, Bossong 1985, Aissen 2003). Hierbei geht man davon aus, dass jede Skala einen so genannten Wendepunkt aufweist, der die Skala in zwei Abschnitte teilt und einzelsprachspezifisch variiert (Pomino 2011:308).

Während also die didaktische Reduktion des präpositionalen Akkusativs den Eindruck erweckt, dass das binär aufgefasste Merkmal [+/− belebt] die Verhältnisse angemessen wiedergibt, ist den meisten modernen linguistischen Darstellungen gemeinsam, dass sie den auslösenden Faktor eher auf einer implikationalen Skala oder „Hierarchie" verorten. Die erste dieser Hierarchien geht auf Silverstein (1976) zurück, wo sie *feature hierachy* heißt und die Skala von „maximal belebt" zu „maximal unbelebt" so einteilt: 1. Person, 2. Person, 3. Person, *proper human, animate, inanimate*.

In der Folge sind viele weitere Hierarchien vorgeschlagen worden, hinter deren unterschiedlichen Namen (Thematizitäts-, Agentivitäts-, Belebtheitshierarchie) sich letztlich sehr ähnliche Listen verbergen. Interessanter als die konkret zugrunde gelegte Liste ist es im Zusammenhang mit dem präpositionalen Akkusativ, dass man das Konzept der „Belebtheit" mithilfe einer solchen Liste von einer binärem Entweder-oder-Entscheidung zu einem skalaren Phänomen macht. Das mag im Falle von Belebtheit zunächst absurd erscheinen, da ja in der Lebenswelt die Merkmale ‚lebendig' und ‚tot' ein Musterbeispiel einer binären Opposition sind. Das gilt allerdings nicht für das Merkmal der Belebtheit (*animacy*) in der versprachlichten Welt (und damit der Linguistik)!

Stellvertretend für andere sei hier beispielsweise die Thematizitätshierarchie aus (Detges 2005) vorgestellt, deren Funktion es ist, den Wendepunkt zwischen den

DOs mit und ohne DOM darstellbar zu machen: Die Wahrscheinlichkeit, dass ein DO mit DOM erscheint, leitet sich demnach aus seiner Position in der Belebtheits- bzw. Thematizitätshierarchie ab:

> [1] pronombres personales >
> [2] nombres propios de personas, términos de parentesco (esp. de primer grado), ciertas denominaciones del concepto DIOS >
> [3] nombres comunes definidos para referentes humanos >
> [4] nombres comunes definidos para referentes no humanos "personalizados" >
> [5] nombres comunes definidos para referentes humanos colectivos >
> [6] nombres comunes indefinidos para referentes humanos >
> [7] nombres comunes indefinidos para referentes no-humanos (Detges 2005:156)

Je höher ein DO sich in dieser Hierarchie befindet, desto wahrscheinlicher wird es einen DOM-Marker tragen. Der Vorteil dieser Darstellung gegenüber der binären Belebt-unbelebt-Regel besteht darin, die verschiedenen bei Lapesa (1964) berichteten Ausnahmen ernst zu nehmen und die offensichtliche Entscheidungsspanne im näheren Umfeld des Wendepunkts in der linguistischen Beschreibung zu berücksichtigen. Detges' Liste lässt sich auf verschiedene Arten lesen:
- diachronisch beschreibt sie, wie die differenzielle Objektmarkierung bei den Pronomina begann und sich dann langsam über Eigennamen auf bestimmte Kollektivbezeichnungen und schließlich auch unbestimmte menschliche Referenten ausbreitete;
- sprachvergleichend kann man darauf abzeichnen, wie kastilisches DOM am weitesten auf dieser Hierarchie hinabgestiegen ist, während die Nachbarsprachen des Kastilischen, Katalanisch und Portugiesisch, die Grammatikalisierung dieses Objektmarkers bereits deutlich weiter oben beendet haben;
- und letztlich erklärt die Thematizitätshierarchie auch die vielen Fälle, in denen es im modernen Spanischen einen Entscheidungsspielraum gibt, indem es sich dabei stets um Referenten in deren Mittelfeld handelt, also im Umkreis des Umschlagpunkts.

Heusinger / Kaiser (2003:52) zeigen, dass neben der Belebtheit auch die Faktoren der Definitheit (d.h. ob ein Konzept bereits im Kontext aufgetaucht ist) und die Spezifizität (d.h. ob das Denotat in der Lebenswelt ein Individuum ist, oder nicht) eine Rolle spielen. Die Verwendung des Indikativs in (58) a. entspricht der Assertion, dass die Köchin spezifisch und bekannt ist; die Verwendung des DOM-Markers ist daher zwingend. In (58) b. dagegen entspricht die Verwendung des Subjunktivs im Relativsatz einer ausdrücklichen Weigerung, sich auf eine solche Assertion einzulassen (vgl. dazu auch Kapitel 8). Damit ist das DO *una cocinera* nicht definit und spezifisch und wird daher ohne DOM-Marker verwendet:

(58) a. Busco **a** una cocinera que **sabe** hablar inglés.
   b. Busco **[Ø]** una cocinera que **sepa** hablar inglés.

Heusinger / Kaiser schlagen daher weitere Skalen vor (Definitheit, Spezifizität, Belebtheit), um möglichst alle beteiligten Faktoren abbildbar zu machen. Um die Komplexität dieser Beschreibung handhabbar zu halten, wird vorgeschlagen, diese Skalen dann zu integrieren und eine kombinierte Belebtheits- und Spezifizitätsskala bzw. eine kombinierte Definitheits- und Menschlichkeitsskala zu bilden:

Tab. 4:

maximal belebt >> maximal unbelebt					
Pronomina 1. & 2. Pers.	Pronomina 3. Pers. Eigennamen	definit menschlich	Indefinit nicht-menschlich	Massen-ausdrücke (*mass nouns*)	Allgemein-ausdrücke (*generic*)

Allerdings laufen all diese Skalen – von Unterschieden im Detail abgesehen – auf eine ähnliche Hierarchie hinaus, so dass die Thematizitätsskala aus Detges (2005) letztlich ähnliche Analyseresultate hervorbringt.

Laca (2006:450) beobachtet in einer großangelegten diachronischen Studie, dass schon in den frühesten Texten auch Eigennamen unbelebter Dinge wie Ortsnamen den DOM-Marker zeigen:

(59) Assiniestro dexan a Griza que Alamos poblo [Cid, 2694]
(60) Myo Çid gaño a Xerica & a Onda & Al menar [Cid, 1092]

Wenn also unbelebte Dinge wie Städte, Flüsse oder Berge oder auch Waffen mit einem Eigennamen bezeichnet werden, so verhalten sie sich in Bezug auf die DOM-Markierung analog zu Personen und anderen Lebewesen (Laca 2006:469); es scheint also, als sei nicht so sehr Belebtheit, als vielmehr Individualität ein wesentlicher Auslöser für eine Markierung.

2.8 DOM und die „zwei Typen romanischer Syntax"

Bislang hatten wir das Französische als eine Sprache ohne DOM behandelt, vor deren Hintergrund die zwei Arten spanischer Transitivität klarer erkennbar werden sollten. Wir hatten, neben dem Kastilischen, eine Anzahl weiterer romanischer Sprachen und Varietäten aufgezählt, in denen es ebenfalls „präpositionale Akkusative" gibt, wobei der Eindruck entstehen mochte, dass in den restlichen romanischen Sprachen die

Transitivität nicht gespalten sei. Körner (1987) argumentiert allerdings, dass *alle* romanischen Sprachen Phänomene einer gespaltenen Transitivität aufweisen und dass sie sich lediglich in der Art und Weise unterscheiden, wie diese markiert wird. Wie bereits ausführlich beschrieben, besteht die Strategie des **A-Typ**s darin, diejenigen DOs mit einer Markierung zu versehen, die besonders hoch in der Thematizitätshierarchie erscheinen, also besonders „thematisch", „agentiv", spezifisch individualisiert und dem semantischen Protoyp eines Subjekts ähnlich sind. Demgegenüber steht allerdings die zweite Gruppe romanischer Sprachen, die Körner als „**De-Typ**" bezeichnet und deren wichtigster Vertreter das Französische ist. Auch hier wird nämlich ein Teil der DOs mit einem obligatorischen Marker versehen, der in diesem Falle durch Grammatikalisierung aus der Präposition <de> entstanden ist und traditionell als **Teilungsartikel** bezeichnet wird. Der Teilungsartikel verhält sich nun exakt spiegelverkehrt zum präpositionalen Akkusativ, denn während dieser den oberen Teil der Thematizitätshierarchie morphosyntaktisch markiert, tut der Teilungsartikel dasselbe für den untersten Teil. Der französische Teilungsartikel wird also verwendet für unbestimmte, nicht-menschliche Referenten und generell alle DOs, die aus semantischen Gründen schlechte Subjekte einer Passivtransformation abgäben; der präpositionale Akkusativ markiert dagegen die besonders „tiefensubjektfähigen", belebten und individualisierten DOs. So ergibt sich im Vergleich zwischen den beiden Typen eine spiegelbildliche Situation:

(61) a. Nous avons mangé **[du]** fromage. (frz.)
 b. Hemos comido [Ø] queso. (kast.)
(62) a. Nous avons vu [Ø] Pierre. (frz.)
 b. Hemos visto **[a]** Pedro. (kast.)

> Mit der Verwendung der Akkusativpräposition geht Subjektsfähigkeit im Passivsatz einher, mit ihrer Nichtverwendung die Subjektsunfähigkeit" schreibt Körner, und damit „auch die Unmöglichkeit der Passivtransformation (Körner 1987:15).

(63) a. Tiene [Ø] 12 hijos.
 b. *12 hijos son tenidos por ella.
(64) a. Mantiene [a] 12 hijos.
 b. 12 hijos son mantenidos por ella.

2.9 Lektüre- und Analysetipps

Ausgangspunkt ist die extreme Multifunktionalität, die <a> bzw. /a/ im Spanischen besitzt. Es gilt daher zunächst den Objektmarker von der Präposition zu unterscheiden, was durch eine syntaktische Analyse geschehen sollte. Es sollte also zunächst ermittelt werden, ob es sich um ein Adverbiale handelt (also um ein Komplement, das nicht vom Verb regiert wird), oder um ein Objekt. Für den Fall, dass es sich um ein Objekt handelt, muss sodann ausgeschlossen werden, dass es sich um ein präpositionales Objekt handelt. Die Verwendung eines Objektmarkers vor einem IO bedarf keiner weiteren Analyse, da sie hier obligatorisch ist. Vor DOs hängt die Verwendung von verschiedenen miteinander interagierenden Faktoren ab, zu denen (zentral) Belebtheit bzw., präziser, das Merkmal [+menschlich] gehört; daneben machen Spezifizität und Bestimmtheit die Verwendung wahrscheinlicher. Zudem kann es Fälle von metonymischer Übertragung geben, in denen zwar objektiv von unbelebten Dingen gesprochen wird, zugleich aber Menschen gemeint sind (*derribar (a) un avión*).

Grundlagentexte einer vertieften Beschäftigung mit dem Thema wären Kiesler (2015) zu den syntaktischen Eigenschaften der verschiedenen Objekte im Spanischen und Bossong (1991) zum Konzept des *Differential Object Marking*. Detges (2005) liefert eine interessante Darstellung der sprachgeschichtlichen Entwicklungen aus kognitionslinguistischer Perspektive, während Heusinger / Kaiser (2003, 2005, 2007) den Einfluss der verschiedenen Faktoren Belebtheit, Bestimmtheit und Spezifizität auf die Verwendung des DOM-Markers untersuchen. Der große Überblicksartikel zur Entwicklung des präpositionalen Akkusativs ist aber sicher Laca (2006). Pensado (1995) ist ein gesamtromanischer Forschungsbericht, der sich zudem in einem ganzen thematischen Band zum Thema befindet.

2.10 Aufgaben

1. Markieren Sie in einem beliebigen spanischen Text alle Vorkommen von <a>. Ignorieren Sie alle Fälle, bei denen es sich um die Präposition handelt.
2. Markieren Sie Dativ- und den Akkusativ-Objektmarker in verschiedenen Farben.
3. Versuchen Sie bei Letzteren nachzuvollziehen, warum sie gesetzt wurden und ob es im konkreten Fall einen Entscheidungsspielraum geben könnte.
4. Lesen Sie Körner (1987) und machen Sie sich mit der dort vertretenen Theorie der zwei syntaktischen Typen romanischer Sprachen vertraut! Beachten Sie dabei insbesondere die Implikationen, die sich aus der Zugehörigkeit zum einen oder anderen Typus auch außerhalb der differenziellen Objektmarkierung ergeben.

3 *Leísmo*, *Laísmo*, *Loísmo* und die letzten Momente im Leben des spanischen Kasussystems

In diesem Kapitel geht es um Veränderungen, Schwankungen und Unschärfen in der dritten Person der spanischen Objektklitika. Als Problem im Rahmen der Sprachpraxis ist es nahezu ohne Bedeutung, denn durch die Schwankungen reduziert sich schließlich sogar die Gefahr, einen eindeutigen Fehler zu begehen: *A Pedro no lo veo* ist ebenso korrekt wie *A Pedro no le veo*.

Für ein tieferes Verständnis der andauernden Langzeit-Entwicklungen innerhalb der spanischen Morphosyntax sind diese Phänomene dagegen hochinteressant. Während die meisten Scharniere der spanischen Syntax mehr oder weniger gefestigt sind, finden wir hier einen kleinen Unterbereich, wo die Verhältnisse ins Fließen geraten sind und offenbar verschiedene Tendenzen miteinander um die Vorherrschaft ringen. Die Linguistik interessiert sich natürlich nicht wirklich für die drei Klitika *lo*, *la* und *le* an sich, die hier gerade ihren syntaktischen Status neu verhandeln – so wenig wie ein Seismologe den großen Riss im Boden an sich bemerkenswert finden wird; doch ähnlich dem Seismologen, der den Riss vor allem als Indiz für ein bevorstehendes Erdbeben untersucht, verfolgen Linguisten den Riss im Paradigma der spanischen Personalklitika vor allem in Hinblick darauf, was er über das Gesamtsystem verrät.

Wir hatten im vorangegangenen Kapitel bereits gesehen, dass das Konzept „Kasus" und die morphologische Unterscheidung zwischen direkten und indirekten Objekten im Spanischen offenbar problematisch ist. In diesem Kapitel zeigt sich nun, dass diese Schwierigkeiten auch auf das System der klitischen Pronomina übergreifen. Bei den Klitika gibt es nämlich einen alten und noch immer nicht abgeschlossenen Sprachwandelprozess, dessen älterer Zustand noch Spuren einer Kasus-Unterscheidung enthält, während die neueren Stadien sich anschicken, nun auch noch den letzten Rest von Kasus aus der Grammatik des Spanischen zu tilgen. Das macht Spanisch zur ersten romanischen Sprache, wo die alten lateinischen Kasus nun selbst im Pronominalsystem endgültig verschwinden könnten.

Im Kapitel zu den spanischen Pronomina hatten wir einen Formenüberblick gegeben, der einen allgemein akzeptierten Bestand im modernen Spanischen repräsentiert:

Tab. 1: Objektklitika im Spanischen (sistema etimológico)

		DO = Akk	IO = Dat
1. sing.		me	
1. plur.		nos	
2. sing.		te	
2. plur.		os	
3. sing.	mask.	lo	le
	fem.	la	
3. plur.	mask.	los	les
	fem.	las	

Wir sehen bei den Personalklitika, dass Dativ und Akkusativ in der 1. und 2. Person bereits vollständig zusammengefallen sind, in den Formen der 3. Person aber noch unterschieden werden. Demnach werden also „Akkusativobjekte" (= DO) durch die Formen *lo(s)* / *la(s)* pronominalisiert, während es im Dativ, ohne Genusunterscheidung, die Formen *le* und *les* gibt. Da in diesem System der Kasusunterschied des Lateinischen zumindest in der 3. Person noch weiterlebt, nennt man diesen Formenbestand **das etymologische System** (*sistema etimológico*). Im folgenden Beispiel aus einem Roman der katalanischen Autorin Rosa Ribas finden wir genau den Gebrauch vor, den Tab. 1 vorsieht, indem alle direkten Objekte mit *lo(s)* pronominalisiert werden:

(1) Si mi abuelo delató a sus compañeros, **los** entregó a la muerte segura. Eso es también un asesinato. Él no disparó, pero **los** mató igualmente. Por eso **lo** mataron a él también (Rosa Ribas: *Entre dos aguas*, S. 289).

Im Gegensatz dazu finden wir allerdings bei einem Klassiker der spanischen Literatur, dem Basken Miguel de Unamuno, in genau derselben syntaktischen Funktion statt des zu erwartenden Akkusativs *lo* das Dativ-Klitikon *le*:

(2) Cuando Augusto se hizo bachiller **lo** tomó en brazos, **le** miró al bozo, y rompiendo en lágrimas exclamó: «¡Si viviese tu padre...!» Después **le** hizo sentarse sobre sus rodillas, de lo que él, un chicarrón ya, se sentía avergonzado, y así **lo** tuvo, en silencio, mirando al cenicero de su difunto (Miguel de Unamuno: *Niebla*).

Da Miguel de Unamuno über jeden Zweifel an seiner Beherrschung der spanischen Sprache erhaben sein dürfte, ergibt sich daraus der Befund, dass Tab. 1 offenbar doch nicht den gesamten Formenbestand abdeckt und dass spanische Schriftsteller manchchmal *lo_DO mataron* schreiben, manchmal aber auch *le_DO tomó en brazos*. Wir finden also Dativpronomina in Positionen, in denen die Grammatik eigentlich Akkusativformen vorsieht – also ein „Fehler" analog zum berlinischen *Ick liebe dir!* Während aber das berlinische Dativ-statt-Akkusativ nur dialektal möglich ist und in der Hochsprache höchstens für komische Effekte gut ist, ist Herr Unamuno hier keineswegs zu Scherzen aufgelegt. In bestimmten Fällen gehört dieser Gebrauch vielmehr zum unmarkierten Bestand der spanischen Alltags- und sogar der Literatursprache. Die Verwendung von Dativformen in der Funktion eines DO nennt man in der spanischen Grammatikographie **Leísmo**. Tatsächlich ist dies nicht die einzige Unsicherheit in der Verwendung der Personalklitika der 3. Person. In bestimmten dialektalen Varietäten Spaniens findet man neben Dativen für direkte Objekte auch den entgegengesetzten Fall von Akkusativen für indirekte Objekte.

3.1 Das „etymologische" Gesamtsystem der Personalpronomina

Bereits im Altspanischen erhalten wir mehr oder weniger das folgende Gesamtbild der spanischen Personalpronomina, so wie es auch heute noch von der normativen Grammatik erwartet wird:

Tab. 2: System der Personalpronomina im Altspanischen nach Lleal (1990)

Pronombres personales de 1a y 2a persona = los *personales* propiamente dichos → derivados de pronombres personales latinos				Pronombres personales de 3a persona → derivados de demostrativos			
Tónicas			Átonas	Tónicas		Átonas	
Sujeto (ego)	Comp. Prep (mihi)		Compl. (me)	Sujeto / compl. preposicional (> ille)	Compl. directo (> illum)		Compl. indirecto (> illi)
yo	mí	comigo	me				
tú	ti	contigo	te	él / ella	lo / la		le
	sí	consigo	se				
nós		connusco	nos				
vós		convusco	vos	ellos / ellas	los / las		les
	sí	consigo					

Aus dieser Tabelle geht hervor, dass zumindest im Bereich der Pronominalklitika (hier „[formas] átonas" genannt) der Bestand des etymologischen Systems bereits im Altspanischen erreicht waren, während es im Bereich der starken Pronomina in den folgenden Jahrhunderten durchaus noch einige Verschiebungen geben sollte. Man erkennt die bereits hinlänglich bekannte Eigenständigkeit der Formen der 3.

Person: Nur hier gibt es Flexionsunterschiede zwischen Maskulin und Feminin sowie zwischen Akkusativ und Dativ. Damit ist allerdings auch schon ein Problem vorprogrammiert, das in den folgenden Jahrhunderten spürbar werden sollte: Kasusmarkierung und Genusmarkierung schließen einander in den Klitika der 3. Person aus! Das etymologische System ist im gesamten Sprachgebiet akzeptabel; doch wird sein Allgemeinvertretungsanspruch seit Jahrhunderten von mehreren abweichenden Systemen infrage gestellt

3.2 Die abweichenden Systeme

Dem etymologischen stehen heute mindestens drei innovative Systeme gegenüber, die alle auf ihre Art in der 3. Person andere Lösungen verfolgen: der **Leísmo**, der **Laísmo** und der **Loísmo**. Alle finden sich in spontansprachlichen Varietäten der nördlichen Hälfte der Iberischen Halbinsel, d.h in Kastilien, León, Kantabrien – aber auch in Galicien und dem Baskenland. Insofern war es nicht erstaunlich, dass die katalanische Autorin Rosa Ribas (Südosten der Iberischen Halbinsel) sich an das etymologische System anlehnt, während sich der Baske Miguel de Unamuno in seinem *Leísmo* sogar über das normativ empfohlene Maß hinausbegibt. Das bei weitem Wichtigste dieser innovativen Systeme ist fraglos der *Leísmo*, d.h. die Verwendung der Formen *le*, *les* für direkte Objekte, da er die größte geographische Verbreitung und normative Akzeptanz genießt. Bevor wir uns aber diesem eigentlichen Thema zuwenden, gehen wir kurz auf die beiden dialektalen Alternativsysteme ein.

3.2.1 *Laísmo*

Der **Laísmo** wird in der traditionellen Grammatikographie als eine Reaktion auf die Unmöglichkeit einer **Genusmarkierung** im Dativ dargestellt, die den Sprechern hier wichtiger erscheint, als die ohnehin geschwächte Kasusunterscheidung. Anstelle des nicht genusmarkierten *le*, *les* tritt hier also bei femininen Antezedenten das eindeutig feminine *la*, *las*. Laísmus ist seltener als Leísmus und tritt im Singular etwas häufiger auf, als im Plural. Er gilt zwar insgesamt als normwidrig, doch lässt sich diese Ablehnung noch kleinteiliger hierarchisieren. So ist die Verwendung im Prinzip umso stärker stigmatisiert, je weiter unten der Referent sich auf der Belebtheitshierachie befindet, sodass die Reihenfolge in (3) die absteigende Akzeptabilität abbildet:

(3) a. Cuando vi a Pepa, **la**[IO] di su regalo.
    b. A las niñas de hoy ya no **las**[IO] gusta coser.
    c. Coges la sartén, **la**[IO] das la vuelta y ya tienes lista la tortilla.
    d. A esas rosas hay que cortar**las**[IO] los tallos secos.[1]

Er handelt sich heute um ein rein dialektales Phänomen, das vor allem in Europa – und dort besonders in ganz Kastilien, León und Kantabrien – verbreitet ist. Typischerweise erscheint der Laísmo bei personalen Objekten, während die Beispiele mit Gegenständen nur gelegentliche Ausnahmen darstellen. Rafael Lapesa bemerkt dazu in seiner *Historia de la lengua española*:

> [...] hubo oleada laísta hasta el siglo XVIII, pero la reacción fue más rápida que en el caso de *le*; condenado por la Academia en 1796, el dativo *la* ha decaído en el lenguaje literario (Lapesa 1981: §116,8).

Die Norm weist den Laísmus also definitiv zurück, und er taucht in der Schriftsprache daher praktisch nicht auf. Tab. 3 zeigt die Umgestaltung des Paradigmas, die als Konsequenz des *Laísmo* entsteht: Eine AKK/DAT-Unterscheidung bleibt nur bei maskulinen Formen erhalten, entfällt aber im Feminin zugunsten der alten Akkusativform *la(s)*:

Tab. 3: Personalklitika im modernen Spanischen: *Laísmo*

			„Akkusativ" = DO	„Dativ" = IO
		1. sing.		me
		1. plur.		nos
		2. sing.		te
		2. plur.		os
3. sing.	mask.	[z.B. Pedro]	lo	le
	fem.	[z.B. Juana]		la
3. plur.	mask.	[z.B. 'Juana y Pedro']	los	les
	fem.	[z.B. 'tus hermanas']		las

---

1 Diese und auch die folgenden Beispiele stammen aus Fernández Ordóñez (1999).

3.2.2 Loísmo

Der **Loísmo** ist unter den drei alternativen Systemen die seltenste Form der Abweichung. Er besteht darin, die explizite Genusmarkierung als „maskulin" auf den Bereich der indirekten Objekte auszudehnen, so dass hier *lo(s)* statt *le(s)* erscheint:

(4) a. Cuando recojo a los niños del colegio, **los**[IO] llevo la merienda.
   b. Para arreglar esos trajes, hay que sacar**los**[IO] el bajo.
   c. Cuando el arroz está cocido, **lo**[IO] echas la sal.
   d. Yo no **lo**[IO] doy ninguna importancia a eso.
   e. Antes iba a esquiar, pero luego **lo**[IO] cogí miedo y lo dejé.
   f. Cuando vi que el ladrón me iba a asaltar, **lo**[IO] pegué un empujón y salí corriendo.

Auch in den Beispielen in (4) sinkt die Akzeptabilität, indem maskuline Referenten im Plural die typischste Verwendung darstellen, gefolgt vom *loísmo de cosa*; *Loísmo* bei Personen im Singular gilt dagegen als höchst markierte Ausnahme. Was die gesellschaftliche und normative Reaktion auf den *Loísmo* insgesamt betrifft, so hat Lapesa dafür nur einen einzigen vernichtenden Satz übrig: „*Lo* como dativo («*lo* pegué una bofetada») es francamente plebeyo" (Lapesa 1981: §116,8). *Loísmo* ist also hochgradig stigmatisiert. *Laísmo* und *Loísmo* entspringen demselben Wunsch nach Genusunterscheidung auf Kosten der Kasusunterscheidung und kommen häufig in Kombination miteinander vor. Ein Blick auf Tab. 4 zeigt nun, dass der verachtete *Loísmo* aus Sicht des Paradigmas aber durchaus Sinn ergibt, indem er das Paradigma deutlich vereinfacht:

Tab. 4: Personalklitika im modernen Spanischen: *Loísmo* (+ *Laísmo*)

			„Akkusativ" = DO	„Dativ" = IO
		1. sing.		me
		1. plur.		nos
		2. sing.		te
		2. plur.		os
3. sing.	mask.	[z.B. Pedro]		lo
	fem.	[z.B. Juana]		la
3. plur.	mask.	[z.B. 'Juana y Pedro']		los
	fem.	[z.B. 'tus hermanas']		las

Ein solches Paradigma ist natürlich eine Idealisierung, da beide Alternativsysteme niemals konsequent Anwendung finden; ein Rückfall ins etymologische System ist jederzeit möglich. Der **Synkretismus** (= Zusammenfall von Formen innerhalb eines

Paradigmas) von Akkusativ und Dativ wird in dieser Idealisierung konsequent auch auf die 3. Person übertragen, sodass in einem solchen System nun auch die letzte Spur einer Akkusativ-Dativ-Unterscheidung getilgt wird und die Konzepte „Akkusativ", „Dativ" und „Kasus" insgesamt aus dem Sprachsystem verschwinden. Dies ist der konsequente Abschluss eines alten Sprachwandelprozesses, durch den ein funktional nur noch schwach belastetes, überflüssiges Konzept „Kasus" endlich aufgegeben wird und das Paradigma der Pronominalklitika einfacher und einheitlicher wird. Andererseits sind *Laísmo* und *Loísmo* allerdings vor den Augen der Normative und der erdrückenden Mehrheit der Sprecher eindeutig gescheitert und in die Bedeutungslosigkeit zurückgedrängt. **Warum ist die spanische Sprache nicht daran interessiert, die nicht mehr gebrauchten alten Dativ-Formen endlich loszuwerden?** Wir werden weiter unten eine Antwort auf diese Frage versuchen.

3.2.3 *Leísmo*

Loismus und Laismus sind linguistisch weniger interessante Phänomene als der *Leísmo*, da es sich dabei zum einen um dialektale und sozial stigmatisierte Neuerungen handelt, die in der Standardsprache keine Auswirkungen haben; insbesondere gibt es in beiden Prozessen aber keine Neuinterpretationen, sondern lediglich die Aufgabe von Formen, deren Funktion sich als undurchsichtig erwiesen hat. Der *Leísmo* in seinen verschiedenen Spielarten ist da ein ganz anderer Fall, da er eine funktionale Reinterpretation der Dativformen bedeutet. In seiner häufigsten Form erscheint er, wie in (5), mit belebten Referenten im Maskulinum singular:

(5) ¿Conoces a Juan? Sí, **le**[DO] conozco hace tiempo.

In seiner radikalsten bzw. konsequentesten Form (die es in der Realität wahrscheinlich nirgendwo gibt) bestünde auch der *Leísmo* in einer **völligen Aufgabe der Kasusunterscheidung zwischen Akkusativ und Dativ**, allerdings nun nicht zugunsten des Akkusativs, sondern des Dativs. In den Worten von Company Company (1998) kannibalisieren („cannibalistic datives") die Dative hier den Akkusativ. Tatsächlich findet sich *Leísmo* aber in sehr unterschiedlichen Intensitäten, wobei seine Häufigkeit und normsprachliche Akzeptabilität (bzw. soziale Stigmatisierung) stark vom semantischen Charakter des Antezedens abhängt. Generell lässt sich sagen, dass *Leísmo* umso akzeptabler wirkt, je höher dieser in der Belebtheitshierarchie eingeordnet werden kann:

Tab. 5: Universale linguistische Beliebtheitsskala

maximal belebt >>> maximal unbelebt							
Personalpronomina 1. Pers.	Personalpronomina 2. Pers.	Menschliche Personalpronomina 3. Pers.	Eigenname	Menschliches Substantiv	Belebtes, nichtmenschliches Substantiv	Unbelebtes Substantiv

Bei starken Personalpronomina ist er in allen Varietäten obligatorisch:

(6) Conozco sólo [a]/*[Ø] ella, [a]/*[Ø] él no.

Bei definiten männlichen Referenten im Singular ist der Gebrauch in Spanien erwünscht:

(7) ¿Conoces a Juan? – Sí, **le**[DO] conozco hace tiempo. [= *leísmo masculino de persona*]

Bereits bei weiblichen Referenten gilt *Leísmo* allerdings als Nicht-Standard – eines von zahlreichen Indizien, dass die Belebtheitshierarchien natürlicher Sprachen weibliche Referenten, allen wohlbegründeten Forderungen des Feminismus zum Trotz, als weniger „belebt" behandeln, als männliche. Der *leísmo femenino de persona* gilt in der Schriftsprache also bereits als fehlerhaft:

(8) %A María hace tiempo que no **le**[DO] veo. [= *leísmo femenino de persona*]

Der *leísmo de cosa* im Singular, und erst recht im Plural, gelten wiederum als dialektale Erscheinungen:[2]

(9) ¿Sabes dónde está mi libro? - %No, no **le**[DO] he visto por aquí. [= *leísmo de cosa*]

Zu Geschichte und Verbreitung des *Leísmo* schreibt Rafael Lapesa in seiner *Historia de la lengua española*:

---

[2] Bei Unamuno findet man allerdings mühelos auch Beispiele für *leísmo de persona plural*: „le atraía aquel hombre que fue en un tiempo novio de Eugenia, al que esta quiso y acaso seguía queriendo en algún modo; aquel hombre que tal vez sabía de la que iba a ser mujer de él, de Augusto, intimidades que este ignoraba; de aquel hombre que... Había algo que **les** unía" (aus: Niebla, cap. 28).

> En cuanto a *le, la, lo* y sus plurales, el Norte y Centro [de la Península Ibérica], leístas y laístas, continúan enfrentándose con Aragón y Andalucía, mejores guardianes de la distinción etimológica entre *le* dativo y *lo, la* acusativos. En el siglo XVIII la pujanza del leísmo fue tal que en 1796 la Academia lo declaró único uso correcto para el acusativo masculino; después rectificó haciendo sucesivas concesiones a la legitimidad de *lo*, hasta recomendarlo como preferible. Sin embargo, en zonas castellanas, leonesas y norteñas se siguen empleando frecuentemente *le* y *les* para el acusativo de persona (Lapesa 2005: §116,8).

Leísmo ist also keineswegs ein neues Phänomen, sondern reicht bis ins Mittelalter zurück. Es ist ein Phänomen der Meseta und der Atlantikküste, das nie wirklich den Sprung in die später kastilisierten Regionen geschafft hat – weder nach Andalusien, noch in die katalanischsprachigen Regionen oder die mit aragonesischem Substrat. Insofern hat sich der *Leísmo* im ursprünglichen Sinn im amerikanischen Spanisch bislang nicht durchgesetzt:

> Conforme al uso andaluz y en oposición al castellano, el español de América emplea normalmente los pronombres *le, lo, la* y sus plurales con su valor casual originario. No es que falten ejemplos de *le* acusativo masculino y de *la* dativo femenino referidos a persona, pero estan en exigua minoría. Se exceptúan el habla ecuatoriana, que se vale de *le, les* para dativo y acusativo masculino y femenino [...] y la paraguaya, que usa *le* para los dos casos, sin distinguir singular de plural (Lapesa 2005: §133,2).

Alle drei alternativen Systeme sind also vor allem in der nördlichen Hälfte der Iberischen Halbinsel verbreitet. Während aber der *Loísmo* und der *Laísmo* letztlich stets dialektale bzw. soziolektale Phänomene geblieben sind, hat der *Leísmo* sich, vor allem in Kastilien, teilweise auch hochsprachlich durchsetzen können. Da Radio und Fernsehen, aber auch viele Verlage und Zeitungen, in Madrid basiert sind, strahlt der *Leísmo* mittlerweile auf ganz Spanien aus. Nach mancherlei Hin und Her hat die *Real Academia de la Lengua Española* sich nun dazu durchgerungen, einen moderaten *leísmo masculino de persona* zu empfehlen, ohne ihn allerdings vorzuschreiben:

> La Academia Española, teniendo en cuenta el origen etimológico de estas formas y la práctica más autorizada entre los escritores modernos, recomienda para el uso culto y literario la siguiente norma general: *lo*, para el acusativo masculino; *la*, acusativo femenino; **le, dativo de ambos géneros, y además como acusativo masculino de persona, pero no de cosa;** en plural, *los* para el acusativo masculino; *las*, para el acusativo femenino; *les*, para el dativo de ambos géneros. Así, pués, tratándose de un hombre podemos decir indistintamente No lo conozco o No le conozco; pero si se trata de una mujer, solo podemos decir No la conozco; hablando de un libro, *Lo tengo en casa* (Real Academia Española §3.10.5.c, S. 424f.).

Mit anderen Worten: Es werden weiterhin generell die etymologischen Formen vorgeschrieben; nur bei Antezedenten, die menschlich, männlich und Singular sind, ist *le* eine Alternative zum etymologischen *lo* und wird hier sogar empfohlen. In diesem Falle wird *le* angeblich zu einem (Alternativ-)Akkusativ. In ihrer Grammatik von

2009 erklärt die RAE die alternativen Systeme als Sieg der Genusmarkierung über die Kasusmarkierung:

> Así pues, los fenómenos de laísmo, leísmo y loísmo no constituyen solo USOS, sino INDISTINCIO-NES o – dicho más precisamente – resultados de procesos que sustituyen la distinción de caso por la de género (Real Academia Española 2010:1213).

Es entsteht hier der Eindruck, das Bedürfnis nach Genusmarkierung sei der treibende Faktor dieses Sprachwandels. Diese Erklärung ist indes nicht unwidersprochen geblieben (und wird es auch im Verlauf dieses Kapitels nicht bleiben).

3.3 *Leísmo*: Versuch einer Erklärung

In diesem Unterkapitel soll detailliert begründet und hergeleitet werden, weshalb *Leísmo* am besten als Übertragung des DOM-Prinzips aus dem Bereich der NPs in den Bereich der Personalklitika erklärt werden kann.

Allen alternativen Systemen ist gemeinsam, dass sie Neuerungen gegenüber dem traditionellen System darstellen, die darin bestehen, zuvor klar unterschiedene Funktionen wie „Kasus" oder „Genus" zu verschmelzen. Eine solche Aufgabe von formalen Unterscheidungen innerhalb eines Paradigmas nennt man in der Morphologie **Synkretismus.** Synkretismus ist also der Mechanismus, der im Rahmen des Sprachwandels dafür sorgt, dass Paradigmen immer einfacher werden. In unserem Fall geschieht der Synkretismus entweder, indem ehemalige Dativformen für DOs verwendet werden (und damit die Akkusativformen verdrängen = *Leísmo*), oder aber, umgekehrt, alte Akkusativformen in den Bereich der IOs übernommen werden (*Laísmo, Loísmo*). Wir können mindestens zwei Aspekte unterscheiden, in denen diese Phänomene mit dem morphologischen Prozess des Synkretismus zusammenhängen: Aus der Mikroperspektive gesehen breiten sich im *Leísmo* Dativ-Formen in die Domäne des Akkusativs aus und reduzieren dadurch die Anzahl der Kontraste; aus der Makroperspektive führt dies letztlich dazu, dass ganze Kategorien wie Genus oder Kasus aus dem Paradigma verschwinden. Wenn ein ehemals reichhaltiges Paradigma wie beispielsweise das Paradigma der lateinischen Personalpronomina mit seinen sechs Personen, fünf Fällen und drei Genera im Laufe der Zeit durch Synkretismus reduziert wird, fallen zunächst immer mehr Kategorien fort: Das Neutrum geht im Maskulinum auf; Dativ und Ablativ verschmelzen, Dativ und Genitiv verschmelzen und schließlich werden Dativ und Akkusativ zu einem einheitlichen Objektkasus. In der Endphase eines solchen tausendjährigen Synkretismus kann es dabei passieren, dass die Sprecher mit den wenigen verbleibenden Kasusstummeln nichts mehr anzufangen wissen, und sie spontan reinterpretieren und in den Dienst anderer Ausdrucksbedürfnisse wie Genus- oder DOM-Markierung stellen. Wir nennen diesen innovativen Bruch in der Endphase eines Synkretismusprozesses **synkretische Reinterpretation** (vgl. Radatz 2011:54).

3.3.1 Synkretische Reinterpretation als Reaktion auf einen strukturellen Bruch im System

Die Neuerungen des *Leísmo, Laísmo* und des *Loísmo* ergeben sich, indem die letzten morphologischen Reste eines Kasussystems innerhalb der Personalklitika zugunsten anderer Prinzipien der Kategorisierung aufgegeben bzw. reinterpretiert werden. Um diesen Prozess besser zu verstehen, müssen wir zunächst präzisieren, was eigentlich mit dem Konzept „Kasus" (genauer: „morphologischer Kasus") sowohl im Bereich der Pronomina als bei den NPs gemeint ist – insbesondere, wenn wir es mit den letzten Resten eines schon nahezu verschwundenen Kasussystems zu tun haben. Dazu wollen wir das Spanische mit den anderen romanischen Sprachen vergleichen und stützen uns dabei auf ein Verständnis von „Kasus", wie es sich aus der Definition von Grimm (2005) ergibt: „[Case is] a morphological means of marking arguments for syntactic, semantic, and/or pragmatic content" (Grimm 2005:8).

Demnach ist Kasus ausdrücklich eine morphologische Markierung. Was seine prototypische Funktion betrifft, charakterisiert Grimm sie so:

> [M]arking argument structure is the primary reason for having a Case system in the first place – in order to signal what is the subject, object etc. of the predicate. Put differently, if a language has Case, its Cases at least have this function (Grimm 2005:9).

Aus dieser Definition folgt also, dass man von einer Sprache sagen kann, sie besitze „Kasus", wenn es in ihr wenigstens einen morphologischen Marker gibt, der mindestens eines der drei zentralen Argumente (Subjekt, OD oder IO) eindeutig zu identifizieren vermag. Das gilt beispielsweise für das französische <à> als verlässlicher Marker aller indirekten Objekte – und nur der indirekten Objekte. Es ist dagegen beim spanischen <a> als Marker indirekter Objekte problematisch, weil ja <a> auch einen Teil der DOs markiert.

Die Frage, inwieweit moderne romanische Sprachen noch morphologische Kasus besitzen, ist eine der zentralen Fragen der romanischen Philologie. In der mehrheitlichen Beurteilung dieses Problems wird zwischen Kasus im nominalen und pronominalen Bereich unterschieden. Die Existenz von Kasus in den NPs aller modernen romanischen Sprachen wird dabei zumeist kategorisch verneint, wobei nur Rumänisch eine Ausnahme darstellt. Dies gilt jedoch nur für morphologischen Kasus in Form von Affixen (d.h. „Endungen") und nicht auch für eine Markierung durch Partikeln oder Marker, wie es im modernen Französisch mit dem Dativmarker *à* der Fall ist:

(10) Julie donne le livre à Pierre [mit Marker = Dativ].

Diese Marker werden in der allgemeinen romanistischen Debatte typischerweise nicht als „Kasus" gewertet; nach der Definition von Grimm (2005) wäre das aber durchaus gerechtfertigt. Zur Frage des Kasus bei den romanischen Pronomina gibt es im Wesentlichen zwei Positionen. Die radikalere der beiden leugnet seine Existenz nicht nur im nominalen Bereich, sondern sogar im pronominalen und analysiert Restformen wie *le* (DAT) vs. *lo* (AKK) als Fälle „lexikalischer Konservierung" (Bossong 1979:63). Die andere Strömung dagegen geht davon aus, dass sich bei den Pronomina noch Reste eines Kasussystems erhalten haben (vgl. Oesterreicher 1996:283). Wir werden uns hier die zweite der beiden Meinungen zueigen machen, die auch Fernández-Ordóñez (1999) teilt, wenn sie schreibt:

> El paradigma de los pronombres personales de tercera persona del español constituye el único ejemplo (con los de primera y segunda persona) de conservación parcial del sistema casual latino (Fernández-Ordóñez 1999:1317).

Die romanischen Sprachen im Allgemeinen und das Spanische im Besonderen befinden sich also in der Endphase eines tausendjährigen Prozesses des Kasusschwunds. Um die Besonderheiten des Spanischen deutlicher herausarbeiten zu können, sollen die spanischen Verhältnisse im Folgenden mit denen des Französischen verglichen werden, das hier als Repräsentant der restlichen Romania fungiert.

3.3.2 Kasusreste im nominalen Bereich

Der französischen Sprache fehlen die morphologischen Ressourcen, um Subjekt-NPs von DO-NPs zu unterscheiden. Diese Unterscheidung wird im modernen Französisch nur noch durch die relative Position der NPs in Bezug auf das Verb ausgedrückt, wobei die Position links des Verbs den Subjekten vorbehalten bleibt. Es gibt jedoch einen obligatorischen und absolut zuverlässigen Marker zur Identifizierung der indirekten Objekte: die ehemalige Präposition *à*:

Tab. 6: Französisch – NPs

Subjekt	DO	IO
Ø		à …
Ø Pierre (donne)	Ø le livre	à Julie.
Ø Pierre (voit)	Ø Julie.	
Ø Pierre (voit)	Ø le livre.	

Bei den französischen NPs könnte man daher von einem Zweikasussystem sprechen, in dem der Nominativ und der Akkusativ beide unmarkiert bleiben (und durch Sequenzierung unterschieden werden), während der Dativ eine „Kasusmarkierung" *à* erhält. Wenn wir uns nun dem spanischen System zuwenden, stellen wir fest, dass es auf den ersten Blick dem französischen zum Verwechseln ähnlich sieht, da beide das IO mit einem Marker <a> versehen. Bei aller Ähnlichkeit zeigt sich allerdings, dass die Zweikasus-Analyse auf das Spanische nicht zutrifft. Wie im Französischen erscheinen auch spanische Objekte in zwei Varianten, nämlich einer markierten und einer unmarkierten:

(11) Pedro da el libro **a** Julia [IO markiert = Dativ].
(12) Pedro ve Ø el libro [DO unmarkiert = Akkusativ].

Anders als im Französischen stimmt im Spanischen aber die Trennlinie zwischen markierten und nicht markierten Objekten nicht mit den syntaktischen Funktionen überein, denn die Markierung ist eben nicht auf IOs begrenzt, sondern schließt im Rahmen des „präpositionalen Akkusativs" eine große Anzahl direkter Objekte mit ein:

(13) Pedro ve **a** Julia [DO markiert, aber dennoch = Akkusativ].

Damit sind die Verhältnisse im Spanischen bei genauerer Betrachtung radikal andere als im Französischen. Die folgende Tabelle fasst die Verteilung der markierten und nicht markierten Substantive im modernen Spanisch zusammen:

Tab. 7: Spanisch – NPs

Subjekt	DO [- belebt]	DO [+ belebt]	IO
Ø		a …	
Ø Pedro (da)	Ø el libro	a Julia	
Ø Pedro (ve)			a Julia
Ø Pedro (ve)	Ø el libro.		

Man sieht deutlich, dass der Geltungsbereich des Markers <a> alle IOs umfasst, sich aber nicht auf diese beschränkt, sondern darüberhinaus auch noch die „belebten" direkten Objekte miteinschließt, die im Französischen stets unmarkiert bleiben. Folglich (und im Gegensatz zum Französischen) kann die *a*-Markierung spanischer Objekte nicht als Kasusmarkierung im Sinne der Definition angesehen werden, da sie nicht in der Lage ist, NPs eindeutig als Subjekt, DO oder IO zu identifizieren. Obwohl es also im Spanischen durchaus einen Marker zur Klassifizierung von Objektkomplementen gibt, basiert diese Klassifizierung nicht mehr auf dem Konzept Kasus, sondern ist vielmehr im Rahmen eines Grammatikalisierungsprozesses reinterpretiert worden als **Differential Object Marking** (= DOM; vgl. dazu das vorangehende Kapitel). Anders als Kasus basiert DOM nicht auf der Unterscheidung direkter und indirekter Objekte, sondern etabliert vielmehr eine neue Unterscheidung innerhalb der Akkusativ-Transitivität, bei der DO-NPs mit belebten, definiten, spezifischen und thematischen Referenten eine Markierung erhalten, die sie von den restlichen direkten Objekten morphologisch abgrenzt. Um die Darstellung der komplizierten Verflechtung der verschiedenen Faktoren zu erleichtern, synthetisieren Heusinger / Kaiser (2003) daraus eine Integrierte Definitheitshierarchie, mit deren Hilfe beschrieben werden kann, nach welchen Kriterien DOM-Marker vergeben werden:

Tab. 8: Integrierte Hierarchie aus Definitiheit, Belebtheit und Spezifizität (Heusinger / Kaiser 2003:62)

Pronomina der 1. und 2. Person >	Pronomina der 3. Person >	NP / belebt > NP / bestimmt > NP / spezifisch >	NP / unbelebt > NP / unbestimmt > NP / unspezifisch >

In Sprachen mit DOM werden DOs entsprechend ihrer Position in dieser Hierarchie in zwei Klassen unterteilt: DOs mit höheren Referenzpunkten in der Hierarchie bilden die markierte Klasse des Systems und erhalten daher einen morphologischen Marker, der sie von anderen DOs, die in der Hierarchie tiefer stehen und denen ein

Marker fehlt, unterscheidet. Dabei ist nun zu beachten, dass DOM im Allgemeinen mit einem Kasussystem problemlos kompatibel ist, da es den Akkusativ als solchen intakt lässt; DOM besteht schließlich nur darin, nicht *alle* DOs zu markieren, sondern nur eine Untergruppe von ihnen. Es ist also nicht die differenzielle Objektmarkierung an sich, die im Bereich der spanischen NPs auch die letzten Reste eines Kasussystems tilgt. Dies liegt vielmehr daran, dass der spanische DOM-Marker mit dem spanischen Dativmarker *a* identisch ist, so dass dieser nicht mehr als eindeutiger Kasus-Marker fungieren kann.[3] Mit dem Verlust eines eindeutigen Dativmarkers ist in den spanischen NPs nun auch die letzte morphologische Möglichkeit einer eindeutigen Argumentmarkierung verschwunden. Folglich (und im Gegensatz zum Französischen) kennen die spanischen NPs keine Kasusmarkierung mehr und folgen nur noch den Prinzipien der differenziellen Objektmarkierung.

3.3.3 Kasusreste im pronominalen Bereich

Nachdem wir die Unterschiede zwischen dem französischen und dem spanischen System der lexikalischen NPs verglichen haben, wenden wir uns nun den beiden pronominalen Systemen zu. Im Französischen verhalten sich die freien Pronomina in Bezug auf das Zwei-Kasus-System genau wie lexikalische NPs. Der Objektmarker *à* bleibt auch hier den IOs vorbehalten:

Tab. 9: Französisch – freie Pronomina

Subjekt	DO	IO
Ø		à ...
Ø Lui (donne)	Ø celui-ci	à elle.

Was die Klitika angeht, so hält das Französische hier an einem System mit drei Kasus fest: einem Nominativ für die Subjektklitika (die es im Spanischen nicht gibt!), sowie einem Akkusativ und einem Dativ bei den Objektklitika, wobei ein eigens markierter Dativ nur noch in der 3. Person vorkommt:

---

3 Darin unterscheidet sich das Spanische vom Rumänischen. Auch Rumänisch besitzt ja einen DOM-Marker, doch lautet dieser nicht *a*, wie im Spanischen, sondern *pe* (> lat. *per*): *Eu văd pe Petru* ('Ich sehe Peter'). Anders als im Spanischen gibt es im Rumänischen keine Homophonie mit dem Dativmarker *a* und rum. *pe* dient ausschließlich der DOM-Markierung: *Îi dau cartea lui Petru* ('Ich gebe [dem] Peter das Buch'). Damit hat das Rumänische nach unserer Definition sowohl Kasus als auch DOM.

Tab. 10: Französisch – klitische Pronomina

	Nominativ	Akkusativ	Dativ
1. sg. / pl.	je / nous	me / nous	
2. sg. / pl.	tu / vous	te / vous	
3. sg. / pl.	il, elle / ils, elles	le, la / les	lui / leur

Es besteht kein Zweifel, dass es sich hierbei um ein Kasussystem handelt. Alle nichtsynkretisierten Formen identifizieren eine Art Hauptargument: Akkusative der 3. Person beziehen sich immer auf direkte Objekte, während die Dativ-Formen stets indirekte Objekte identifizieren.

Im Spanischen – wie auch im Französischen – zeigen die starken Pronomina das gleiche Verhalten wie die vollen lexikalischen NPs. Im Spanischen mit seinem DOM-System bedeutet dies allerdings, dass sie nicht mehr einem Kasussystem unterliegen, sondern nun nach Maßgabe der differenziellen Objektmarkierung mit seinen zwei Arten von Objekten strukturiert werden:

Tab. 11: Spanisch – freie Pronomina

Subjekt	DO [- belebt]	DO [+ belebt]	IO
Ø Ø Él (le da) Ø Él ([lo/le/la] ve) Ø Él (ve)	Ø éste / ésta / esto Ø éste / ésta / esto.	a ... a él / a ella.	a él / ella

Auch in den pronominalen Klitika ähnelt die Situation im Spanischen der des Französischen – vorausgesetzt, wir verlassen uns vorerst auf das etymologische System und ignorieren Alternativen wie *Laísmo*, *Loísmo* oder *Leísmo*:

Tab. 12: Spanisch – klitische Pronomina („sistema etimológico")

	Akkusativ	Dativ
1. sg. / pl.	me / nos	
2. sg. / pl.	te / os	
3. sg. / pl.	lo, la / los, las	le / les

Man sieht, dass die französischen Klitika des Akkusativs und des Dativs vollständig mit dem spanischen „etymologischen System" übereinstimmen; in beiden beruht die Verteilung der Formen der 3. Person auf einer Kasusunterscheidung zwischen Akkusativ und Dativ. Bei den NPs sind die Verhältnisse jedoch in beiden Sprachen völlig unterschiedlich: Im Französischen besteht eine stabile Korrelation zwischen [à NP] ⇔ <lui / leur> und [Ø NP] ⇔ <le, la / les>. Im Spanischen ist das nicht möglich, da es durch das DOM-Prinzip nun keine Korrelation mehr zwischen dem *a*-Marker und einem bestimmten Objekttyp gibt. Schließlich gibt es im Spanischen drei Typen von Objekten: DO$_{[-DOM]}$, DO$_{[+DOM]}$ und IO.

Wie wir gesehen haben, hat also die differenzielle Objektmarkierung im Spanischen eine morphosyntaktische Unterscheidung von direkten und indirekten Objekten im Bereich der NPs unmöglich gemacht. Andererseits besteht diese Kasus-Opposition aber in den klitischen Pronomina der 3. Person des „etymologischen Systems" fort. Mit anderen Worten: Die Klitika der 3. Person kategorisieren Objekte nach Kriterien, die das Spanische im Bereich der NPs schon seit Jahrhunderten aufgegeben hat. Wo es also im Französischen nur ein einheitliches Prinzip gibt, koexistieren in den meisten Varianten des Spanischen zwei verschiedene (und teilweise miteinander unvereinbare) Prinzipien für die morphosyntaktische Kategorisierung von Objekten: ein System, das bei den Klitika auf der Opposition von Akkusativ und Dativ beruht, und ein anderes bei den NPs und starken Pronomen, das auf [+/-DOM] basiert:

Tab. 13: Kategorisierung der Argumente im Spanischen: *sistema etimológico*

Syntaktische Funktion	→ Kasus (bei den Klitika) Klitika	→ DOM (bei NPs und starken Pronomina) NPs (und starke Pronomina)	DOM
Subjekt (= Nominativ)	—	[Ø Pedro] / [Ø Él] canta.	[- DOM] = <Ø>
DO (= Akkusativ)	Pedro [*lo*]$_{[-DOM]i}$ conoce.	Pedro conoce [Ø mi coche]$_i$ / [Ø esto]$_i$.	
	Pedro [*lo*]$_{[+DOM]i}$ conoce.	Pedro conoce [a mi padre]$_i$ / [a él]$_i$.	[+ DOM] = <a>
IO (= Dativ)	[*Le*]$_i$ doy el libro.	Doy el libro [a Pedro]$_i$ / [a él]$_i$.	

Alle Neuerungen in den spanischen Klitika gehen trotz der Vielfalt der konkreten Lösungen auf die gleiche Unstimmigkeit im System zurück, die die Intuitionen der Sprecher schwächt und Neuinterpretationen und Vereinfachungen Platz macht. Diese Diskrepanz haben wir gerade in den Klitika der 3. Person im etymologischen Systems gefunden: Das Dativ-/Akkusativsystem der Klitika steht im Widerspruch zu den Prinzipien, die die Kategorisierung der NP-Objekte regeln. Es liegt also nahe, den *Leísmo* im Zusammenhang mit dieser Diskrepanz zwischen den Klitika und den NPs zu analysieren. Dies ist in der Literatur auch wiederholt geschehen:

> Varios autores [...] piensan que el leísmo y la extensión del complemento directo preposicional (que coincide con la marca del complemento indirecto) responden a la tendencia a crear una distinción gramatical entre animado e inanimado (Sánchez-Miret 2001:645f.).

Demnach hängt die Wahrscheinlichkeit einer Pronominalisierung durch *le(s)* also von der Position des Antezedenten in derselben „Integrierten Hierarchie von Definition, Animalität und Spezifität" ab, die wir bereits als wichtigstes Prinzip des DOM identifiziert hatten, oder, anders gesagt: **Der *Leísmo* überträgt das Prinzip, nach dem die NPs und starken Pronomina kategorisiert werden, d.h. die differenzielle Objektmarkierung, in den Bereich der Klitika.** Auf diese Weise wird die Diskrepanz zwischen den Klitika und den lexikalischen NPs bei gemäßigtem *Leísmo* gemindert oder verschwindet bei radikalem *Leísmo* sogar ganz:

Tab. 14: Kategorisierung der Argumente im Spanischen: *sistema leísta*

→ DOM (bei Klitika, NPs und starken Pronomina)			
Syntaktische Funktion	Klitika	NPs (und starke Pronomina)	DOM
Subjekt und DO[-DOM]	—	[Ø Pedro] / [Ø Él] canta.	[- DOM] = <Ø>
	Pedro [lo]i conoce.	Pedro conoce [Ø mi coche]i / [Ø esto]i.	
OD[+DOM] und IO	Pedro [le]i conoce.	Pedro conoce [a mi padre]i / [a él]i.	[+ DOM] = <a>
	[Le]i doy el libro.	Doy el libro [a Pedro]i / [a él]i.	

Es überrascht nicht, dass das Konzept des Dativs zugunsten eines anderen als nützlicher empfundenen Kategorisierungsprinzips aufgegeben wird. Der Dativ ist im gesamten Sprachsystem des Spanischen als Kasus überall seit Jahrhunderten verschwunden und überlebt nur noch in den Formen der Personalklitika – und selbst da nur noch in der 3. Person. Als Sprecher des Deutschen haben wir dennoch kein Problem damit, hier einen Dativ zu erkennen, da er schließlich in unserer Muttersprache allgegenwärtig ist. Das gilt aber für Spanischsprecher nicht, und es ist daher kein Wunder, wenn ein so wenig funktionaler Kasus von vielen Sprechern schließlich nicht mehr als solcher erkannt wird und im Interesse anderer, noch tiefer im System verwurzelten Kategorien wie DOM oder Genus reanalysiert wird.

Denn selbst wenn Sprecher die Kasusmotivation nicht mehr nachvollziehen können, bleiben die entsprechenden Formen *la(a)*, *lo(a)*, *le(s)* ja in der Sprache weiterhin präsent. Sie werden so mit Formen konfrontiert, deren Motivation sie nicht mehr verstehen. In diesen Fällen folgen natürliche Sprachen dem kognitiven

Prinzip der „Vermeidung von Undurchsichtigkeit", ein Prinzip, das auch hinter den auf Volksetymologie beruhenden Veränderungen steht und darin besteht, keine uninterpretierbaren Sprachzeichen zuzulassen. Wenn die Motivation für eine Form oder Konstruktion für Sprecher nicht mehr offensichtlich ist, liegt ein Verstoß gegen dieses Prinzip vor, für dessen Lösung es zwei Optionen gibt: Entweder werden die undurchsichtigen Formen ganz aufgegeben, oder die Sprecher greifen auf eine Analogie zurück, um ihnen eine (neue) Funktion zuzuweisen.

Beide Lösungen finden wir unter den alternativen Systemen der spanischen Pronominalklitika:

Tab. 15: Alternative und komplementäre Lösungen

	Ersetzung durch *lo(s)/la(s)*	Reinterpretation von *le(s)*
Bezeichnung:	Laísmo, Loísmo	Leísmo
Technik:	Verwendung von Akkusativformen für indirekte Objekte.	*lo(s) / la(s)* pronominalisieren [- DOM] *le(s)* pronominalisiert [+ DOM]
Motivation:	Die Kasus sind semantisch undurchsichtig (d.h. unverständlich) geworden, während Genus weiterhin verständlich ist. Die Akkusativformen erlauben es, Genusunterschiede auszudrücken.	NP-Objekte werden in zwei Arten von DOs kategorisiert (DO$_{[-DOM]}$ und DO$_{[-DOM]}$), wobei die DO$_{[+DOM]}$ morphologisch wie IOs behandelt werden. Das motiviert eine analogische Reinterpretation der alten Dativklitika als DOM-Klitika.
Nachteil:	Das DOM-Prinzip, das bei den NPs allgegenwärtig ist, findet bei der Pronominalisierung durch Klitika keinen Ausdruck.	Die Genusmarkierung geht verloren.
Beispiel:	*Cuando vi a Pepa, la di su regalo.*	*A Pedro hace tiempo que no le veo.*

Nach dieser Analyse ist *Leísmo* eine Reanalyse der *lo(s)/la(s)~le(s)*-Opposition, die auf einer Analogie mit dem binären DOM-System im Bereich der NPs beruht. Grundlage dieser Analogie ist, dass so eine einzige feste Korrelation zwischen Nominal- und Pronominalmarkierung entsteht: Den mit *a* markierten NPs entspräche dann immer das Klitikon *le(s)*.

Die Theorie wird durch einen Vergleich des Spanischen mit den anderen romanischen Sprachen bestätigt, da sie uns eine systematisch begründete Antwort auf die Frage gibt, warum es Leísmus im Spanischen gibt, nicht aber im Französischen oder Italienischen. Die Antwort ist auf die bereits erwähnten Faktoren zurückzuführen: Französisch und Standard-Italienisch haben keine differenzielle Objektmarkierung und bewahren daher in den NPs das alte Kasusprinzip, mit dem alle indirekten Objekte (und *nur* diese) durch *a* markiert sind. Es gibt daher keine Motivation, das Kasusprinzip bei den Klitika aufzugeben. Was das Rumänische betrifft, so hat es zwar ein DOM-System, doch ist dieses (anders als im Spanischen) klar von den Markierungen des Dativs getrennt, so dass es auch dort keine Motivation für eine Umstrukturierung des Pronominalsystems gibt. Es ist der charakteristische Zusammenfall des DOM-Markers mit dem Dativ-Marker, der den Fall des Kastilischen einzigartig in der Romania macht, sodass sich Phänomene wie *Leísmo* nur dort entwickeln konnten.

Begünstigt wird diese spanische Sonderentwicklung auch noch durch den starken und weiterhin wachsenden Trend zur pronominalen Reprise (vgl. Kapitel *Nominal 3*). Die Reprise schafft Situationen, in denen das Klitikon im gleichen Satz mit der entsprechenden NP auftaucht – also in unmittelbarer Nachbarschaft, durch die eine Diskrepanz zwischen den Objektkategorisierungen besonders spürbar wird. Nicht markierte DOs werden immer mit *lo* pronominalisiert:

(14) Ø El libro lo conozco, y lo compré para mi hijo, estudiante de bachillerato.
(15) Ø El libro lo conozco. He oído hablar de él.

Handelt es sich aber bei den DOs um Personen, erhalten sie den DOM-Marker *a*, der zugleich auch als Dativ-Marker fungiert und daher das Klitikon *le* evoziert. In den beiden authentischen Beispielen aus spanischen Chat-Foren wird das sichtbar:

(16) Yo [al tío]₍₊DOM₎ **le** conozco. A la tía, por desgracia, no, porque está muy buena.
(17) Además [al tío]₍₊DOM₎ **le** conozco, es el padrino de confirmación de mi hermano, jeje.

Wie wirkt sich nun *Leísmo* auf das Paradigma der spanischen Pronominalklitika aus? Auf den ersten Blick wirkt das Schema, als wäre es mit dem etymologischen System identisch, denn alle dort erscheinenden Formen finden sich auch hier wieder. Was sich geändert hat, ist das Kategorisierungskriterium. Die Pronomina der 3. Person folgen nun nicht mehr dem Kasus-, sondern dem DOM-Prinzip:

Tab. 16: Personalklitika im modernen Spanischen: radikaler *Leísmo*

		pronominalisiert:	Objekt-NP ohne <a>	Objekt-NP mit <a>
		1. sg.	me	
		1. pl.	nos	
		2. sg.	te	
		2. pl.	os	
3. sing.	mask.	[z.B. Pedro]	lo	le
	fem.	[z.B. Juana]	la	
3. plur.	mask.	[z.B. 'Juana y Pedro']	los	les
	fem.	[z.B. 'tus hermanas']	las	

Dieses System dürfte die spontanen Sprachintuitionen der meisten *Leísta*-Sprecher repräsentieren; die Tendenz in den einschlägigen Dialektgebieten wäre es unter normalen Umständen, die einmal begonnene Reanalyse von *le(s)*[DO] von den prototypischen Fällen des *leísmo de persona masculino singular* sukzessive auch auf feminine und plurale Objekte zu übertragen. Da die spanische Sprachakademie *le*[DO] aber nur für menschliche maskuline Referenten im Singular zulässt und nicht generell für alle DOM-markierten DOs, wird sich diese konsequente Restrukturierung mit großer Wahrscheinlichkeit in der Standardsprache nicht durchsetzen können. Stattdessen wird sich wohl ein Gebrauch verfestigen, der weder dem Kasusprinzip noch dem DOM-Prinzip völlig entspricht und damit noch weniger kohärent ist als jedes der beiden konkurrierenden Systeme. *Leísmo* als pronominale Abbildung des DOM-Prinzips der NPs ist somit ein **Attraktor-Zustand** (*attractor state*), d.h. ein Zustand, auf den das System sich hinbewegt; die spanische Normative hindert das System allerdings daran, ihn je zu erreichen. Wir haben es mit einem spektakulären Beispiel dafür zu tun, dass die sprachpflegerische Entscheidung einer normativen Instanz die natürliche Entwicklung einer Sprache in einer Weise behindert, die sie auf Dauer in einem willkürlichen Zwischenzustand fixiert.

3.4 Lektüre- und Analysetipps

Während die meisten Syteme der spanischen Morphosyntax recht stabil sind, finden wir in den Formen der 3. Person der Personalklitika einen Fokus der Instabilität. Diese Instabilität rührt daher, dass die Grammatik des Spanischen nur noch an dieser Stelle eine Akkusativ-Dativ-Unterscheidung fordert, die es als solche sonst nirgends mehr gibt, da sie bei den NP-Objekten durch eine DOM-Unterscheidung ausgehebelt wird. Das führt zu verschiedenen alternativen Reanalysen des Formenbestands. Zwei davon, der *Laísmo* und der *Loísmo*, werden nur in einem diatopisch eng umgrenzten Gebiet verwendet und erscheinen in der Schriftsprache höchstens als Karikatur oder in der dialektalen wörtlichen Rede. Außer unter diesen sehr konkreten Umständen kann man ihr Auftauchen bei einer Textanalyse in Klausuren oder im Examen praktisch ausschließen. Der *Leísmo* dagegen ist in Europa weit verbreitet und bei Referenten im höchsten Bereich der Belebtheitshierarchie sogar von der Normative gewünscht (= *leísmo de persona, masculino, singular*).

Andere Formen des *leísmo de persona* sind zwar nicht normgerecht, bleiben in der gesprochenen Spontansprache der *Leísta*-Gebiete weitgehend unauffällig. *Leísmo de cosa* ist dagegen klar stigmatisiert und dürfte in normsprachlichen Texten nicht auftauchen (wohl aber im dialektalen Kontext). Diese Parameter sollten in jeder Analyse verwendet werden. Vorsicht ist geboten beim Schein-*Leísmo*! So wird das Distanzpronomen *Usted(es)* als direktes Objekt auch außerhalb der *Leísta*-Gebiete regelmäßig mit *le(s)* pronominalisiert, ohne dass dies als *Leísmo* empfunden würde. Manche Verben, deren deutsche Entsprechungen den Akkusativ regieren, werden im Spanischen mit dem indirekten Objekt gebildet (vgl. 'ich schlage ihn' vs. *le pego*).

Der große (200 Seiten umfassende!) Überblicksartikel von Fernández-Ordóñez (1999) ist gewiss die wichtigste Lektüreempfehlung zum Thema *Leísmo, Laísmo und Loísmo*; dort findet sich auch ein Unterkapitel zum Thema „Leísmo real y leísmo aparente". Der Artikel enthält einen umfassenden Forschungsbericht bis in die zweite Hälfte der 1990er Jahre. Auch die Monographie von Klein-Andreu (2000) eignet sich zur Vertiefung. Der Artikel Company Company (1998) behandelt die sprachgeschichtlichen Aspekte in der Herausbildung des *Leísmo*, und Radatz (2011) versucht, den *Leísmo* als Übertragung der DOM-Markierung in den Bereich der Klitika zu erklären.

3.5 Aufgaben

1. Erläutern Sie die Gemeinsamkeiten und Unterschiede der drei alternativen Systeme, die neben dem *sistema etimológico* entstanden sind.
2. Suchen Sie im Roman *Niebla* von Miguel de Unamuno nach Vorkommen der Pronominalklitika *le* und *les* bzw. ihres amalgamierten Allomorphs *se* (wie z.B. in *se lo decía*). Analysieren Sie, wo es sich um IOs und DOs handelt.
3. Differenzieren Sie bei den DOs noch einmal nach belebt/unbelebt, maskulin/feminin, singular/plural und bestimmt/unbestimmt. Wo verstößt Unamuno gegen die Empfehlungen der RAE?

4 Die pronominale Doppelung (Reprise) und die Syntax der Klitika

Im ersten Kapitel hatten wir die spanischen Personalpronomina sowohl intern als auch im Vergleich mit dem Deutschen vorgestellt und dabei gesehen, dass sich die Formenbestände der beiden Sprachen stark voneinander unterscheiden. Der Hauptunterschied besteht darin, dass das Spanische zwei Typen von Personalpronomina kennt – die starken und die klitischen –, das Deutsche dagegen nur einen, der in seinem Verhalten eher den starken Pronomina des Spanischen entspricht. In diesem Kapitel soll es nun darum gehen, wie es historisch zu dieser Zweiteilung der spanischen Personalpronomina gekommen ist und welche Funktion jeder der beiden Typen im spanischen Satz übernimmt.

4.1 Syntax und Informationsvergabe

Wenn wir also die Pronomina bislang weitgehend losgelöst von der Funktion betrachtet haben, die sie im Satzzusammenhang erfüllen, so entspricht das einer alten Tradition in der syntaktischen Beschreibung von Sprachen. Üblicherweise verwenden Syntaktiker einen Großteil ihrer Aufmerksamkeit darauf, die vorhandenen Strukturen anzuführen und zu analysieren, ohne dabei zu reflektieren, welche Ausdrucksbedürfnisse der Sprecher sich hinter ihnen verbergen. Es wird zumeist nur gefragt, was da ist, nicht aber, warum es da ist. Die Entstehung der Klitika und auch der pronominalen Reprise im Spanischen lässt sich aber am besten verstehen, wenn man die semantisch-pragmatische Bedarfslage nachzeichnet, die in der Geschichte der spanischen Sprache zu ihrer Entstehung führte.

Sätze sind die syntaktischen Realisierungen von Propositionen. Sie enthalten Subjekte, direkte und indirekte Objekte, Adverbialien etc. Die syntaktische Vielfalt natürlicher Sprachen entsteht dabei nicht zuletzt durch die unterschiedlichen Sequenzierungen, in denen diese Grundelemente in tatsächlichen Sätzen auftauchen können. In welcher Reihenfolge die Syntagmen angeordnet werden, um Sätze zu bilden, hängt universal von zwei Hauptfaktoren ab: 1. der sogenannten **funktionalen Satzperspektive** und 2. den syntaktischen Möglichkeiten und Unmöglichkeiten der betreffenden Sprache.

Das Konzept der funktionalen Satzperspektive wurde in der Prager Schule des Strukturalismus entwickelt. Die zugrundeliegende Beobachtung ist, dass jede satzhafte sprachliche Äußerung in informationstheoretischer Hinsicht aus zwei Teilen bestehen muss: die bereits bekannte Information, an die in der Folge angeknüpft werden soll, und die neue Information, die den Sprechakt motiviert. Die bekannte Information wird dabei **Thema** genannt (alternativ auch „Topik", „Hintergrundinformation"), die neue dagegen **Rhema** („Comment", „Fokus", „Kommentar" und

„Prädikation").[1] Da das Thema den Rahmen liefert, in den die neue Information eingepasst werden soll, steht es typischerweise am Anfang der Äußerung:

(1) Mit dem Auto [= Thema] braucht man knapp zwei Stunden [= Rhema].

Dabei können Thema und Rhema auch den Rahmen des Einzelsatzes überschreiten:

(2) Es war einmal ein König [= Thema]. Der hatte drei Töchter [= Rhema].
(3) „Wo warst Du?" [= Thema] „Im Keller." [= Rhema]

Aus Sicht der Syntax kann man diese Phänomene so zusammenfassen, dass es typischerweise in jeder Sprache eine unmarkierte Stellung der Elemente im Satz gibt, die einer Antwort auf globale Fragen wie „Was ist los?" o.Ä. entspricht. Aus Gründen der Thema-Rhema-Gliederung entsteht aber oft das Bedürfnis, diese Reihenfolge zu ändern. In den zentralen europäischen Sprachen[2] ist die unmarkierte Reihenfolge im neutralen Aussagesatz heute zumeist die Abfolge Subjekt – Verb – Objekt oder SVO. So verhält es sich beispielsweise im Deutschen, Französischen und Spanischen:

(4) Markus sieht seinen Vater (Deutsch, SVO).
(5) Marc voit son père (Französisch, SVO).
(6) Marcos ve a su padre (Spanisch, SVO).

Allerdings hatten wir weiter oben bemerkt, dass die Abfolge der Syntagmen im Satz von *zwei* Faktoren abhängt, nämlich einerseits den Erwägungen der funktionalen Satzperspektive, andererseits aber auch den syntaktischen Zwängen bzw. Tendenzen der betreffenden Sprache. Es gibt daher auch Sprachen, in denen der unmarkierte Aussagesatz nicht als SVO organisiert ist, sondern beispielsweise als SOV (=

---

[1] Die übliche und überall wiederholte Definition der Thema-Rhema-Gliederung als alte vs. neue Information ist theoretisch leicht zu verstehen, in der konkreten Analyse aber zuweilen schwer fassbar. Oft hilft es, wenn man die zu analysierenden Sätze als Antworten auf tatsächlich gestellte oder aber zumindest unterstellte Fragen auffasst. Je nach zugrundeliegender Frage ändert man dabei die Reihenfolge der Syntagmen im Antwortsatz, um den thematischen Teil nach vorn und den rhematischen nach hinten zu verschieben. (1) „Wann geht Gisela ins Kino?" → Gisela geht immer [= Thema] dienstags [= Rhema]. (2) „Was macht Gisela dienstags?" → Dienstags [= Thema] geht sie immer ins Kino [= Rhema]. (3) „Mit wem geht sie ins Kino?" → Ins Kino geht sie immer [= Thema] mit Karl-Heinz [= Rhema].

[2] Gemeint ist hier der Sprachbund, dessen Sprachen unter Sprachtypologen als Standard-Durchschnittseuropäisch (*Standard Average European, SAE*) bezeichnet werden, also Romanisch, Westgermanisch und (in etwas geringerem Maße) Balto-Slawisch (vgl. Haspelmath 2001).

Subjekt-Objekt-Verb). Diese Tendenz gab es in den älteren Sprachstufen der zentralen europäischen Sprachen:

(7) Deus eum percussit. (Latein, SOV)
(8) God hine sloh. (Altenglisch, SOV)
    ‚Gott ihn schlug' = „Gott schlug ihn".

Selbst der Typ VSO kommt durchaus vor – beispielsweise in den keltischen Sprachen:

(9) Fe welodd Marc ei dad (Walisisch, VSO).
    ‚[Part.] sah Markus seinen Vater' = „Markus sah seinen Vater".

Diese unterschiedlichen syntaktischen (also strikt formalen) Tendenzen und Regeln der Sprachen treffen nun auf die verschiedenen Ausdrucksbedürfnisse, die eine Abweichung von der unmarkierten Abfolge motivieren. Die funktionale Satzperspektive sorgt also auf der Ebene der Syntax dafür, dass es neben der jeweiligen unmarkierten Grundstruktur eine Vielzahl von alternativen Konstruktionen gibt, um alle denkbaren anderen Bestandteile ebenfalls in die Thema-Position setzen zu können, sie also zu **topikalisieren**. Daneben gibt es auch noch das Bedürfnis, Syntagmen zu **rhematisieren** oder in Kontrastsituationen zu **fokussieren**. All diese Ausdrucksbedürfnisse motivieren die verschiedenen Sequenzierungsmöglichkeiten in Beispielsätzen wie den folgenden:

(10) Marcus patrem videt. / Patrem videt marcus. / Videt Marcus patrem.
(11) Markus sieht seinen Vater. / Seinen Vater sieht Marcus. / *Sieht Markus seinen Vater.
(12) Marc voit son père. / *Son père voit Marc. / *Voit Marc son père.
(13) Marcos ve a su padre. / ?A su padre ve Marcos. / ?Ve Marcos a su padre.

An diesen Beispielen wird nun auch deutlich, dass die Sprachen sich bezüglich der Bewegungsfreiheit der Syntagmen im Satz sehr unterschiedlich verhalten. Das Lateinische ist zweifellos ein Extremfall, da die Stellungsfreiheit im Satz hier praktisch unbegrenzt ist und allein Thema-Rhema-Erwägungen folgt. In (13) sind alle denkbaren Umstellungen akzeptabel. Diese Stellungsfreiheit wird möglich, weil die syntaktischen Verhältnisse im Lateinischen nicht durch die Abfolge im Satz ausgedrückt werden, sondern vielmehr durch **morphosyntaktische** Mittel, also durch eindeutige Kasusmarkierungen. Da im Lateinischen bereits durch die Kasusflexion erkennbar ist, welche Elemente zueinander gehören, steht einer Stellungsfreiheit syntaktisch nichts entgegen. Eine weitgehende Stellungsfreiheit der Syntagmen im Satz gilt, eingeschränkt, auch noch für das Deutsche – wobei hier aber die Abfolge von Verb und Subjekt nicht mehr völlig frei ist, da die Verb-Subjekt-Abfolge eindeutig die Satzfrage markiert und daher unter normalen Umständen nicht als Aussagesatz interpretierbar ist.

Die romanischen Sprachen dagegen haben sich in diesem Aspekt weit vom Lateinischen entfernt. Da die alte **Kasusflexion** in der modernen Romania fast völlig verschwunden ist, können romanischen Sprachen wie Französisch oder Spanisch die syntaktischen Verhältnisse nicht mehr durchgängig morphosyntaktisch ausdrücken, sondern verlassen sich dabei heute primär auf die Sequenzierung der Syntagmen im Satz: Was links des flektierten Verbs steht, ist nun typischerweise das Subjekt, was rechts davon steht, dagegen ein Objekt. Die Abfolge der Syntagmen steht hier also weitgehend im Dienst der Syntax und ist damit funktional bereits belegt; daher fällt sie nun zur Darstellung der funktionalen Satzperspektive aus. Die romanischen Sprachen bekamen im Laufe ihrer Geschichte in genau dem Maße ein Ausdrucksproblem,[3] wie der Fortfall der Kasusflexion die Stellungsfreiheit einzuschränken begann; wie sollte man nun topikalisieren oder fokussieren? Um dieses Problem zu lösen, entwickelten sich neue syntaktische Konstruktionen. Konnte man im Lateinischen beispielsweise das direkte Objekt noch topikalisieren, indem man es einfach in die Anfangsposition setzte und betonte, funktioniert dies im Französischen nicht mehr:

(14) Malam marcus comedit. (Latein)
    ‚Apfel Markus isst' = „Markus isst den Apfel".
(15) *La pomme Marc mange. (Französisch)

Das Französische entwickelte daher Lösungen wie den **Spaltsatz** und den **Sperrsatz**, in denen das topikalisierte Element durch eine stark grammatikalisierte Pseudo-Nebensatzkonstruktion hervorgehoben wird:

(16) C'est la pomme que Marc mange. (‚Spaltsatz', Französisch)
(17) Ce que Marc mange c'est la pomme. (‚Sperrsatz', Französisch)

Da sich ein Objekt nicht mehr ohne weiteres aus seiner postverbalen Position nach vorn ziehen ließ, ohne seinen Objektcharakter zu verlieren, wich man aus, indem man dieses Objekt formal zu einem Nebensatz machte, der dann problemlos in die linke oder rechte Satzperipherie verschiebbar war.

---

3 Dies ist natürlich eine metaphorische Sprechweise! Sprachen haben keine Probleme und können auch nicht darauf reagieren. Sprachwandel geschieht durch die sogenannte „unsichtbare Hand" abertausender Sprecher und Sprechakte, indem Sprecher auf Ausdrucksprobleme mit spontanen Reparaturstrategien reagieren. Wenn eine dieser Strategien erfolgreich ist und von anderen Sprechern akzeptiert und übernommen wird, setzt sie sich durch und wird schließlich Bestandteil des Sprachsystems.

Konfrontiert mit demselben Problem, ist das Spanische allerdings einen anderen Weg gegangen. Auch hier tragen normale, lexikalische NPs keine Kasusflexion mehr und sind somit oft nicht eindeutig in ihrer syntaktischen Funktion. Daher kann man Objekte nicht in die **Topikposition** anheben, ohne sie dadurch syntaktisch zu Subjekten zu machen.

(18) Pedro$_i$ regala$_i$ la moto$_j$ a su hija$_k$.
(19) ?La moto regala Pedro a su hija.
(20) ?A su hija regala Pedro la moto.

Anders als die Substantive haben sich aber die Pronomina Reste der morphosyntaktischen Kasusmarkierung erhalten. Statt die Objekt-NPs nun, wie im Französischen, zu Nebensätzen zu machen, ersetzt sie das Spanische pronominal durch Klitika am Verb:

(21) [Él]$_i$ se$_k$ la$_j$ regala$_i$.

Allerdings sind Klitika noch stellungsfester als NPs und lassen sich definitiv nicht nach Thema-Rhema-Kriterien umstellen. Was so entsteht, ist eine sogenannte **Klitikgruppe**, in der morphosyntaktisch – also mit morphologischen Mitteln – die gesamte Satzstruktur bereits realisiert ist; denn (21) ist im Spanischen ein vollständiger Satz. Das Subjekt findet sich in der Verbalendung realisiert: 3. Person Singular. Die Klitika repräsentieren das direkte Objekt, f.sg. *la* und das indirekte Objekt, sg., *le*, das in diesem Fall als *se* realisiert wird. Die Klitikgruppe bildet also einen Minimalsatz, in dem alle Argumente syntaktisch bereits vorhanden sind. Damit können die lexikalischen NPs nun aus dem eigentlichen Satz ausgeklammert werden und nur noch als Vorwegnahme oder Nachgedanke in der Satzperipherie als sogenannte **Appositionen** auftauchen:

(22) Se$_k$ la$_j$ regala$_i$., la moto$_j$, a su hija$_k$.

Grundsätzlich sind solche Konstruktionen auch im Deutschen möglich:

(23) Er schenkt es ihr, das Moped.

Allerdings sind sie im Deutschen selten, stark markiert und eher als Reparaturstruktur zu verstehen („Die Kanzlerin, sie hat gesagt …"), während sie im Spanischen als eine oft notwendige und daher stilistisch völlig unmarkierte Konstruktion empfunden werden. Durch die Ausgliederung als Apposition werden die lexikalischen NPs in dieser Funktion wieder stellungsfrei und stehen nun für die Realisierung der funktionalen Satzperspektive zur Verfügung, während die syntaktischen Verhältnisse durch die Klitika am Verb sichergestellt werden:

(24) A su hija_k le_k regala_i la moto_j, Pedro_i.
(25) La moto_j[, Pedro] se_k la_j regala_i a su hija_k.

Das Prinzip ist hier eine Funktionsteilung: Die Klitika erfüllen die syntaktischen Grundbedingungen für einen vollständigen, wohlgeformten Satz, während die appositiven NPs lexikalisch die betreffenden Referenten präzisieren und außerdem durch ihre Position die funktionale Satzperspektive realisieren. Anders als das Französische hat das Spanische also syntaktische Strategien entwickelt, die darauf beruhen, die gesamte syntaktische Struktur eines Satzes möglichst bereits an seinem syntaktischen Kopf zu markieren, also am flektierten Verb.

4.2 Diachronie: Woher kommen (und wohin gehen) die Klitika?

Grammatikalisierungsprozesse sind Sprachwandelprozesse, die sich oft über Jahrhunderte hinziehen. Um die Natur des Wandelprozesses hin zu einer objektkonjugierenden Sprache mit zusehends obligatorischer pronominaler Reprise verstehen zu können, müssen wir einen Exkurs in die interne Sprachgeschichte des Spanischen unternehmen. Der Ausgangspunkt ist hier, wie immer in der Romanistik, das Lateinische, das nur freie Personalpronomina und noch keine pronominalen Klitika kannte; die Verhältnisse waren in dieser Hinsicht also ziemlich ähnlich wie im heutigen Deutschen: Zwar gab es, wie im Deutschen, gewiss Tendenzen, Pronomina beim entspannten Sprechen phonetisch zu reduzieren, doch waren dies eben nur fakultative Verschleifungen, die noch keinen Eingang in die Grammatik der Sprache gefunden hatten. Insofern gab es im Lateinischen auch keine spezifische Pronominalsyntax, denn Pronomina verhielten sich syntaktisch grundsätzlich wie lexikalische NPs. Beim jahrhundertelangen, allmählichen Übergang vom iberischen Sprechlatein zum Protoromanischen und schließlich zum Altspanischen gab es zwei parallele Phänomene, die einander gegenseitig bedingten: Zum einen wurde das Kasussystem des Lateinischen immer weiter reduziert, bis davon nur noch ein Subjektkasus (**CASUS RECTUS**, entsprechend dem ehemaligen Nominativ) und ein generischer Objektkasus (**CASUS OBLIQUUS**, morphologisch eine Mischung verschiedener ehemaliger Objektkasus mit dem Genitiv und dem Ablativ) übrigblieb. Schließlich fiel bei den Nomina auch noch diese letzte Kasusunterscheidung fort, sodass der heutige Zustand erreicht wurde.

Bei den Pronomina war der Schwund der Kasusflexion allerdings deutlich langsamer und ist möglicherweise bis heute noch nicht völlig abgeschlossen (siehe dazu Kapitel 3 zum *Leísmo*). Die existierenden Pronominalformen überlebten den Untergang des Kasussystems, indem sie zum Teil funktional reinterpretiert wurden. Die beiden Formenreihen des Nominativs (**CASUS RECTUS**) und des Akkusativs (**CASUS OBLIQUUS**) lebten im Altspanischen nämlich weiter fort – nun allerdings in einer neuen Aufgabenteilung. Aus der Nominativreihe entwickelten sich die (im Spanischen stets freien) starken Subjektpronomina:

Latein: ego, tu, ille / illa, nos (alteros), vos (alteros), illos / illas →
Spanisch: yo, tú, él / ella, nosotros / -as, vosotros / -as, ellos / -as

Die hochfrequenten Formen des ehemaligen Akkusativs dagegen bildeten zunächst die Reihe der (direkten) Objektpronomina. Dabei begannen diese – anders als die Subjektpronomina – früh, ihre Stellungsfreiheit zu verlieren und entwickelten eine über die Jahrhunderte stärker werdende Tendenz, sich zunächst phonologisch und später dann auch morphologisch an die flektierten Verben zu binden, deren Argumente sie realisieren. Aus einem Paradigma einheitlicher Personalpronomina, mit Flexion nach Nominativ (Subjekte, *casus rectus*) und Akkusativ (direkte Objekte, *casus obliquus*) sowie Überresten eines Dativs (vgl. die modernen Formen le / les), entwickelten sich nun zwei unterschiedliche Typen von Personalpronomina: die Reihe der starken Subjektpronomina und die der klitischen Objektpronomina. Der Unterschied zwischen zwei Kasus verwandelte sich so in den Unterschied zwischen zwei verschiedenen Wortarten. Eine neue Wortart war geboren: das Pronominalklitikon.

In der traditionellen Grammatik wurden diese Pronominalreihen als „**betonte**" (**tónicos**) und „**unbetonte**" (**átonos**) Pronomina bezeichnet. Allerdings suggeriert diese Terminologie in irreführender Weise, dass der relevante Unterschied zwischen den beiden Pronominalreihen im Bereich der Phonetik bzw. der historischen Lautentwicklung liegt. Mittlerweile sind die Phänomene der **Klitisierung** deutlich besser erforscht und es hat sich die Ansicht durchgesetzt, dass es sich dabei nicht vornehmlich um ein phonetisches Phänomen handelt, sondern vielmehr um einen umfassenden Sprachwandelprozess, in dessen historischem Verlauf sich ursprünglich freie Morpheme in Richtung obligatorischer gebundener Morpheme entwickeln. Die alte Terminologie hat sich daher zwar im Bereich anwenderorientierter Grammatiktexte gehalten, wird aber in der modernen linguistischen Literatur zusehends durch die Unterscheidung in **starke** und **klitische** Pronomina verdrängt (siehe Kapitel 1). Für ein Verständnis der heutigen Distribution der beiden Alternativreihen ist es hilfreich, im Rahmen eines diachronischen Exkurses nachzuzeichnen, über welche Zwischenstadien sich die Situation im klassischen Latein zu der im modernen Spanischen entwickeln konnte.

4.2.1 Die Proto-Klitika des Altspanischen

Im Altspanischen finden wir bereits die heutigen „unbetonten" Objektpronomina in Konstruktionen, die aus Sicht des modernen Spanischen sehr vertraut wirken:

(26) Si yo *lo puedo* saber [...]

In diesem Beispiel finden sich einerseits ein freies Subjektpronomen *yo*, andererseits aber auch ein proklitisches Objektpronomen *lo*, so dass dieser Satz auch heute noch, 600 Jahre später, unauffällig in ein spanisches Gespräch einfließen könnte. Der Unterschied zwischen modernem und mittelalterlichem Spanisch wird erst auf den zweiten Blick deutlich, wenn man in den alten Texten Konstruktionen wie die folgende findet, die in der modernen Sprache völlig absurd wirken würden:

(27) Si *lo* yo saber *puedo* ...

An diesem und zahllosen ähnlichen Beispielen zeigt sich, dass die „unbetonten" Objektpronomina noch nicht vollständig klitisiert, sondern noch viel freier in ihrer Stellung waren, als es die heutigen Klitika sind. Es handelt sich hier um **phonologische Klitika**, die (möglicherweise) keinen eigenen Akzent mehr tragen und sich daher phonologisch an ein beliebiges anderes freies Morphem anlehnen müssen und nicht, wie die modernen Klitika, ausschließlich an Wirtsverben klitisierten. Das Altspanische folgt dabei – ähnlich wie auch die restlichen altromanischen Varietäten – noch dem sogenannten **Tobler-Mussafia-Gesetz** (einer romanistischen Konkretisierung des Wackernagel-Gesetzes der Indogermanistik). Die Wackernagel-Regel besagt, dass Klitika nie am Satzanfang auftauchen. Das Tobler-Mussafia-Gesetz besagt, dass phonologische Klitika am Satzanfang und nach einigen Konjunktionen (z.B. aspan. *o* ‚oder', *e* / *y* ‚und' oder der Negationspartikel *no* etc.) in Enklise stehen mussten.

(28) aspan. *recibiólo* gegenüber nspan. *lo recibió* (‚Er empfing es / ihn').

Solche rein phonologischen Klitika können wir auch im gesprochenen Deutsch beobachten:

(29) Kann er ['kanɐ] das machen? Ja, wenn er ['vɛnɐ] will.

Das Pronomen *er* wird phonetisch reduziert und lehnt sich enklitisch an ein beliebiges Element an. Phonologische Klitisierung ist allerdings nicht obligatorisch, wie man leicht zeigen kann, indem man das betreffende Pronomen kontrastbetont:

(30) Kann *er* [kan ˈʔeːɐ] das machen oder bleibt es wieder an *ihr* hängen?

Von den echten Klitika unterscheiden sie sich aber vor allem darin, dass die Klitisierung hier nicht an ein bestimmtes Element im Satz – wie beispielsweise das Verb – gebunden ist. Echte Klitisierung ist schließlich dadurch charakterisiert, dass das

Klitikon mit seinem Wirtselement eine feste Klitikgruppe bildet und dass (mit Ausnahme weiterer Klitika) nichts zwischen Klitikon und Wirtswort treten darf.

Rini (1990) hat gezeigt, dass die frühen Klitika des Altspanischen noch vornehmlich phonologisch abhängig, ansonsten aber weiterhin freie Formen waren. Es lässt sich zwar bereits die charakteristische Neigung der Objektpronomina zeigen, sich an die Verbgruppe „anzukleben", doch ist ihre Stellung zum Verb zu diesem frühen Zeitpunkt noch nicht festgelegt. Es finden sich in ein und demselben Text Formen wie *él díxolo* neben *él lo dixo*, so dass der Eindruck entstehen könnte, dass lediglich die Frage der En- oder Proklise ungeklärt ist. Tatsächlich ist die Stellungsfreiheit im Altspanischen aber noch größer, denn Proto-Klitika wie *lo* können auch völlig vom Verb losgelöst auftreten: *lo él dixo*.[4] Dieser Befund wird von der Linguistik als Beleg dafür gewertet, dass der Prozess der Klitisierung im Mittelalter noch lange nicht abgeschlossen war. Die sogenannte **Interpolation**, also der Einschub nicht-klitischen Materials zwischen das Pronomen und das Wirtsverb, war im Altspanischen noch sehr häufig und ist ein weiteres Indiz für diese Analyse:

(31) (a) *Quien* **te** *algo* **prometiere**
    wer   pron.2sg.dat etwas verspräche
    ‚wer dir etwas versprechen sollte'

 (b) *para* **lo** *mejor* **conplir**
    um   es   besser erfüllen
    ‚um es so besser zu erfüllen'

In (31) (a) steht das nicht-klitische Wort *algo* zwischen dem Klitikon und seinem Bezugselement, in (31) (b) steht *lo*, aus moderner Sicht überraschend, vor dem Verb *conplir*; außerdem wird es noch durch das eingeschobene Wort *mejor* von diesem getrennt. Ein ebenfalls überraschender Sonderfall der Interpolation ergibt sich, wenn das Proto-Klitikon im Futur oder Konditional zwischen das Verb und das bereits halb agglutinierte Auxiliar *haber* schiebt und damit zu einer Art Pronominal-Infix zu werden scheint. In der *Primera crónica general* (13. Jh.) finden wir beispielsweise:

(32) Et por que non dubdes nada en esto que te yo digo **ueer medes** cras andar y en
    la lid en un cauallo blanco con una senna blanca, et gran espada reluzient en

---

4 Vgl. Rini (1990:359). Die Bedeutung ist in allen Fällen dieselbe: ‚Er sagte es'.

la mano. Et uos luego por la grand mannana **confessaruos edes** de todos uuestros peccados ...[5]

Interessant sind hier die Formen *ueer medes* (mod. Span: ‚me veréis') und *confessaruos edes* (mod. Span. ‚os confesaréis'), bei denen die Proto-Klitika *me* und *vos* zwischen das Verb und die Flexionsendung geschoben werden. Das ist im Altspanischen noch möglich, weil der Übergang von der alten Verbalperiphrase vom Typus *ver + (hab)edes* ‚ihr habt zu sehen = ihr werdet sehen' noch nicht ganz abgeschlossen ist und *-edes* noch nicht völlig zu einem Affix geworden ist:

(33) Aspan. ver-me-edes < lat. videre me habetis (später: veredes me, me veredes)
(34) Aspan. confesar-vos-edes < lat. confessare vos habetis (später: confesaredes vos, vos confesaredes)

Das wäre im modernen Spanischen heute nicht mehr möglich, ist dagegen im Portugiesischen bis heute Bestandteil der normativen Schriftsprache:

(35) Ver-me-ão (port.).
(36) Confessar-se-ão (port.).

Bereits im Altspanischen finden wir eine Verwendung der Proto-Klitika, die sich fast logisch aus der Verfügbarkeit zweier paralleler Pronominalreihen ergibt. Sie besteht darin, ein Objekt im selben Satz zwei Mal zu versprachlichen – einmal als NP oder starkes Pronomen und außerdem auch noch als (Proto-)Klitikon:

(37) E tu as me$_i$ tollido a mí$_i$ un capellano
und du hast mir genommen von mir einen Priester
„Und du hast mir einen Priester entführt."

Solche Konstruktionen sind bemerkenswert und, z.B. aus deutscher Perspektive, überraschend. Zunächst einmal ist eine wörtliche Übersetzung ins Deutsche unmöglich (*‚Und du hast mir genommen mir einen Priester'); zudem wird eine triviale Frage syntaktischer Analyse bei derlei Konstruktionen zu einem echten Problem: Wo ist hier das indirekte Objekt? Ist es das Klitikon? Die NP? Oder beide gemeinsam? Für solche – oder zumindest ähnliche – Doppelungen des (pronominalen) Objekts kennt die spanische Linguistik verschiedene Bezeichnungen: Im Rahmen der generativen Grammatik spricht man hier von *doblado de clíticos* / **clitic doub-**

---

5 „Und damit du an dem, was ich dir sage nicht zweifelst, wirst du mich morgen auf einem weißen Pferd mit einer weißen Fahne und einem großen, glänzenden Schwert in der Hand in die Schlacht reiten sehen. Und ihr werdet sodann am Morgen die Beichte für all Eure Sünden ablegen".

ling / Klitikverdopplung, innerhalb funktionalistischer Grammatiktheorien dagegen eher von *pleonasmo pronominal, duplicación de objetos, redundancia pronominal, resumptive pronouns* oder, auf Deutsch, **pronominaler Reprise**. In der modernen Sprache ist diese Reprise in manchen Fällen obligatorisch, in manchen möglich:

(38) La tortilla$_i$ [la]$_i$ / *[Ø]$_i$ hice yo.
(39) ¡A ti$_i$ [te]$_i$ / *[Ø]$_i$ lo digo!

In wieder anderen ist sie dagegen unmöglich:

(40) No *[lo]$_i$ / [Ø]$_i$ tengo el libro$_i$.

Wie gesehen, finden sich diese typischen syntaktischen Strukturen des Spanischen bereits im Altspanischen. Die Ähnlichkeit mancher mittelalterlichen Beispiele darf allerdings nicht darüber hinwegtäuschen, dass die Reprise im Altspanischen noch völlig anders funktionierte, als im modernen Spanischen. Sie war zunächst einmal viel seltener, vor allem aber nie obligatorisch. So findet man im selben Text wie Beispiel (6) auch das folgende Beispiel ohne pronominale Reprise:

(41) A **ti** [Ø] lo digo, nuera.
 zu dir es (ich-)sage Schwiegertochter.
 „Dir sage ich es, Schwiegertochter."

Doch selbst wo pronominale Reprise im Altspanischen vorkommt, ist die Konstruktion nur oberflächlich identisch mit der entsprechenden Konstruktion im modernen Spanischen:

> In Modern Spanish [... t]he clitic is indispensable, which suggests that it is the basic pronoun and the tonic is the additional or redundant form, which appears for emphasis. There is no reason to believe, however, that in Old Spanish the emphatic constructions were of this same nature as regards the question of which was the basic and which was the redundant or additional element. In fact, the evidence provided by a diachronic perspective seems to suggest just the opposite: that the tonic pronoun, not the clitic, was the basic element of the emphatic constructions, and the clitic was additional or redundant when the two forms occurred together (Rini 1990:360).

Im Altspanischen war also im Zweifel das starke Pronomen obligatorisch und das Klitikon konnte wegfallen. Man konnte daher wahlweise sagen *A ti lo digo* oder auch *A ti te lo digo*, nicht aber das heute völlig normale *Te lo digo*! Erst Anfang des 17. Jahrhunderts setzte sich das moderne Gefüge aus obligatorischem Klitikon und fakultativem starkem Pronomen schließlich durch. In einem langen Grammatikalisierungsprozess hatten sich die **unbetonten Pronomina** des Lateinischen im Altspanischen zu immer stärker gebundenen **Klitika** entwickelt; diese Klitika entwickeln sich nun zu noch unselbständigeren Elementen und ähneln zusehends **Affixen**, ohne diesen Stand allerdings bereits zu erreichen. Das Klitikon wird nun zum obligatorischen Kopf der Konstruktion und das starke Pronomen tritt nur hinzu, wenn es besonders betont werden soll. Rini nennt das einen „cephalic shift" (Rini 1990:361), also einen ‚Kopftausch'. Es kann von nun an nicht mehr heißen:

(42) *A ti lo digo, nuera.

Akzeptabel sind nur noch:

(43) A ti te lo digo, nuera.
(44) Te lo digo, nuera.

Der Prozess beginnt damit, dass Objektpronomina im Altspanischen langsam ihre Betonbarkeit verlieren und sich phonologisch an Wirtselemente anzulehnen beginnen; die Aufgabe, Kontrast- und Insistenzakzent zu tragen, übernahmen nun die starken Pronomina oder eine volle lexikalische NP. Durch diese Funktionsteilung erscheinen die phonologisch gebundenen klitischen Pronomina immer öfter zusammen mit einem Wirtswort[6] und werden zusehends als Einheit wahrgenommen. **Klitika werden reinterpretiert als grammatische Morpheme (Affixe).** Damit ist das Spanische bereits weit fortgeschritten auf dem Weg hin zu einer Objektkonjugation, denn Verben müssen nun oft nicht mehr nur mit dem Subjekt kongruieren,

(45) (yo) digo, (tú) dices, (ella) dice ...,

sondern zusehends auch mit ihren Objekten:

(46) (yo) te lo digo (a ti), (yo) se lo digo (a él), (yo) me lo digo (a mí) ...

4.3 Resumptive Pronomina und *Clitic Doubling*

Ein resumptives (d.h. ‚wiederaufnehmendes') Pronomen wiederholt ein Satzthema, das durch Links- oder Rechtsversetzung aus dem Kernsatz ausgegliedert wird, indem es im Satz als Platzhalter an dessen Stelle erscheint:

(47) Die Möwen$_i$, sie$_i$ kommen jeden Tag und wühlen im Abfall.

---

6 Anders als im NSp. muss dies im ASp. noch keineswegs immer ein Verb sein. Gerade partikelhafte Elemente wie <no> oder <que> treten regelmäßig als Wirtselemente für klitische Pronomina auf. Die Festlegung auf Verben als einzig verbleibender Klitisierungsbasis geschieht erst Anfang der Neuzeit im frühen NSp.

(48) Ich kenne sie_i noch von früher, die Marion_i.
(49) Der_i sitzt hier oft und trinkt sein Bier, der Peter_i.

Die pronominale Reprise ist eine syntaktische Konstruktion, in der ein resumptives klitisches Pronomen gemeinsam mit seiner koreferenten NP oder einem starken Pronomen in ein und demselben Satz auftauchen kann und nicht, wie normalerweise, in komplementärer Distribution (d.h. einem Entweder/oder-Verhältnis) mit ihnen. Im Deutschen ist *Clitic Doubling* nicht möglich, da hier das Personalpronomen und die koreferente NP nie gemeinsam im selben Satz verwendet werden können. *Ich gebe ihm das Buch dem Peter* ist also hier syntaktisch nicht möglich – wohl aber eine Variante, bei der die lexikalische Objekt-NP ausdrücklich als Apposition verstanden werden soll. Das funktioniert im Deutschen mit einer lexikalischen NP, aber nicht mit einem Personalpronomen:

(50) Ich gebe ihm_k das Buch, [dem Peter]_k / *[ihm]_k.

Ohne das Komma, das hier für den Appositionscharakter des gedoppelten indirekten Objekts steht, ist die Konstruktion im Deutschen gänzlich unmöglich:

(51) *Ich gebe ihm_k das Buch [dem Peter]_k / [ihm]_k.
(52) Ich gebe Ø das Buch [dem Peter]_k / [ihm]_k.
(53) Ich gebe ihm_k das Buch.

Wenn wir diese Beispielsätze mit den entsprechenden spanischen Versionen vergleichen, wird der grundlegende syntaktische Unterschied zwischen dem Deutschen und dem Spanischen sichtbar:

(54) Le_k doy el libro, [a Pedro]_k / [a él]_k.
(55) Le_k doy el libro [a Pedro]_k / [a él]_k.

Anders als im Deutschen gibt es im Spanischen zudem zwei mögliche pronominale Realisierungen des indirekten Objekts, *le* und *a él*, die nicht gleichwertig sind, indem *a él* nur auftauchen kann, wenn zugleich auch *le* erscheint:

(56) ?/*Doy el libro [a Pedro]_k / [a él]_k.
(57) Le_k doy el libro.

Wir sehen, dass es im modernen Spanischen unter bestimmten Umständen möglich ist, Klitikon und koreferente NP / starkes Pronomen in einem Satz zu verwenden, ohne dass diese heute noch als Appositionen empfunden würden. Die mittelalterliche Konstruktion aus resumptivem Pronomen in Verbindung mit einer Objekt-NP in Apposition ist also hier zu einer neuen Satzkonstruktion grammatikalisiert worden, die es so im Deutschen nicht gibt. Dabei wird nun in der Tradition der generativen Syntax zwischen echtem *Clitic Doubling* und solchen Konstruktionen unterschieden, bei denen durch Rechts- oder Linksversetzung ein Objekt aus seiner normalen Position verschoben und mit einem resumptiven Pronomen wiederaufgenommen wird:

(58) [A ella] / [A María] la han visto.

Das direkte Objekt findet sich hier nicht in seiner „kanonischen", also normalen Position nach dem Verb, sondern wurde in eine Fokusposition am Satzanfang „angehoben" (= *raising*). Man spricht hier auch von „Linksversetzung". Das Klitikon ist hier obligatorisch und ist sowohl mit direkten wie indirekten Objekten in allen Dialekten möglich. Beim echten *Clitic Doubling* nun findet sich ein resumptives Pronomen, obwohl alle Argumente in ihren kanonischen Positionen verbleiben:

(59) Me lo han dicho a mí.
(60) Le dijeron a Juan que viniera.

Diese beiden Beispiele gelten nun als echtes *Clitic Doubling* im strengen Sinne, das, insbesondere in der generativen Tradition, von anderen, oberflächlich ähnlichen resumptiven Konstruktionen unterschieden werden muss. Wir reservieren diesen Ausdruck für die genannten Fälle, bei dem das Klitikon im selben Satz wie das starke Objektpronomen (*a mí*) bzw. die lexikalische NP (*a Juan*) erscheint, die NP-Objekte also weder links- noch rechtsversetzt sind. *Clitic Doubling* ist somit ein Spezialfall des allgemeineren Phänomens der pronominalen Reprise. Ob allerdings in einem Beispiel wie *Se lo he dicho a mi padre* das indirekte Objekt *mi padre* in seiner kanonischen Position steht, oder aber rechtsversetzt ist, hängt in der Orthographie allein an der Kommasetzung; wird das IO durch ein Komma abgetrennt, liegt Rechtsversetzung vor, wenn nicht, *Clitic Doubling*:

(61) a. Se lo he dicho, a mi padre. (= pronominale Reprise)
    b. Se lo he dicho a mi padre. (= *Clitic Doubling*)

Das echte *Clitic Doubling* ist im Deutschen, Französischen oder Englischen unmöglich und gilt daher, anders als die restlichen resumptiven Pronominalkonstruktionen, als charakteristisches syntaktisches Merkmal des Spanischen. Da der Unterschied aber an einer äußerst subtilen Unterscheidung hängt, deren Realität in der gesprochenen Sprache oft schwer belegbar sein dürfte, befassen wir uns in diesem Kapitel vor allem mit dem allgemeineren Phänomen, das in seiner Häufigkeit und Selbstverständlichkeit durchaus auch für sich schon ein typisches Merkmal der spanischen Syntax ist.

Ob die pronominale Reprise im modernen Spanischen obligatorisch, normal, möglich oder agrammatisch ist, richtet sich nach den folgenden allgemeinen Kriterien:
1. **Obligatorisch → Starkes Pronomen:** Wenn das indirekte oder direkte Objekt ein starkes Pronomen ist, ist die pronominale Reprise im modernen Spanischen obligatorisch.
2. **Normal → Indirekte Objekte:** Unter den nicht-pronominalen Objekten ist die Reprise bei den indirekten Objekten in allen Varietäten des Spanischen weit verbreitet und normal; es gibt zwar in vielen Fällen noch die Möglichkeit, auf die Reprise zu verzichten, doch geht die Tendenz klar dahin, sie obligatorisch werden zu lassen.
3. **Möglich → Direkte Objekte:** Bei direkten Objekten dagegen ist die Reprise in der Standardsprache zumeist noch auffällig oder gar agrammatisch.
4. **Diatopische Variation:** Doch auch hier geht die Tendenz hin zu mehr Reprise; es gibt bereits orale Varietäten, in denen die pronominale Reprise auch mit direkten Objekten als normal empfunden wird.

Im Rioplatense-Spanisch (Argentinien, Uruguay) hört man also bereits Reprisen mit direkten Objekten wie die folgenden, die in den restlichen Varietäten noch inakzeptabel wären:

(62) A mí se me abrió el mundo cuando lo$_i$ conocí a Eugenio$_i$.
(63) Uno los$_i$ ve los problemas$_i$, digamos, reducidos en su dimensión.
(64) Y por suerte que después la, la Rosa, la, la$_i$ fondeó la colcha$_i$ en la misma casa.
   (Silva-Corvalán (1981:561f.))

Es handelt sich bei dem gesamten Phänomen der pronominalen Reprise augenscheinlich um einen Grammatikalisierungsprozess, der noch nicht abgeschlossen ist. Ob er sich, unter dem Einfluss von Normgrammatik, allgemeiner Schulpflicht und allgegenwärtigen Massenmedien, zielgerichtet fortsetzen wird, lässt sich für die reale Welt schwer prognostizieren. Die Entwicklungsrichtung ist aber klar: Der Prozess erfasste zuerst Objekte, die ganz oben in der Belebtheitshierarchie angesiedelt sind, nämlich die starken Pronomina (die im Spanischen *per definitionem* keine Gegenstände pronominalisieren können). Doch auch unter den nicht-pronominalen Objekten sind es wieder zunächst die „belebteren", also die indirekten Objekte, in denen die pronominale Reprise normal wird. Die prototypisch weniger belebten direkten Objekte werden derzeit noch nicht gedoppelt, doch gibt es klar erkennbare Tendenzen auch in diese Richtung. Der ideale Endzustand wäre dann tatsächlich eine Situation wie im Baskischen, wo an jedem flektierten Verb alle seine Argumente mit einem Affix oder Klitikon repräsentiert sein müssen. Peter Koch (1993) hat in einer umfassenden empirischen Studie den damaligen Ist-Zustand zu ermitteln versucht und dabei die verschiedenen Faktoren unterschieden, die eine Dopplung

erzwingen, begünstigen, erschweren oder unmöglich machen. Koch unterscheidet vier verschiedene Konstruktionstypen:
1. **VO** = Objekt nach dem Verb, ohne Reprise: *Conozco al presidente*.
2. **₀VO** = Objekt nach dem Verb, mit Reprise: *Lo conozco al presidente*.
3. **OV** = Objekt linksversetzt vor dem Verb, ohne Reprise: *Al presidente conozco*.
4. **O₀V** = Objekt linksversetzt vor dem Verb, mit Reprise: *Al presidente lo conozco*.

Diese Typen werden außerdem mit zwei weiteren Faktoren kombiniert, nämlich 1. der Unterscheidung zwischen direkten Objekten (DO oder kurz O) und indirekten (IO oder kurz I), sowie belebten ([+hum] bzw. einfach „+") und unbelebten ([-hum] oder einfach „-"). Die vollen empirischen Ergebnisse, auf denen die obengenannten Prinzipien beruhen, lassen sich in der folgenden Tabelle zusammenfassen:

Tab. 1: Pronominale Reprise im Spanischen (Daten aus Koch 1993)

Spanisch						
DO	NP	VO	[-hum]	no tengo los otros	95%	
			[+hum]	conozco al presidente	89,5%	
		OV	[-hum]	los otros no tengo	0,7%	
			[+hum]	al presidente conozco	0%	
		₀VO	[-hum]	no los tengo los otros	0,8%	4,4% [-hum] /
			[+hum]	lo conozco al presidente	7,9%	
		O₀V	[-hum]	los otros no los tengo	3,6%	10,5% / [+hum]
			[+hum]	al presidente lo conozco	2,6%	
	Pron	VO		conozco a ti	0%	
		OV		a ti conozco	0%	
		₀VO		te conozco a ti	100%	
		O₀V		a ti te conozco		
IO	NP	VI		lo he dicho a mi padre	40%	
		IV		a mi padre lo he dicho	0%	
		ᵢVI		se lo he dicho(,) a mi padre	41,8%	
		IᵢV		a mi padre se lo he dicho	18,2%	
	Pron	Vi		gusta a mí	0%	
		iV		a mí gusta	0%	
		ᵢVi		me gusta a mí	100%	
		iᵢV		a mí me gusta (+ me gusta a mí)		

Aus dieser Übersichtstabelle lernen wir zunächst, dass die pronominale Reprise in 100% aller Fälle auftaucht, wenn ein starkes Objektpronomen verwendet wird. Indirekte NP-Objekte werden bei bestimmten Konstruktionen bereits in 41,8% aller Fälle gedoppelt. Bei den direkten Objekten gibt es einen deutlichen Unterschied zwischen belebten (10,5% Doppelung) und unbelebten (4,4% Doppelung) Referenten.

4.4 Objektkonjugation im Spanischen

Die Statistik scheint darauf hinzudeuten, dass das Spanische zusehends dazu tendiert, Objekte durch klitische Elemente am Verb zu repräsentieren, unabhängig davon, ob diese zudem noch als starke Pronomina oder volle lexikalische NPs realisiert werden. Man hat diese Tendenz in der Literatur als Entwicklung hin zu einer **Objektkonjugation** gesehen (vgl. Heger 1966, Rothe 1966, Llorente / Mondéjar 1974). Was aber ist damit gemeint? Subjektkonjugation, also die Tatsache, dass das flektierte Verb mit seinem Subjekt kongruiert, ist in indogermanischen Sprachen nichts Besonderes. Im Spanischen reicht diese Personenmarkierung am Verb bekanntlich aus, um vollständige Ein-Wort-Sätze zu konstituieren: *(Yo$_i$) canto$_i$*. Doch in Sätzen wie *se la regalo* /selare¦galo/ könnte man argumentieren, dass das Verb nicht nur in seiner Endung mit dem Subjekt kongruiert, sondern zudem, durch die pronominalen Affixe, auch mit seinen Objekten. In der älteren Literatur ist dies so analysiert worden, dass das Spanische im Begriff sei, neben seiner Subjektkonjugation auch eine Objektkonjugation zu entwickeln, sodass spanische Verben zusehends auch Kongruenzmarker für die Objekte des Satzes zeigen.[7]

Tatsächlich gibt es Sprachen, in denen dies obligatorisch der Fall ist. Man verbindet dieses Phänomen aber eigentlich nicht mit den weitverbreiteten indogermanischen, sondern vielmehr mit „exotischen" Sprachen wie Lakota, Chinook, Abchasisch oder Baskisch (Koch 1993). Um zu verstehen, wie eine solche Sprache funktioniert, werfen wir einen Blick auf das Baskische. In einem Satz wie ‚Ich gebe dem Mann das Buch' muss das flektierte (Hilfs-)Verb stets mit allen drei Argumenten (Subjekt, direktes Objekt und indirektes Objekt) kongruieren:

---

7 Vgl. zum Konzept der „Objektkonjugation" kritisch Radatz (2008).

Tab. 2: Beispiel aus dem Baskischen

Baskisch: Satz mit drei Argumenten (S-IO-DO)				
Subjekt	Ind. Objekt	Dir. Objekt	Verb	Auxiliar
(ni-k)$_i$	gizon-ari$_k$	liburu-a$_j$	ema-ten	d$_j$-io$_k$-t$_i$
‚ich'	‚dem Mann'	‚das Buch'	‚geben'	Abs.Sg.-Dat.Sg.-Erg.1. Sg.
(Ergativ)	(Dativ)	(Absolutiv)	(Präsens)	
‚Ich gebe dem Mann das Buch'.				

Jede Veränderung beim Subjekt, DO oder IO spiegelt sich in einer veränderten Flexion des Auxiliars wider. Bei einem ditransitiven Satz wie ‚Ich gebe dem Mann das Buch' benötigen wir daher stets drei Marker – für das Subjekt, das direkte und das indirekte Objekt:

(65) (a) (nik)$_i$ gizon-**ari**$_k$ liburu-**a**$_j$ ematen **d**$_j$-**io**$_k$-**t**$_i$
   ‚Ich gebe dem Mann das Buch'
(66) (a) (nik)$_i$ gizon-**ei**$_k$ liburu-**ak**$_j$ ematen **dizk**$_j$-**ie**$_k$-**t**$_i$
   ‚Ich gebe den Männern die Bücher'

Man kann auf Baskisch daher nicht wörtlich sagen ‚Ich gebe dem Mann das Buch' etc., sondern man muss vielmehr sagen: ‚Ich$_i$ dem Mann$_k$ das Buch$_j$ gebend ich$_i$-es$_j$-ihm$_k$-bin', ‚Ich$_i$ dem Mann$_k$ die Bücher$_j$ gebend ich$_i$-sie$_j$-ihm$_k$-bin', ‚Ich$_i$ den Männern$_k$ die Bücher$_j$ gebend ich$_i$-sie$_j$-ihnen$_k$-bin' etc. Wie im Spanischen kann man auch im Baskischen das lexikalische oder pronominale Subjekt und die lexikalischen Objekt-NPs weglassen, und erhält so einen vollständigen baskischen Satz:

(67) (b) Ematen diot. (Ematen d$_j$-io$_k$-t$_i$ = Se lo doy).
   ‚Ich gebe es ihm'
(68) (b) Ematen dizkiet. (Ematen dizk$_j$-ie$_k$-t$_i$ = Se los doy).
   ‚Ich gebe sie ihnen'

Ganz so weit geht das Spanische noch nicht, denn es gibt zwar auch dort Fälle, in denen jedes lexikalische Argument am Verb mit einem Klitikon wiederaufgenommen wird, aber es gibt eben zugleich auch noch viele Sätze wie *Pedro regala la moto a Marta*, in denen das Verb keinerlei „Objektkonjugation" zeigt. Spanisch ist hier typologisch also ein Mischfall. Warum Spanisch in bestimmten Konstruktionen die Wiederaufnahme eines Objekts erfordert, in anderen ermöglicht und in wieder anderen nicht toleriert, versteht man am besten, wenn man die historische Entwicklung dieser Konstruktionen betrachtet. Der heutige Stand lässt sich dann als andauernder Grammatikalisierungsprozess beschreiben, in dessen Verlauf sich echte deiktische Pronomina zusehends der Funktion von Flexionsmorphemen oder inkorporierten pronominalen Argumenten annähern. In Sätzen wie *A mí$_k$ no me$_k$ gusta* hat das Spanische fast den Stand des Baskischen erreicht, denn die pronominale Reprise ist hier schon obligatorisch (*A mí$_k$ no gusta*.). In anderen Fällen ist das dagegen (noch?) nicht der Fall. Man kann diesen Sachverhalt als langsamen typologischen Wandel beschreiben, der zwar bei Weitem noch nicht abgeschlossen ist, wohl aber weiterhin andauert.[8]

4.5 Nachgedanken: „Was wird hier eigentlich gedoppelt"?

Wir haben in diesem Kapitel stets davon gesprochen, dass Objekte im Spanischen gedoppelt werden können oder gar müssen. Dabei haben wir so getan, als sei evident, was gedoppelt wird und was nicht, also wo sich das tatsächliche direkte oder indirekte Objekt befindet und wo lediglich seine Verdoppelung bzw. gar nur ein Kongruenzaffix. Tatsächlich ist diese Frage in der Linguistik aber keineswegs unumstritten. Vielmehr gibt es zwei grundsätzlich verschiedene Auffassungen dazu, wo in einem Satz wie *Me lo han dicho a mí* das indirekte Objekt realisiert ist.

In den generativen Darstellungen geht man davon aus, dass das starke Pronomen bzw. die lexikalische Objekt-NP das Argument *realisieren*, während das Klitikon am Verb nur ein Kongruenzmarker ist, der darauf verweist – ähnlich wie in dem deutschen Satz *Lisa singt* das Subjekt zwar in der Verbalendung 3. Pers. Sing. zum Ausdruck kommt, aber eben nur als Kongruenz mit *Lisa*, dem tatsächlichen Subjekt. Gegen diese Auffassung könnte man allerdings anführen, dass im Spanischen, neben *Me$_i$ lo han dicho a mí$_i$* auch *Me lo han dicho* perfekt möglich ist, ja sogar klar bevorzugt wird. Das angebliche indirekte Objekt *a mí* ist also normalerweise überhaupt nicht da! In diesem Fall würden generative Analysen das fehlende indirekte Objekt durch ein phonetisch leeres PRO ersetzen und das *lo* am Verb wäre dann ein Kongruenzmarker, der mit einem Element kongruiert, das typischerweise gar nicht auftaucht.

(69) Me$_i$ lo han dicho PRO$_i$.

Man darf sich daher fragen, ob die Kongruenzanalyse hier die überzeugendste Erklärung der Fakten ist. Es ist in jedem Fall eine andere Art von Kongruenz als in unserem deutschen Beispiel, denn dort ist eine Kongruenz ins Leere wie in *Me lo han dicho* [*a mí*]$_i$ / ⌀$_i$ unmöglich: [Lisa]$_i$ / *[⌀]$_i$ singt$_i$.

---

[8] Haig (2018) äußert allerdings unter Berufung auf Grammatikalisierungsprozesse in den neoiranischen Sprachen den Verdacht, dass Objektklitika zwar schnell grammatikalisiert werden, allerdings möglicherweise nie den theoretischen Endzustand als Objektkongruenzaffixe erreichen; sie verblieben demnach für immer in einem „attractor state".

In der funktionalen Linguistik wird daher auch die umgekehrte Auffassung vertreten, dass nämlich die klitischen Elemente am Verb die eigentlichen Objekte repräsentieren, während die koreferenten starken Pronomina oder NPs nur fakultativ hinzutreten, um lexikalische Information beizusteuern oder durch Betonung und Sequenzierung einen Beitrag zur Thema-Rhema-Gliederung zu leisten. Für diese Analyse spricht, dass im Zweifelsfall die Klitika obligatorisch sind und nicht die lexikalischen NPs und dass die Motivation zur Verwendung der NPs typischerweise nicht struktureller, sondern vielmehr semantisch-pragmatischer Natur ist.

4.6 Lektüre- und Analysetipps

Eine pronominale Reprise liegt immer dann vor, wenn ein klitisches Personalpronomen denselben Referenten hat, wie ein freies Pronomen oder eine NP desselben Satzes, wenn also ein Objekt zwei Mal in einem Satz aufzutauchen scheint. Geschieht dies in Anwesenheit eines freien Pronomens in Kombination mit dem Objektmarker <a>, so ist die Reprise obligatorisch. Handelt es sich dagegen um eine Objekt-NP, so ist die Reprise bei indirekten Objekten erwartbar, bei direkten dagegen (noch) stark markiert und ungewöhnlich. Faktoren, die eine pronominale Reprise begünstigen, sind Belebtheit, indirekte Objekte sowie eine Rechts- oder Linksversetzung des gedoppelten Objekts. Vom allgemeineren Phänomen der pronominalen Reprise wird, vor allem in der generativen Literatur, das echte *Clitic Doubling* unterschieden, das nur dann vorliegt, wenn alle Argumente in ihrer „kanonischen Position" erscheinen, also nicht rechts- oder linksversetzt sind.

Fernández Soriano (1999) liefert, neben einem Forschungsbericht, eine Übersicht über die spanischen Personalpronomina, innerhalb derer auch die pronominale Reprise ihren Platz findet. Rini (1990) zeichnet den Grammatikalisierungsprozess nach, der aus phonologischen Klitika des Altspanischen die echten Klitika des modernen Spanischen entstehen ließ und zeigt die zentrale Rolle, die der pronominalen Reprise dabei zukommt. Einen guten Einblick in die generativistische Argumentation zum *Clitic Doubling* findet sich in Gabriel / Rinke (2010), wo es zudem ebenfalls um die diachronischen Aspekte des Phänomens geht. Radatz (2008) schließlich geht aus typologischer Perspektive der Frage nach, ob die Reprise-Klitika als Kongruenzmarker mit den eigentlichen NP-Objekten analysiert werden sollten, oder aber bereits für sich als Objekte fungieren.

4.7 Aufgaben

1. Erläutern Sie anhand von Beispielen den Unterschied zwischen der pronominalen Reprise im Allgemeinen und dem sogenannten *Clitic Doubling* im Besonderen.
2. Diskutieren Sie den Ausdruck „pronominale Reprise", indem Sie zeigen, wo und inwiefern dabei etwas „wieder aufgenommen" wird.
3. Suchen Sie in einem beliebigen spanischen Text Beispiele für pronominale Reprisen und ordnen Sie diese in das Raster von Tab. 2 in diesem Kapitel ein.

5 Die Konstruktion AdjN und die Semantik der Adjektivvoranstellung

5.1 Einleitung

Adjektive können im Spanischen typischerweise sowohl vor als auch nach dem Substantiv stehen, das sie modifizieren. Man findet daher neben der Nachstellung (z.B. in *cena excelente, amigo viejo, café descafeinado*) auch regelmäßig die Voranstellung des Adjektivs (z.B. in *excelente cena, viejo amigo, descafeinadas negociaciones*). Die Suche nach den Kriterien, die dieser Stellungsvariation zugrunde liegen, ist als „Adjektivstellungsproblem" zu einem klassischen Untersuchungsgegenstand der literarischen Stilistik, Fremdsprachendidaktik und Linguistik des Spanischen geworden. Stellungsvariation der Adjektive ist nicht allein für das Spanische typisch, sondern findet sich in mehr oder weniger derselben Form in allen romanischen Sprachen. Aus deutscher Lernerperspektive ist sie interessant – und problematisch –, weil es im Deutschen nichts Vergleichbares gibt. Es gilt also, sowohl die aktive Verwendung als auch die korrekte Interpretation der Stellungstypen zu meistern. In der gesprochenen Praxis ist das eher selten ein Problem, weil die subtilen Bedeutungsnuancen der Voran- und Nachstellung dort zwar zur Verfügung stehen, von Muttersprachlern aber eher selten genutzt werden. Die volle Bandbreite der stilistischen Möglichkeiten findet sich dagegen in der Schriftsprache und dort wiederum vor allem in den anspruchsvolleren Registern.

Aus Sicht der linguistischen Beschreibung gilt zunächst einmal die Ausgangsbeobachtung: **die Stellung des Adjektivs ist (syntaktisch) frei; sie ist aber (semantisch und pragmatisch) nicht beliebig**. Die Positionierung der Adjektive ist also durchaus ein sprachliches Ausdrucksmittel, über das die Sprecher frei verfügen können; ein Verstoß gegen die Regeln der Stellungskasuistik führt fast nie zu a-grammatischen, sondern höchstens zu pragmatisch oder semantisch auffälligen Äußerungen. Die lange Forschungstradition hat noch eine weitere Gewissheit gebracht: Die Wörter, die unter der Kategorie „Adjektiv" zusammengefasst werden, zeigen eine besonders große Vielfalt in ihrem morphologischen Aufbau und in ihrem syntaktischen und semantischen Verhalten. Adjektiv ist keineswegs immer gleich Adjektiv und es ist daher unwahrscheinlich, dass eine Erklärung der Positionsvariation ohne eine angemessene Subkategorisierung der Adjektive auskommt. Semantik und Syntax der Adjektive in *un buen chiste* (‚ein guter Witz') und in *ácido clorhídrico* (‚Salzsäure') sind zu unterschiedlich, als dass ihr Verhalten über ein und dieselbe Regel erklärbar wäre. Dieses Kapitel beginnt daher mit typologischen Erwägungen zur Wortart Adjektiv im Allgemeinen und einer Erörterung der verschiedenen Untertypen, die dabei unterschieden werden müssen.

5.1.1 Adjektive und ihre prototypischen syntaktischen und semantischen Eigenschaften

Das Adjektiv ist eine Wortart, die zwischen Substantiv und Verb steht und daher in wechselnden Anteilen sowohl verbale als auch nominale Merkmale zeigt. Croft (1991:93) charakterisiert die prototypische Funktion von Adjektiven, indem er sie mit denen der anderen Hauptwortarten wie folgt vergleicht:

Tab. 1: Die Hauptwortarten nach Croft (1991)

	Substantiv	Adjektiv	Verb
Semantische Klasse	Gegenstand	Eigenschaft	Vorgang
Pragmatische Funktion	Referenz	Modifikation	Prädikation

Während prototypische Substantive also Diskursreferenten bezeichnen und Verben Vorgänge, besteht die Hauptaufgabe von Adjektiven darin, diesen Diskursreferenten **Eigenschaften** zuzusprechen. Entsprechend erfragt man Substantive typischerweise mit der Frage „Wer oder was?", Verben mit der Frage „Was passiert?", Adjektive aber mit der Frage „Wie ist es?". Mit den Substantiven haben Adjektive zunächst ihre morphologischen Akzidenzien gemeinsam, indem sie typischerweise nach Genus und Numerus flektieren, in Sprachen mit morphologischem Kasus zudem auch nach Kasus. Mit Verben teilen sie die Eigenschaft, an Prädikationen teilhaben zu können (vgl. ‚Der Rasen [grünt] / [ist grün]'), insbesondere aber die nichtfiniten Verbformen Partizip und Gerundium, die häufig auch als Adjektive verwendet werden können oder zuweilen gar völlig zu solchen lexikalisiert werden: *aburrirse > aburrido, casarse > casado, interessar > interessante*.

Adjektive werden alternativ in zwei syntaktischen Konstruktionen verwendet: Als **attributive Adjektive** (*adjetivos epítetos*) modifizieren sie innerhalb einer Nominalphrase deren nominalen Kopf (z.B. *un coche azul*), als **prädikative Adjektive** (*adjetivos atributivos*)[1] dagegen fungieren sie in Verbindung mit einem Kopulaverb als Satzprädikat (z.B. *El coche es azul*). Hier konkretisiert sich die weiter oben gemachte Bemerkung, dass Adjektive typologisch zwischen den Hauptwortarten Substantiv und Verb stehen: Indem sie attributiv Substantive modifizieren, bewegen sie

---

[1] Dies ist kein Tippfehler, sondern eine ärgerliche Überkreuzung zwischen deutscher und spanischer Terminologie! Tatsächlich heißen die prädikativen Adjektive auf Spanisch *adjetivos atributivos*. Der Begriff „Epitheton" (ἐπίθετον) stammt eigentlich aus der Rhetorik und Stilistik und bezeichnet zunächst schmückende Beinamen (wie z.B. der regelmäßige Zusatz *campeador*, mit dem der Cid belegt wird). In der spanischen Grammatikographie hat der Ausdruck *epíteto* seine Bedeutung erweitert und bezeichnet heute attributive Adjektive im Allgemeinen.

sich in der nominalen Sphäre; indem sie dagegen prädikativ verbähnliche Prädikationen ermöglichen, in der verbalen. Der prädikative Gebrauch ist syntaktisch durch die Anwesenheit einer **Kopula** markiert, eines semantisch leeren Funktionsverbs, das allein dieser Art von Verknüpfung dient. Semantisch wird hier einem Referenten etwas zugesprochen (typischerweise eine Eigenschaft). Syntaktisch besteht die Prädikation darin, die AdjP über ein Kopulaverb mit der Subjekt-NP zu verknüpfen:

(1) [[El coche]$_{NP}$ [[es]$_V$ [azul]$_{AdjP}$]$_{VP}$]$_S$.

Traditionell bezeichnet man das Komplement einer Kopula als **Prädikatsnomen**, unabhängig davon, ob es sich dabei um ein Adjektiv (bzw. eine AdjP) oder ein Substantiv (bzw. eine NP) handelt: Vgl. *Luisa es joven / abogada* (vgl. Kapitel 10). Dass auch Adjektive als Prädikats*nomen* bezeichnet werden, mag überraschend wirken, wenn man nach englischem Vorbild (*noun*) die Begriffe Nomen und Substantiv synonym verwendet. Das ist allerdings nicht ganz korrekt und, wie man hier sieht, zuweilen irreführend. Die antiken Grammatiker unterschieden zwischen einem *nomen substantivum* (unseren Substantiven) und einem *nomen adjectivum* (unseren Adjektiven) und verwendeten das Wort „Nomen" als Oberbegriff. Es bietet sich daher an, grundsätzlich von „Substantiven" und „Adjektiven" zu sprechen und das Wort „Nomen" für solche Fälle zu reservieren, in denen von nominalen Elementen im weiteren Sinne die Rede sein soll.

Bei der Prädikation wird also im Rahmen eines Satzes einem Subjekt ein (hier adjektivisches) Prädikat zugewiesen. Während nun die **Prädikation** einen vollständigen Satz bildet, findet die zweite syntaktische Adjektiv-Konstruktion, die **Attribution**, innerhalb einer Nominalphrase statt:

(2) [[el coche]$_{NP}$ [azul]$_{AdjP}$]$_{NP}$

Da im attributiven Gebrauch eine Kopula fehlt, wird die Eigenschaft semantisch und logisch nicht eigentlich zugesprochen (assertiert), sondern vielmehr lediglich assoziiert. Während man also auf „Der Baum ist grün" mit „Richtig!" oder „Falsch!" reagieren kann, ergibt dies als Reaktion auf „der grüne Baum" keinen rechten Sinn. Syntaktisch ist das Adjektiv hier kein Argument des Satzes, sondern Bestandteil einer NP. Im attributiven Gebrauch bewegt sich das Adjektiv, entsprechend seiner Doppelnatur, eher in der nominalen Domäne. Laut Bhat (1994) ist der attributive Gebrauch der prototypische, während der prädikative sekundär davon abgeleitet ist:

> Thus, adjectives can be defined in terms of (i) their belonging, prototypically, to the semantic class of properties, and (ii) their having modification (of a noun) as the primary (categorial) function (Bhat 1994:16).

Es ist daher nicht überraschend, dass zwar alle Adjektive attributiv verwendet werden können, der prädikative Gebrauch aber nur für den inneren Kern der prototypischen Adjektive offensteht:

(3) Un coche azul. = El coche es azul.
(4) La reforma constitucional. = ?La reforma es constitucional.

Was die morphologischen Eigenschaften angeht, so ist die **Gradierung** eine adjektivtypische Kategorie; sie umfasst die Skala **Positiv, Komparativ, Elativ** und **Superlativ**, aber auch die Modifizierbarkeit durch Gradadverbien wie *muy, demasiado, bastante* etc. Ein weiteres Charakteristikum besteht darin, dass Adjektive zwar die Flexionskategorien Genus und Numerus zeigen, selbst aber keinen inhärenten Wert dafür besitzen; vielmehr übernehmen sie diesen von den Substantiven, die sie attributiv modifizieren bzw. auf die sie sich als Prädikate beziehen (Kongruenz). Das Adjektiv ist also morphologisch abhängig von seinem Bezugssubstantiv, von dem es seine Genus- und Numerusmerkmale bezieht; bezüglich der NP ist das Adjektiv bzw. die AdjP also nie der Kopf, sondern stets nur Komplement. Dieser morphologische Befund spiegelt somit exakt die zuvor geschilderten semantischen Verhältnisse wider, denn die prototypische Funktion von Adjektiven ist es, Substantiven Eigenschaften zuzusprechen. Indem das Substantiv also als Substanz auftritt, der das Adjektiv lediglich ein Akzidenz zuspricht, ist das Substantiv der dominante Teil, dem sich das abhängige Adjektiv in seiner Flexion anzupassen hat.

Adjektive machen einen erheblichen Anteil am Lexikon des Spanischen aus. Allerdings ist der Großteil der Adjektive in spanischen Wörterbüchern aus Wurzeln anderer Wortarten abgeleitet und daher gewissermaßen nur sekundär adjektivisch. Spanische Adjektive sind also größtenteils das Ergebnis einer morphologischen **Derivation**. Meistens sind dies **denominale** Bildungen vom Typ *año > anual, tipo > típic-o/a* oder *casa > caser-o/a*. Doch auch aus Vertretern anderer Wortarten lassen sich durch passende Suffigierung Adjektive bilden, so beispielsweise aus Adverbien: *hoy > hodiern-o/a*, aus Verben *aburrir > aburrid-o/a* oder gar aus Abkürzungen: PP (= *Partido Popular*, sprich ‚*pepé*') > *peper-o/a* (vgl. „una iniciativa pepera" = ‚eine Initiative des *Partido Popular* (= PP)'). Viele der Ableitungssuffixe sind hochproduktiv und erlauben die durchsichtige Bildung einer großen Zahl von Adjektiven. So lassen sich beispielsweise aus Eigennamen wie *María, Góngora* oder *Rilke* Adjektive wie *marian-o/a, gongorian-o/a, rilkean-o/a* bilden; aus Substantiven wie *constitución, televisión* oder *tierra* die entsprechenden Adjektive *constitucion-al, televisi-vo/a, terr-estre*. Es liegt an der Produktivität dieser Suffixe, dass es prinzipiell unmöglich ist, die Gesamtanzahl der Adjektive des Spanischen zu bestimmen, da sich jederzeit spontan neue Adjektive bilden lassen. Möglicherweise sind beispielsweise die Adjektive *karl-heinzian-o/a* oder *karl-heinzesc-o/a* noch nie gebildet worden; sie entsprechen aber allen Regeln der spanischen Derivation und wären, bei entsprechendem Kontext, für jeden Muttersprachler völlig durchsichtig (sofern er mit Karl-Heinz und seinen Ideen vertraut sein sollte):

(5)   La clásica idea karl-heinziana ...
      ‚Eine typisch Karl-Heinz'sche Idee'

Es lässt sich innerhalb der Gruppe der **Derivationsadjektive** eine morphologische Hierarchie ansteigender Lexikalisierung und Konventionalisierung denken:

1. An einem Ende dieser Skala fänden sich dann die rein situativ gebildeten Ad-Hoc-Adjektive wie *karl-heinziano*, die in keinem ernsthaften Wörterbuch auftauchen würden. Von ihnen würden wir nicht sagen wollen, dass sie zum Wortschatz des Spanischen gehörten, sondern vielmehr, dass sie durch produktive Derivationsmechanismen nach Bedarf gebildet werden können. Die Beschreibung dieses Verfahrens gehört aber nicht in die Wörterbücher, sondern in die Grammatik.

2. Sodann käme die große Masse der durchsichtig gebildeten und konventionellen Adjektive wie *constitucion-al* oder *alemán-ø/a*, deren morphologische Ableitung aus den Substantiven *constitución* und *Alemania* von den Sprechern wahrgenommen wird, die aber nicht mehr ad hoc gebildet werden müssen, sondern als Vokabular memorisiert sind und so auch im Wörterbuch erscheinen.

3. Am anderen Ende dieser morphologischen Skala schließlich stehen stärker lexikalisierte Formen wie *anual*, *humano* oder *episcopal*, die zwar spontan mit den Substantiven *año*, *hombre* und *obispo* assoziiert werden können, die aber nicht durch einfache Suffigierung aus diesen gewonnen werden können. So ist *anual* zwar etymologisch mit *año* verbunden, ist aber nicht mit den morphologischen Mitteln des Spanischen abgeleitet, sondern vielmehr aus lat. ANNU(M); ähnlich verhält es sich mit *human-o/a*, das nicht aus *hombre* abgeleitet ist, sondern direkt das lat. HUMANU(M) übernimmt; *episcopal* schließlich ist ein **Kultismus** aus lat. ESPICOPAL(EM) – eine konventionelle lateinische Ableitung aus dem Wort EPISCOPU(M), das im Spanischen zu *obisbo* geworden ist.[2]

Bei allen Unterschieden, die sich an den Derivationsadjektiven in morphologischer Hinsicht beobachten lassen, sind sie einander in einem Aspekt ihrer Semantik alle sehr ähnlich: Sie bezeichnen *keine* **Eigenschaft**en. Ein *palacio grande* ist ein Palast mit der Eigenschaft ‚groß' zu sein; ein *palacio episcopal* hat dagegen nicht etwa die

---

2 In diesen Bereich gehören auch die meisten sogenannten *gentilicios* – adjektivische Ableitungen aus Ortsnamen, die in den romanischen Sprachen typischerweise als eigenständige Vokabeln gelernt werden müssen. So heißen die Einwohner der Stadt Valladolid *vallisoletanos*, die aus Lugo *lucenses* und die aus Toledo *toletanos*.

Eigenschaft der Bischöflichkeit, sondern ist einfach nur ein Bischofspalast. Die Eigenschaft eines *ácido fuerte* lässt sich mit der Frage „¿Cómo es este ácido? ¿Fuerte?" erfragen; eine ähnliche Frage wäre im Falle von *ácido clorhídrico* dagegen absurd: „¿Qué tal es este ácido?" ?„Clorhídrico." Diese Adjektive bezeichnen keine akzidentiellen Eigenschaften, sondern sind untrennbarer und wesentlicher Bestandteil des bezeichneten Konzepts. Was wir aus morphologischer Sicht als Derivationsadjektive bezeichnet haben, nennt man aus semantischer Perspektive **Relationsadjektive**. Die Semantik von typischen Relationsadjektiven wie beispielsweise *regional* ergibt sich größtenteils – aber nicht vollkommen – aus einer Kombination der Semantik des zugrundeliegenden Ursprungsworts (hier das Substantiv *región*) mit einem relationalen Element (*-al*). Für die Semantik eines solchen Adjektivs lässt sich stets zwanglos eine Paraphrase in Form einer Präpositionalphrase finden, in der das ursprüngliche Substantiv auftaucht und die konkrete Wahl der Präposition dem Kontext überlassen bleibt. Das Adjektiv *regional* bedeutet daher, je nach Kontext, entweder *de la región, para la región, con la región* etc.:

(6) *paro regional*   ‚Arbeitslosigkeit in der Region'
(7) *presupuesto regional*   ‚Haushalt für die Region'
(8) *producto regional*   ‚Produkt aus der Region'

Relationsadjektive sind in romanischen Sprachen ungleich wichtiger als im Deutschen. Im Deutschen wird die Kombination nominaler Konzepte typischerweise durch die sehr produktive **Nominalkomposition** realisiert, die es erlaubt, einzelne Substantive direkt zu komplexeren Substantiven zusammenzufügen; die zugrundeliegende Kompositionsregel sieht vor, dass die Reihenfolge dabei stets Modificans-Modificandum lautet. So kann man beispielsweise eine Reform dadurch präzisieren, dass man ein weiteres Substantiv davorstellt und beide (mithilfe eines Fugen-Infixes) zu einem Kompositum wie ‚Bildungsreform', ‚Verfassungsreform', ‚Staatsreform' etc. verschmilzt. Die romanischen Sprachen verwenden diesen Typus der Nominalkomposition kaum. Statt Substantive direkt zu neuen Wörtern zusammenzusetzen, wird das Modificans hier zunächst durch Derivationsmorphologie oberflächlich in ein Adjektiv verwandelt und das Modificandum dann durch dieses Adjektiv modifiziert. Die natürlichsten spanischen Übersetzungen der Konzepte ‚Bildungsreform', ‚Verfassungsreform' und ‚Staatsreform' lauten daher auch *reforma educativa, reforma constitucional* und *reforma estatal*.

Wir können also festhalten, dass die meisten Adjektive in spanischen Wörterbüchern lediglich sekundäre Adjektive oder gar nur „Adjektivoide" sind, denen im Deutschen funktional oft eher die Nominalkomposition oder die Modifikation durch eine Präpositionalphrase entspricht. Die Relationsadjektive verhalten sich in den verschiedensten Aspekten nicht wie typische Adjektive. Syntaktisch sind sie in der attributiven Funktion fixiert und nicht durch Gradadverbien modifizierbar. Semantisch besteht ihre Funktion zumeist *nicht* darin einem Substantiv eine Eigenschaft zuzusprechen, sondern vielmehr darin, zwei Substantive miteinander zu verknüpfen. Man kann Relationsadjektive daher unter anderem daran erkennen, dass der Versuch, sie als Eigenschaft zu erfragen, scheitert:

(9) – Y esta reforma, ¿cómo es? – Pues, muy ?*educativa* / ?*constitucional* / ?*estatal*

Wir haben uns bis hier zunächst mit den Relationsadjektiven befasst, weil dieser Typ die überwältigende Mehrzahl aller Adjektive in den Wörterbüchern stellt; dasselbe gilt auch für jeden normalen Text – sofern man nicht nach *tokens*, sondern nach *types* zählt. Die Frage "Wie viele Adjektive enthält Text xyz?" kann nämlich auf zweierlei Weise gemeint sein: Entweder, die Frage lautet, wie viele *verschiedene* Adjektive, dann wären *types* gemeint und die 25 Belege verschiedener Formen des Adjektivs *buen-o/a* würden als nur ein Vorkommen gezählt, ebenso wie das nur einmal auftauchende *rilkeano*. Oder aber man versteht sie als Frage nach der Gesamtzahl adjektivischer Formen, ohne Berücksichtigung von Wiederholungen; dann handelt es sich um die Frage nach *tokens* und die 25 Belege von *buen-o/a* zählen als 25 Adjektive. Beide Fragen zeigen unterschiedliche interessante Facetten des spanischen Adjektivbestands. Die Frage nach den *types* zeigt uns die Vielfalt der spanischen Adjektive, abstrahiert dabei aber völlig von der jeweiligen statistischen Verwendungshäufigkeit. Die Frage nach den *tokens* dagegen macht sichtbar, dass es zwei klare Gruppen unter den spanischen Adjektiven gibt: 1. Die Relationsadjektive mit ihrer potenziell unendlich großen Anzahl verschiedener Adjektive, die allerdings mehrheitlich nur sehr selten verwendet werden, und 2. eine kleine andere Gruppe sehr weniger, dafür aber hochfrequenter Adjektive. Es gibt gute Gründe, nicht die Relationsadjektive, sondern vielmehr diese hochfrequenten Adjektive für den eigentlichen prototypischen Kern der Kategorie Adjektiv zu halten.

Gemeinsam ist dieser kleinen Gruppe von Adjektiven, dass sie *nicht* durch Derivation gewonnen wurden und daher als die eigentlichen Adjektive gelten können; wir wollen diese Gruppe daher **Kern- oder Uradjektive** nennen. Erkennen kann man sie leicht daran, dass ihre Stämme **monomorphematisch**, also morphologisch nicht weiter analysierbar sind, da sie keine Derivationsinfixe enthalten. Typische Vertreter dieser Gruppe sind Adjektive wie z.B. *gran, roj-o/a, viej-o/a, alt-o/a, buen-o/a* etc. Anders als die relationalen Derivationsadjektive zeigen die Uradjektive die volle Bandbreite des typisch adjektivischen Verhaltens. So funktioniert die adjektivtypische Gradierung bei ihnen normalerweise problemlos, während sie bei Derivationsadjektiven seltsam wirkt:

(10) un castillo [muy viejo] / [viejísimo] / ?[muy medieval] / ?[medievalísimo]

Oben wurde als typische Syntax von Adjektiven die Zweiteilung in prädikativen und attributiven Gebrauch genannt. Der prädikative Gebrauch funktioniert allerdings nur bei den Uradjektiven regelmäßig, typischerweise dagegen nicht bei abgeleiteten:

(11) Una reforma buena / La reforma es buena.
(12) Una reforma constitucional / ?La reforma es constitucional.

Auch die uneingeschränkte Voranstellbarkeit ist typisch für Uradejektive, nicht aber für die abgeleiteten:

(13) Una buena reforma / ?Una constitucional reforma.

Aus all diesen Überlegungen ergeben sich, gerade auch in Bezug auf die Adjektivstellungsproblematik, folgende Konsequenzen:
- Die Wortartkategorie Adjektiv ist sehr heterogen.
- Die typischen Merkmale Gradierbarkeit, prädikativer Gebrauch, Stellungsfreiheit im attributiven Gebrauch und das semantische Merkmal [+Eigenschaft] finden sich vollständig nur im zentralen Kernbereich der Kategorie, den Uradjektiven.
- Die restlichen Adjektive befinden sich demgegenüber mehr oder weniger weit von diesem prototypischen Kernbereich entfernt, was sich im fortschreitenden Verlust dieser Kernmerkmale zeigt. Viele Relationsadjektive sind nur oberflächlich adjektivierte Substantive, die außer ihrer syntaktischen Verwendbarkeit innerhalb einer NP nur wenig mit den echten Adjektiven gemeinsam haben.
- Jede Adjektivstellungstheorie, die mit dem Anspruch auftritt, das Stellungsverhalten aller Adjektive gleichermaßen zu beschreiben, ohne zwischen den verschiedenen Unterkategorien zu differenzieren, kann nur unbefriedigende Resultate hervorbringen.

5.2 Die Sequenzierung von N und Adj im attributiven Gebrauch

Die Adjektivstellung ist in der Mehrheit der europäischen Sprachen keineswegs frei; vielmehr scheinen attributive Adjektive zumeist entweder in der Position vor oder nach ihrem Bezugssubstantiv fixiert zu sein. Im Deutschen und im Englischen beispielsweise müssen sie stets vor ihrem Bezugssubstantiv stehen:

(14) eine große Stadt / *eine Stadt große (Deutsch)
(15) a big city / *a city big (Englisch)

Während das attributive Adjektiv in den germanischen Sprachen also in der pränominalen Position fixiert zu sein schein, steht es in vielen anderen Sprachen wiederum regelmäßig *nach* seinem Bezugssubstantiv, so z.B. im Baskischen oder Bretonischen.

(16) hiri handi bat / *handi hiri bat (Baskisch)
    Stadt schön eins / schön Stadt eins
    'eine schöne Stadt'

Neben diesen Sprachen mit stellungsfesten attributiven Adjektiven gibt es freilich auch solche, in denen beide Positionen vorkommen. So hat das Kymrische (Walisisch) generell nachgestellte Adjektive, erlaubt aber im Einzelfall auch eine emphatische Voranstellung:

(17) dinas mawr / O fawr ddinas! (Kymrisch)
    ø Stadt groß / Oh groß Stadt
    'eine große Stadt / Oh große Stadt!'

Wieder andere wie beispielsweise **das Lateinische** zeigen überhaupt keine Stellungspräferenz. Dass das Lateinische beide Positionen zulässt, heißt allerdings noch nicht automatisch, dass die Stellungsvariation dort dann auch denselben Regeln folgen müsste, die wir in der Romania finden. Im lateinischen Satz ist beispielsweise die Stellung der Syntagmen und auch der darin enthaltenen Konstituenten insgesamt weitgehend frei und folgt dabei allein den Prinzipien der Ideendisposition, vgl. die folgende PP:

(18) cum summa laude / summa cum laude
(19) mit höchstem Lob / *höchstem mit Lob

Dass im Lateinischen auch die attributiven Adjektive voran- oder nachstehen konnten, kann also nicht als spezifische Eigenart lateinischer Adjektive angesehen werden, sondern ist nur eine von vielen Konsequenzen der allgemeinen **Stellungsfreiheit** in dieser Sprache – also eher ein anekdotischer als ein besonders auffallender Befund.

Auch in den romanischen Sprachen ist die Adjektivstellung prinzipiell frei in dem Sinne, dass eine Umstellung typischerweise nicht in strenger Agrammatikalität resultiert. Dabei ist die romanische Adjektivstellungsfreiheit allerdings völlig anders geartet als die des Lateinischen. Während Stellungsfreiheit dort auf allen Ebenen der Normalfall war, sind romanische Sprachen allgemein stellungsfest. Nur beim attributiven Adjektiv sind auch in der Romania weiterhin beide Positionierungen möglich: *une grande ville / une ville grande* (Französisch), *una gran ciudad / una ciudad grande* (Spanisch), *una gran ciutat / una ciutat gran* (Katalanisch) etc. Diese Stellungsfreiheit ist eine Anomalie in der Syntax romanischer Sprachen: Nirgendwo sonst ist dort die Stellung der Elemente innerhalb eines Syntagmas frei. Man muss die Adjektivstellungsfreiheit also als letzten Überrest der alten lateinischen Stellungsfreiheit innerhalb der Syntagmen sehen. Anders als im Lateinischen gehorcht die Adjektivstellung in der Romania nicht einfach allgemeinen Prinzipien der **Thema-Rhema-Gliederung**, sondern hat sich zu einer Konstruktion mit einer spezifischeren semantischen Konnotation entwickelt.

5.3 Das Adjektivstellungsproblem im Spanischen: die Forschungslage

Wie auch in allen anderen romanischen Sprachen kann das attributive (Kern-)Adjektiv also im Spanischen prinzipiell immer sowohl voran- als auch nachgestellt werden. Die konkrete Position wird nach traditioneller Auffassung durch eine komplexe Kasuistik aus logischen, stilistischen und rhythmischen Faktoren bestimmt. Der *Esbozo* sagt dazu:

> la forma interior del lenguaje que nos hace preferir una u otra colocación del adjetivo en cada caso concreto, está más o menos regulada por factores lógicos, estilísticos y rítmicos, que actúan conjuntamente a manera de tendencias, y motivan que no sea siempre ni del todo indiferente el lugar que ocupe el calificativo (Real Academia Española 1973:409).

Der Esbozo unterscheidet dabei zwischen drei Stellungstypen: der Nachstellung, der Voranstellung, und dem **Epithetum ornans**. Die Nachstellung des Adjektivs gilt als die normale Reihenfolge; dafür spricht, dass sie der normalen romanischen Abfolge in Determinationsgefügen entspricht, in der das **Determinans** regelmäßig dem **Determinatum** folgt. Die wichtigste Funktion dieses Stellungstyps besteht darin, die **Extension** des Substantivs einzuschränken, indem es eine Teilmenge bildet:

> El calificativo que sigue al sustantivo realiza el orden lineal o progresivo, en que el determinante sigue al determinado; su función normal es, pues, determinativa, definitoria, restrictiva de la significación del sustantivo [...]. Desde el punto de vista lógico, el adjetivo pospuesto delimita o restringe la extensión del sustantivo (Real Academia Española 1973:410).

Modifiziert man also ein Substantiv wie z.B. *edificio* mit einem nachgestellten Adjektiv wie in *edificio hermoso*, so bildet man damit eine Teilmenge aller Gebäude ab, denen die Eigenschaft *hermoso* zugesprochen werden kann. Im Gegensatz zum nachgestellten Adjektiv ist das vorangestellte Adjektiv dem *Esbozo* zufolge nicht restriktiv, sondern vielmehr erläuternd. Seine Verwendung folgt weniger logischen als vielmehr stilistischen Erwägungen:

> la anteposición responde al deseo de avalorar la cualidad, bien por su mayor importancia en la imaginación del hablante, bien por motivos afectivos. El adjetivo que se anticipa denota, pues, actitud valorativa o afectiva; por esto es muy frecuente en oraciones exclamativas, o en las que

están más o menos teñidas de estimaciones y sentimientos: ¡Bonita casa!, ¡El cochino dinero tiene la culpa de todo!, Magnífica ocasión para hablarle (Real Academia Española 1973:410).

Die Konkretisierung dieser stilistischen Erwägungen ist zugleich das Hauptinteresse und die größte Schwäche traditioneller Erklärungsversuche.

Der dritte Stellungstyp schließlich ist aus traditioneller Sicht das *epithetum ornans*, was man vielleicht als ‚zierendes Beiwort' übersetzen könnte. Darunter versteht man die Voranstellung von Adjektiven, deren einzige Motivation in der Erzielung eines archaisierenden, hochsprachlich-literarischen Effekts liegt, wie sie beispielsweise in folgendem Zitat aus dem *Quijote* erkennbar wird:

> Apenas había el rubicundo Apolo tendido por la faz de la ancha y espaciosa tierra las doradas hebras de sus hermosos cabellos, y apenas los pequeños y pintados pajarillos, con sus arpadas lenguas, habían saludado con dulce y melíflua armonía la venida de la rosada Aurora, que, dejando la blanda cama del celoso marido, por las puertas y balcones del manchego horizonte a los mortales se mostraba, cuando [...] don Quijote [...] comenzó a caminar [...] (Cervantes, Quijote, I, 2).

Die gehäufte Voranstellung hat hier offenbar nichts mit den Erwägungen zu tun, die zu den beiden zuvor besprochenen Typen angestellt wurden. Der Effekt ist generell der eines literarischen oder gar erhabenen Sprechens – im vorliegenden Beispiel aber von Cervantes natürlich humoristisch bis zur Karikatur übersteigert.

Neben diesen stilistischen Analysen hat sich die traditionelle Grammatik beim Thema Adjektivstellung fast ausschließlich auf eine kleine Anzahl auffälliger Beispiele konzentriert, bei denen sich durch die Stellungsvariation ein echter semantischer Unterschied zu ergeben scheint, der typischerweise als positionsbedingte Bedeutungsvariation der betreffenden Adjektive dargestellt wird. Eine kleine Auswahl der üblichen Beispiele mag diesen Typ der Stellungsvariation illustrieren:

Tab. 2: Bisemantische Adjektive

Voranstellung	Nachstellung
un viejo amigo	*un amigo viejo*
‚ein langjähriger Freund'	‚ein Freund fortgeschrittenen Alters'
un pobre hombre	*un hombre pobre*
‚ein bedauernswerter Mann'	‚ein Mann mit unzureichenden finanziellen Mitteln'
un alto oficial	*un oficial alto*
‚ein hoher Offizier'	‚ein hochgewachsener Offizier'
un antiguo colegio	*un colegio antiguo*
‚ein ehemaliges Gymnasium'	‚ein altes Gymnasium'
etc.	

In der Forschungsliteratur wird diese Art der Adjektivstellungsvariation als **Bisemantizität** der betroffenen Adjektive beschrieben. Der Effekt der Bisemantizität hat allerdings nur am Rande mit dem eigentlichen Problem zu tun, da die semantischen Unterschiede zwar mit der Stellungsvariation *einhergehen*, aber nicht von ihr *erzeugt* werden. Tatsächlich wird durch sie lediglich eine Polysemie disambiguiert, die diese Adjektive auch unabhängig davon besitzen – zuweilen sogar über Sprachgrenzen hinweg. So zeigt das Beispiel ‚alter Freund' im Deutschen letztlich genau dieselbe Polysemie wie im Spanischen:

(20) ein alter Freund = ‚ein langjähriger Freund' oder ‚ein Freund fortgeschrittenen Alters'

Es fehlt im Deutschen lediglich ein syntaktisches Mittel zur Disambiguierung, das die romanische Stellungsvariation ermöglicht. Schulgrammatiken widmen diesen Beispielen bei der Erörterung der Adjektivstellungsvariation oft fast die gesamte Aufmerksamkeit und finden für die restlichen Fälle nur ein, zwei allgemeine Bemerkungen.

5.4 Zwei Typen von Adjektivstellungstheorien

In der linguistischen Literatur lassen sich zwei grundsätzlich verschiedene Herangehensweisen an das Adjektivstellungsproblem unterscheiden: die syntaktischen und die semantisch-stilistischen Theorien (vgl. zur Forschungslage Demonte 1999, Hennemann / Plötner 2015:38-64). Die syntaktisch orientierten Theorien gehen davon aus, dass die Position des Adjektivs im Normalfall (d.h. mit Ausnahme der „bisemantischen Adjektive") keine semantischen Konsequenzen hat, sondern dass sie vielmehr durch syntaktische Parameter determiniert bzw. „ausgelöst" wird. Die typische Fragestellung lautet hier: „Welche grammatischen Faktoren determinieren die Positionswahl?" Der häufigste Theorietyp unter den syntaktischen Erklärungsversuchen ist die **Positionsklassentheorie**, die im Kern darin besteht, jedes einzelne Adjektiv im Lexikon für seine inhärente Voran- oder Nachstellungsneigung zu subkategorisieren (vgl. Braselmann 1993, García González 1993, Krenn / Niemeyer 1997). Demzufolge sind Adjektive im Bewusstsein der Sprecher entweder mit [+Voranstellung] oder [+Nachstellung] markiert und werden entsprechend positioniert.

Diese Theorie ist in mehreren Hinsichten problematisch. Zunächst einmal ist es kognitionspsychologisch wenig plausibel, dass eine grammatische Regel nach statistischen Gesichtspunkten funktionieren sollte. Es stellt sich dann die Frage, woher die Sprecher den Positionstyp eines gegebenen Adjektivs kennen können, ohne zuvor eine Auszählung zu seinem Gebrauch angestellt zu haben. Selbst wenn man zu akzeptieren bereit ist, dass es sich hier nicht um explizite Statistik, sondern lediglich um statistische Intuitionen handelt, ist das Problem damit noch lange nicht gelöst. Diese Intuition mag bei klaren Fällen wie *clorhídrico* (z.B. in *ácido clorhídrico*) oder *mero* (in *mera suposición*) unproblematisch sein. Es bliebe aber zu erklären, nach welchen Kriterien die Positionsentscheidung bei solchen Adjektiven getroffen wird, die nicht als [2 % AN / 98 % NA] markiert sind, sondern bei deren die Werte bei [48 % AN / 52 % NA] liegen. Ein noch schwerer wiegender Kritikpunkt an der Positionsklassentheorie ist ihre Unfähigkeit (oder Unwilligkeit), die Kriterien zu erforschen, nach denen die Adjektive in die eine oder andere Klasse fallen; die eigentlich interessanteste Kernfrage bleibt damit unbeantwortet.

Petra Braselmanns Artikel „Zur Stellung des attributiven Adjektivs im gegenwärtigen Spanisch" (Braselmann 1993), der für studentische Examensvorbereitungen besonders gern herangezogen wird, muss in diesem Zusammenhang kurz vorgestellt werden. Ausgangspunkt ist auch hier die Positionsklassentheorie:

> Es gibt im Spanischen zwei Klassen von Adjektiven, die aufgrund der Position beim unmarkierten Gebrauch unterschieden werden können (Adj. a/p). Oder mit anderen Worten: Das ganze Inventar der spanischen Adjektive läßt sich mit den Indizes a und p versehen (Braselmann 1993:345).

Der Artikel ist originell, indem er die Positionsklassentheorie mit traditionellen stilistischen Konzepten kombiniert. Die dahinterliegende Idee besteht darin, dass eine Verwendung innerhalb der jeweiligen Positionsklasse nichts als eine unmarkierte Beachtung der normativen Regeln darstellt und daher keinerlei semantischen Konnotationen nach sich zieht. Voran- und Nachstellung sind demnach völlig funktionsäquivalent, sofern sie mit Adjektiven der betreffenden Positionsklassen AN und NA auftreten. Demnach gehörten *un buen chiste* und *ácido clorhídrico* zu ein und demselben Typ adjektivischer Modifikation, nämlich der normkonformen. Die traditionell beschriebenen stilistischen Effekte treten laut Braselmann erst dann auf, wenn gegen den Positionstyp verstoßen wird, also die „Neutralposition" verlassen wird:

> Der Ausgangspunkt basiert dabei auf dem Konzept der ‚neutralen' bzw. ‚unmarkierten' Funktion der Adjektive und die daran jeweils gekoppelte Neutralposition. Danach gibt es zwei Kategorien von Adjektiven, nämlich solche, die in unmarkierter Funktion dem Nomen vorangestellt werden, und solche, die in unmarkierter Funktion nachgestellt werden. Abweichungen von dieser Position sind erklärbar durch markierte Funktionen wie Explikativität, Figurativität, Modifikation und Emphase (Braselmann 1993:344-5).

Demnach müsste die normwidrige Umstellung von *bueno* (= Typ AN) in *un buen chiste* zu *un chiste bueno* prinzipiell denselben semantisch-stilistischen Effekt erzeugen, wie beispielsweise die normwidrige Voranstellung eines NA-Typ-Adjektivs wie *maternal*. Das scheint aber nicht der Fall zu sein:

(21) [María] / ? [Pedro] quiere a Luisa con un amor maternal.
(22) [María] / [Pedro] quiere a Luisa con un maternal amor.

Nachgestellt wird *maternal* typischerweise als Relationsadjektiv interpretiert und bedeutet dann soviel wie ‚de una madre', weshalb Pedro – als höchst unwahrscheinliche Mutter – als Subjekt semantisch auffällig ist. In der Voranstellung dagegen wird die Interpretation als Relationsadjektiv unmöglich und es muss stattdessen als qualifizierendes Eigenschaftswort verstanden werden; dies ist z.B. möglich, wenn man es als *como una madre* versteht; nun wird auch Pedro zu einem akzeptablen Subjekt, denn selbstverständlich können sich auch Männer *wie* eine Mutter verhalten. Diese semantischen Nuancen haben nichts mit einem Normverstoß zu tun, sondern resultieren vielmehr aus der Semantik der Konstruktion AN und funktionieren auch nur in dieser Richtung. Die Theorie des stilistischen Effekts durch Normverstoß ist also bestechend in ihrer Einfachheit und Symmetrie; sie ist allerdings mit den sprachlichen Fakten nicht vereinbar, sofern man nicht auf völlig unscharfe Konzepte wie „Emphase" zurückgreifen will.

Semantisch (und stilistisch) orientierte Adjektivstellungstheorien gehen demgegenüber davon aus, dass die Adjektivstellung im Normalfall syntaktisch frei ist und daher als Ausdrucksmittel fungiert (vgl. Klein-Andreu 1983, Delbecque 1990, Radatz 2001). Die typische Fragestellung lautet demnach: „Welchen Beitrag leistet die Voran- oder Nachstellung von Adjektiv x für die Semantik der gesamten Nominalphrase?" Erklärungsversuche dieses Typs sind schon sehr alt und rangieren von traditionell stilistischen, spekulativ-psychologisierenden über formal-semantische, pragmatische bis hin zu kognitionslinguistischen Versuchen, die funktionale Natur des Adjektivstellungsspiels zu erhellen. Die folgende Darstellung folgt der zweiten der genannten Theorierichtungen und geht somit davon aus, dass die Stellungsvariation nicht vom Kontext determiniert ist, sondern vielmehr eine kommunikative Funktion besitzt.

5.5 Die Semantik der Konstruktion Adj-N

Es soll nun im Folgenden der Versuch unternommen werden, eine kohärente Erklärung der Adjektivstellungsvariation zu geben, die auf Radatz (2001) beruht.[3] Die Erklärung setzt sich aus vier Komponenten zusammen, deren Zusammenspiel erst eine vollständige Beschreibung ermöglicht. Grundsätzlich soll dabei angenommen werden, dass die semantischen Effekte der Stellungsvariation nicht an bestimmte Adjektive als Lexeme gekoppelt sind, sondern vielmehr an die jeweilige Semantik, die ein Sprecher ihnen in einem gegebenen Kontext geben will. Das Adjektiv *mater-*

---

3 Vgl. kritisch dazu Hennemann / Plötner (2015).

nal beispielsweise verhält sich unterschiedlich, je nachdem, ob man ihm die relationale Bedeutung geben will (z.B. in *baja maternal* ‚Mutterschaftsurlaub') oder aber die qualifikative Eigenschaftsbedeutung im Sinne von ‚mütterlich' (*Pedro miraba (a) su Harley con* [*maternal ternura*] / [*ternura maternal*]). Relevant ist also nicht die Wörterbuchbedeutung, sondern die intendierte semantische Verknüpfung zwischen Adjektiv und Substantiv in einem gegebenen Kontext.

5.5.1 Komponente 1: Drei verschiedene semantische Verknüpfungstypen

Die traditionelle Auffassung von der Funktion attributiver Adjektive besagt, dass diese ihren Bezugssubstantiven eine Eigenschaft zusprechen und dabei eine Schnittmenge bilden (vgl. Bull 1954). Die Kombination des Substantivs „Auto" mit dem Adjektiv „rot" in „ein rotes Auto" bezeichnet demnach die Schnittmenge aller Autos und aller roten Gegenstände. Wir wollen diesen Typus die **absolute Verknüpfung** nennen. Sie wird in vielen traditionellen Darstellungen als *die* adjektivische Modifikation schlechthin dargestellt und man kann diesen Eindruck in der Tat leicht gewinnen, wenn man für die Beispiele stets die passenden Uradjektive auswählt. Tatsächlich ist die absolute Verknüpfung allerdings nur eine von mindestens drei verschiedenen semantischen Verknüpfungsformen zwischen Adjektiven und Substantiven – und zudem die seltenste und am wenigsten typische (vgl. Vendler 1967). Die Eigenschaft, die das Adjektiv in diesem Fall repräsentiert, ist ein einfaches, von der Intension des Substantivs unabhängiges Prädikat, das mit diesem durch simple Addition verbunden wird:

(23) un libro rojo = un libro que es rojo
(24) un coche rojo = un coche que es rojo
(25) una flor roja = una flor que es roja

Weitaus häufiger als die schnittmengenbildende, absolute ist dagegen die **synthetische Verknüpfung** (vgl. Taylor 1992, Radatz 2001:65-77). Dabei ist die kontextuelle Interpretation des Adjektivs an die Bedeutung des modifizierten Substantivs bzw. an das konzeptuelle Weltwissen der Sprecher über den bezeichneten Gegenstand gebunden. Eine rein mechanische Paraphrasierung wie in (24-26) ist daher bei der synthetischen Lesart nicht möglich:

(26) un libro bueno → ?un libro que es bueno
(27) un panadero bueno → ?un panadero que es bueno
(28) un año bueno → ?un año que es bueno

Die prädikative Paraphrasierung führt hier zu semantisch auffälligen Äußerungen. Ein ‚gutes Buch' kann nicht als Schnittmenge aller Bücher und aller ‚guten Dinge' interpretiert werden; welche konkreten Eigenschaften im Einzelfall als „gut" bewertet werden, ist von **synsemantisch**en und kontextuellen Faktoren abhängig und nicht als einfache Schnitt- oder Teilmenge abbildbar. Nur vor dem Hintergrund einer gegebenen kognitiven Domäne lässt sich explizit machen, was das Adjektiv *bueno* in einem Syntagma wie *un libro bueno* tatsächlich bedeutet. Vor dem Hintergrund literarischer Qualität dürften die Memoiren Boris Beckers möglicherweise nicht als *libro bueno* durchgehen – wohl aber beispielsweise vor dem Hintergrund der Verkaufszahlen und des Gewinns für Autor und Verlag. Geht es andererseits nur darum, einen Tisch am Wackeln zu hindern, so mögen wiederum dünnere Bände ohne Ansehung ihres Inhalts situativ eher als *libro bueno* gelten, als beispielsweise Cervantes' *Quijote*. Synsemantik bedeutet also, dass die Semantik eines komplexen Ausdrucks sich nur im Zusammenspiel mit situativem und enzyklopädischem Wissen konstruieren lässt – und nicht allein durch Addition der Einzelsemantiken. Ob ein Auto rot ist oder nicht, lässt sich auch ohne diese Erwägungen entscheiden; ob ein Buch gut ist dagegen nicht.

Neben der absoluten und der synthetischen Verknüpfung gibt es noch eine dritte Lesart adjektivischer Modifikation: die **relationale Verknüpfung,** von der weiter oben schon ausführlich die Rede war. Sie tritt zumeist bei **denominal**en Adjektiven auf und besteht grundsätzlich darin, das zugrundeliegende substantivische Konzept aus dem Relationsadjektiv zurückzugewinnen und es vermittels einer geeigneten Präposition mit dem Bezugssubstantiv zu verknüpfen. Neu soll an dieser Stelle nun sein, dass wir Relationalität nicht mehr als inhärente Eigenschaft bestimmter Lexeme auffassen wollen, sondern vielmehr als semantischen Verknüpfungstyp, der zwar typischerweise mit denominalen Adjektiven assoziiert ist, allerdings nicht automatisch und obligatorisch von diesen ausgelöst werden muss. Viele Relationsadjektive erlauben nämlich auch nicht-relationale Verwendungen, bei denen sie sich dann wie qualifikative, also Eigenschaften bezeichnende, Adjektive verhalten. Was wir im Falle von *maternal* bereits beobachtet hatten, gilt potenziell für alle Relationsadjektive. So mag Klaus-Günther aus Wuppertal zwar kein *ciudadano español* sein (relationale Bedeutung von *español* = ‚aus Spanien'), er kann aber durch insistentes Flamencotanzen alle durch sein *españolísimo comportamiento* überraschen (qualifikative Bedeutung = ‚nach typisch spanischer Art'). In dieser Lesart wird das Relationsadjektiv *español* mit allen syntaktischen Konsequenzen zu einem qualifikativen Adjektiv – und kann dann plötzlich gesteigert und vorangestellt werden. Tatsächlich kann ein Sprecher Steigerung und Voranstellung hier als Signal dafür verwenden, dass eben *nicht* die erwartete relationale, sondern vielmehr die qualifikative Interpretation intendiert ist. Der relationale Verknüpfungstyp zeigt gewisse Übereinstimmungen mit dem synthetischen, indem seine Interpretation oder Paraphrasierung nur unter Rückgriff auf enzyklopädische oder situative Information möglich ist. Während dieser Rückgriff aber bei der synthetischen Verknüpfung die gesamte Interpretation betrifft, ist sie bei der relationalen Verknüpfung auf die Wahl einer passenden Präposition beschränkt, geschieht ansonsten aber rein mechanisch.

Diese Überlegungen erlauben es nun auch, die klassischen bisemantischen Fälle adäquater zu beschreiben: Der Bedeutungsunterschied zwischen *un viejo amigo* und *un amigo viejo* lässt sich auf zwei unterschiedliche Verknüpfungsweisen zwischen Adjektiv und Substantiv zurückführen. In der Nachstellung wird dem Substantiv „Freund" das einfache Prädikat „alt" zugesprochen und die Verknüpfung ist absolut. In der Voranstellung dagegen geschieht die Verknüpfung synthetisch. Eine der Funktionen der Adjektivstellungsvariation ist es demnach, zwischen verschiedenen Verknüpfungsmöglichkeiten zu disambiguieren.

5.5.2 Komponente 2: Die Voranstellung ist der markierte Term des Oppositionssystems

Die meisten semantischen Adjektivstellungs-Theorien versuchen, jedem der beiden Stellungstypen eine eigene Bedeutung bzw. Funktion zuzuweisen. Die Nachstellung entspricht demnach einer objektivierenden und präzisen, die Voranstellung dagegen einer emotionalen und vagen Bedeutung. Das ist eine unökonomische Beschreibung, da es ausreicht, nur einen der beiden Stellungstypen zu charakterisieren. Es wird übersehen, dass im binären Stellungssystem mit seiner Opposition zwischen Voran- und Nachstellung ein **Markiertheitsphänomen** zu beobachten ist, wie es für Oppositionssysteme natürlicher Sprachen typisch ist: Einer der beiden Terme, nämlich die Voranstellung, ist merkmalhaltig, die Nachstellung dagegen ist merkmallos. Ein Indiz für die Merkmalhaltigkeit der Voranstellung ist statistische Verteilung: In allen romanischen Sprachen ist Adj-N signifikant seltener als N-Adj.

Tab. 3: AN in der Romania (Radatz 2001:6).

Anteil der Voranstellung bezogen auf 500 NPs mit attributivem Adjektiv					
Sprache	It.	Frz.	Port.	Kast.	Kat.
AdjN	39%	22%	25%	23%	25%
Gesamtzahl Typen	258	257	306	286	299

Für den Primat der Nachstellung spricht, neben der statistischen Häufigkeit, auch die Beobachtung, dass in den romanischen Sprachen – anders als in den germanischen – das determinierte Element (*Determinatum*) regelmäßig dem determinierenden (*Determinans*) vorangeht:

(29) Hombre rana (span.) / homme-grenouille (frz.) 'Froschmann'.

Die Voranstellung von Adjektiven repräsentiert demgegenüber nun die umgekehrte Reihung, ist eine Abweichung von dieser Grundregel und damit markiert. Die Nachstellung des Adjektivs entspricht der normalen Sequenzierung von Determinationsgefügen in den romanischen Sprachen und bedeutet daher, für sich genommen, überhaupt nichts. Beinahe alle Adjektive können ohne motivierenden Kontext in der Nachstellung erscheinen; die überwiegende Mehrzahl stellt dagegen hohe Anforderungen an den Kontext, um auch in der Voranstellung verwendet werden zu können.

Die Annahme, dass die Voranstellung gegenüber der Nachstellung merkmalhaltig ist, hat weitreichende Konsequenzen für eine Theorie der Adjektivstellung. Es muss damit nur das Verhalten des merkmalhaltigen Terms exakt beschrieben werden, da nur dieser eine klar umrissene Funktion hat: **Nur die Voranstellung ist mit einer festen, stets gleichbleibenden Grundbedeutung in Form einer Interpretationsanweisung konnotiert.** Die Nachstellung ist dagegen merkmallos und damit multifunktional. Es wird in der Literatur oft so dargestellt, als hätte die Nachstellung global die Funktion, Schnittmengen zu bilden. Ein *coche blanco* wäre dann die Schnittmenge aller Autos und aller weißen Gegenstände, die der Menge aller restlichen Autos anderer Farben gegenübersteht. Dies ist in der Tat eine typische Funktion nachgestellter Adjektive im Spanischen – aber eben nicht notwendigerweise. Die Nachstellung erlaubt genauso gut auch Interpretationen, bei denen das Adjektiv diese Funktion nicht hat:

(30) *El anorak blanco de María casi no se veía entre tanta nieve.*

Hier könnte man freilich das Adjektiv auch voranstellen. Das würde allerdings den möglicherweise unerwünschten Nebeneffekt mit sich bringen, dass dann das Sprachregister sich in Richtung literarisch verschieben würde:

(31) % *El blanco anorak de María casi no se veía entre tanta nieve.*

Wir halten fest: **Die Nachstellung des Adjektivs bedeutet überhaupt nichts.** Allein die Voranstellung ist an bestimmte Bedingungen geknüpft und transportiert eine spezifische Semantik.

5.5.3 Komponente 3: Die Semantik der Konstruktion Adj-N

Die Konfiguration Adj-N bildet im Spanischen eine Konstruktion (im technischen Sinne der Konstruktionsgrammatik) mit einer einheitlichen und stets präsenten Kernbedeutung, welche die Form einer diskurspragmatischen Interpretationsanweisung besitzt: Die Voranstellung des Adjektivs entspricht einer impliziten Affirmation, dass das so gekennzeichnete Adjektiv vom Sprecher als **thematisch** (d.h.

bekannt bzw. unstreitig) markiert wird und daher nicht am Prozess der Referenzetablierung teilhaben soll. In der traditionellen (z.B. Bello 1847) und strukturalisitschen Literatur (Braselmann 1993) wird hierfür der Ausdruck „**explikativ**" verwendet. Man kann sich diese semantische Nuance durch Hilfsübersetzungen wie ‚bekanntermaßen', ‚unstreitig', ‚offensichtlich' leicht merken, die man vorangestellten Adjektiven im Spanischen typischerweise beilegen kann. So ist *la blanca nieve* der ‚bekanntermaßen weiße Schnee' und *una excelente cena* ein ‚offensichtlich hervorragendes Abendessen'. Indem diese Adjektive eine bereits erwartete Eigenschaft benennen, wird natürlich die Aufmerksamkeit auf diese Eigenschaft gelenkt; dies ist in der Literatur immer wieder als „**Emphase**" gedeutet worden; in studentischen Arbeiten wird aus dieser „Emphase" dann jedoch regelmäßig eine angebliche „Betonung" (was ein phoenetisches, kein semantisch-pragmatisches Konzept ist). Es scheint also, als sei „Emphase" kein besonders nützliches Konzept für die semantische Charakterisierung der Konstruktion AdjN.

Unter den zahlreichen Gründen, die einen Sprecher dazu bewegen können, ein Substantiv durch ein Adjektiv zu modifizieren, nimmt die Referenzeinengung einer NP einen wichtigen Platz ein. Diese Funktion teilen sich Adjektive mit anderen sprachlichen Mitteln, so z.B. dem der Wahl eines geeigneten Ober- oder Unterbegriffs. So kann man seinen Gesprächspartner beispielsweise bitten:

(32) ¡Mira ese coche!

wenn situativ eindeutig ist, welches Auto gemeint ist (evtl. Zeigegeste). Wenn die richtige Auswahl des Autos von Bedeutung ist und zudem mehrere Kandidaten für den Ausdruck „das Auto" in Frage kommen, lässt sich durch die Wahl eines geeigneten Unterbegriffs die Referenz einschränken, indem man z.B. sagt:

(33) ¡Mira ese Mercedes 600!

Eine konkurrierende Strategie besteht darin, das gewünschte Objekt durch ein Adjektiv näher zu bezeichnen und so die Verwechslung mit allen anderen möglichen Referenten auszuschließen:

(34) ¡Mira ese coche rojo!

Das funktioniert nun allerdings wirklich nur mit nachgestellten Adjektiven. Die oben angeführte Grundbedeutung der Voranstellung des Adjektivs würde bei Voranstellung nun signalisieren, dass eben diese Referenzeinengung als Motiv für die adjektivische Modifikation ausdrücklich ausgeschlossen wird. In dem Satz *Tenía siempre problemas para aparcar su gigantesco coche todoterreno* kann das Adjektiv nicht so interpretiert werden, dass es unter mehreren Referenten den gemeinten hervorheben sollte. Nachgestellte Adjektive dagegen sind bezüglich dieses Merkmals gleichgültig, und der Sprecher muss selbst entscheiden, ob das Adjektiv für die Referenzermittlung relevant ist oder nicht. Die Voranstellung des Adjektivs vermittelt also zusätzliche Information darüber, welchen Beitrag die Elemente zur Gesamtbedeutung des Syntagmas leisten sollen.

5.5.4 Komponente 4: Sekundäre semantische Effekte

Die Voranstellung des Adjektivs ist traditionell mit einer ganzen Bandbreite semantischer Effekte assoziiert worden: Sie wirkt emotional und affektiv (Lyrik, Literatur) und entspricht der Weinrich'schen Rezeptionshaltung „Erzählen" (und nicht „Besprechen"; vgl. Weinrich 1971); sie ist zuweilen archaisierend und gehört damit den höheren Registern der Sprache an; dadurch ergeben sich auch Konnotationen wie Ironie (*pedantesca erudición*), *Kitsch* und *Demagogie* (vgl. *las injustas condiciones laborales*, wo die Ungerechtigkeit durch Voranstellung des Adjektivs als thematisch und damit nicht hinterfragbar präsentiert wird). Diese unterschiedlichen Effekte lassen sich auf der Basis der Interpretationsanweisung in Komponente 3 durch ein gemeinsames Prinzip zusammenzubinden.

Alle genannten, spezifischeren Interpretationen der Voranstellungen, die es neben der Kernbedeutung gibt, lassen sich in regelmäßiger und motivierter Weise aus dieser herleiten: Dass ein vorangestelltes Adjektiv ausdrücklich als überflüssig für die Referenzermittlung markiert ist, führt zu der pragmatischen Implikatur, dass es irgendeine andere Funktion erfüllen soll. Es liefert zusätzliche Information über einen Diskurspartizipanten, der ausdrücklich schon identifiziert und damit thematisch ist. Dies ist der Grund, weshalb Adj-N sekundär mit Sprecherbezug, Subjektivität, Emotionalität und Schmuckhaftigkeit assoziiert wird. So erklärt sich der literarische Effekt des *epithetum ornans*, aber auch die Assoziation mit kitschigen (und ironischen) Effekten, wie im folgenden Zitat aus einer *Revista de Corazón*:

(35) [...] al cumplir los quince años, los verdes ojos y el cabello negro de Borann (iguales por extraña coincidencia, que los de Soraya) comienzan a atraer a los hombres y poco a poco se va convirtiendo en una joven rebelde (¡Hola! 2684, 18 Enero 1996, 22)

5.6 Lektüre- und Analysetipps

Bei einer Analyse der Adjektivstellungsvariation müssen die Adjektive zunächst in die prototypischen Kernadjektive und die Relationsadjektive eingeteilt werden. Nur die Kernadjektive fungieren qualifizierend und dienen der Versprachlichung von Eigenschaften; für sie gilt alles, was man von Adjektiven erwartet (Gradierbarkeit, attributiver wie prädikativer Gebrauch, Stellungsvariation). Demgegenüber sind

Relationsadjektive in mancher Hinsicht keine echten Adjektive, sondern spontan aus Substantiven abgeleitete Adjektivoide. Typisch adjektivisches Verhalten erwarten wir daher auch nur von den Kernadjektiven. Zur Stellungsvariation gilt:
1. Die stellungsabhängigen semantischen Effekte entstehen nicht dadurch, dass die Adjektive selbst ihre Bedeutung veränderten, sondern dadurch, dass es (mindestens) drei verschiedene semantische Verknüpfungsarten zwischen Substantiv und Adjektiv gibt.
2. Von den beiden möglichen Stellungen ist die Voranstellung markiert und mit einer klaren Interpretationsanweisung konnotiert; die Nachstellung dagegen ist unmarkiert und als solche funktionslos.
3. Die Konstruktion Adj-N impliziert, dass das betreffende Adjektiv thematisch (= bekannt bzw. erwartbar) ist, also keine neue Information liefert und daher zur Referenzeinschränkung nicht taugt.
4. Die Konstruktion Adj-N blockiert sowohl die relationale wie auch die absolute Interpretation.

Braselmann (1993) enthält, neben einer im Kern offensichtlich falschen eigenen Theorie, einen guten Forschungsüberblick und viele zutreffende Beobachtungen. Empfehlenswert ist der Artikel Jacob (1999). Ein guter Überblick wird auch in Demonte (1999) geboten, eine diachronische Darstellung dagegen in García González (1993). Vendler (1967) diskutiert auf hohem Niveau einige der semantischen Probleme adjektivischer Modifikation und Taylor (1992) behandelt ähnliche Probleme aus Sicht der kognitiven Linguistik. Radatz (2001) versucht eine Analyse der romanischen Konstruktion AdjN und Hennemann / Plötner (2015) unterziehen diese (und andere) Theorien einer korpuslinguistischen Überprüfung.

5.7 Aufgaben

1. Fassen Sie zusammen, welche Interpretationsanweisung durch die Adjektivvoranstellung enkodiert wird, und belegen Sie dies durch Beispiele.
2. Beschaffen Sie sich einen Text des modernistischen Autors Valle-Inclán und einen Artikel aus dem Nachrichtenteil der Tageszeitung El País (beides problemlos im Internet zu finden). Markieren Sie in beiden Texten alle Fälle von AdjN. Ermitteln Sie, in welchem der beiden Texte auch Relationsadjektive vorangestellt werden, und beschreiben Sie den stilistischen Effekt.
3. Erklären Sie auf Grundlage der hier vertretenen Theorie die Funktion der Stellungsvariation in den beiden Nominalphrasen *café descafeinado (tueste natural molido)* und *descafeinadas negociaciones en Ginebra*.

6 Das Imperfekt zwischen Tempus, Aspekt, Textpragmatik und Modus

Dieses Kapitel befasst sich mit dem romanischen Imperfekt, einem Tempus, das in charakteristischer Arbeitsteilung mit dem Präteritum zusammenarbeitet und das es so im Deutschen nicht gibt. Traditionelle Lehrbücher des Spanischen behaupten – oder erzeugen doch zumindest den Eindruck –, dass die Sprecher sich zwischen diesen beiden Tempora entscheiden, indem sie die temporalen oder aspektuellen Verhältnisse innerhalb des zu beschreibenden Vorgangs analysieren; je nachdem, wie dieser Vorgang in der Realität also abläuft, folgt der Sprecher demzufolge mit der Wahl des passenden Tempus den Gegebenheiten in der beschriebenen Realität. Spanischlernende bekommen daher oft den Eindruck, dass die schwierige Entscheidung zwischen Imperfekt und Präteritum so geschieht, dass man den zu beschreibenden Sachverhalt daraufhin überprüft, ob er eher punktuell (dann Präteritum) oder eher zeitlich ausgedehnt (dann Imperfekt) abläuft. Dieser Irrtum hat Generationen von Spanischlernern verzweifeln lassen. Um ihn systematisch ausräumen zu können, müssen wir zunächst eine grundsätzliche Reflektion darüber anstellen, in welchem Verhältnis Sprache und Welt zueinander stehen.

6.1 Die „linguistische Zwei-Welten-Lehre"

Wenn wir sprechen, schaffen wir nicht etwa ein sklavisches Abbild der realen Welt, sondern wir „erschaffen" vielmehr eine parallele, von uns versprachlichte Welt, die nicht notwendigerweise allen Regeln der realen Welt folgen muss. Dies erscheint als eine so selbstverständliche Bemerkung, dass sich die Frage stellen mag, warum dies hier überhaupt Erwähnung findet. Das geschieht, weil diese Beobachtung, wenn man sie macht, jedem spontan einleuchtet, sie aber, wenn man sie nicht macht, fast regelmäßig vergessen oder nicht beachtet wird und die meisten Unschärfen und Fehlbewertungen der grammatischen Beschreibung des Imperfekts (und vieler anderer grammatischer Phänomene) letztlich aus diesem Versäumnis resultieren. Die Beobachtung, dass die **reale Welt** und die **versprachlichte Welt** bei grammatischen Beschreibungen stets als zwei klar getrennte Bereiche in die Analyse einfließen müssen, soll im Weiteren als „linguistische Zwei-Welten-Lehre" bezeichnet werden.

Um diese notwendige analytische Trennung auch terminologisch umzusetzen, werden in diesem Buch die Phänomene der realen Welt stets mit den umgangssprachlichen bzw. naturwissenschaftlichen Bezeichnungen benannt (‚Zeit', ‚Geschlecht', ‚Zukunft' ...), ihre Entsprechungen in der versprachlichten Welt dagegen mit den internationalen lateinisch (griechischen) Fachtermini der Linguistik (‚Tempus', ‚Genus', ‚Futur' ...). Die Begriffe ‚**maskulin**' / ‚**feminin**' sind also im Rahmen dieser Terminologie nicht einfach nur die wissenschaftlicher klingenden Synonyme von ‚**männlich**' / ‚**weiblich**', sondern bezeichnen in der linguistischen Analyse auch gänzlich verschiedene Realitäten. Auf den ersten Blick mag dieser grundlegende Unterschied kaum ins Auge fallen, denn wenn man beispielsweise feminine Substantive wie *mujer*, *profesora* oder auch *perra* betrachtet, fallen ‚feminin' und ‚weiblich' tatsächlich zusammen. Das funktioniert allerdings nur so lange, wie die Referenten der Substantive Lebewesen sind, die zumindest prinzipiell ein Geschlecht besitzen können. Doch schon bei femininen Substantiven wie *pared*, *agua* oder *similitud* kann von einem „weiblichen Geschlecht" keine Rede mehr sein – wohl aber von „femininem Genus", das man an der Genuskongruenz der Begleiter wie Artikel oder Adjektiven ablesen kann:

(1) la gran similitud física

‚Geschlecht' ist demnach eine biologische Eigenschaft von Lebewesen in der realen Welt, ‚Genus' dagegen ist eine inhärente morphologische Eigenschaft von Substantiven in der versprachlichten Welt. Tatsächlich gibt es selbst bei Lebewesen oder gar bei Menschen keine hundertprozentige Korrespondenz zwischen Genus und Geschlecht: So ist bereits eine *perra* für die meisten Sprecher zugleich auch ein *perro* (= Tierart) und spätestens bei *Eichhörnchen* (*ardilla*, stets f.), *Mäusen* (*ratón*, stets m.) ist das biologische Geschlecht des einzelnen Tiers für die Wahl des Genus normalerweise irrelevant. Auf Deutsch werden Kinder weiblichen Geschlechts mit dem Wort *Mädchen* (n.) bezeichnet; und als eine *Heulsuse* (f.) oder einen *Dickkopf* (m.) kann man Personen beiderlei Geschlechts charakterisieren. Die Geschlechter *männlich / weiblich* und die Genera *maskulin / feminin / (neutrum)* gehören also unterschiedlichen Welten an und sollten daher analytisch stets klar getrennt werden.

Dieselbe systematische Trennung in die beiden Welten ist auch in anderen Bereichen der Sprachbeschreibung fruchtbar – so beispielsweise im Rahmen der Tempussemantik, die uns in diesem Kapitel beschäftigen soll. So sind **Zeit** und **Tempus** Konzepte, die zwar durchaus etwas miteinander zu tun haben, die aber doch längst nicht dasselbe bezeichnen. Zeit ist ein Phänomen der physischen Welt, Tempus dagegen eine Strategie, mit der Zeit in der versprachlichten Welt repräsentiert wird. „Zeit" bezeichnet physikalisch eine „Größenart" oder, im Rahmen der Kant'schen Epistemologie, eine „reine Anschauungsform des inneren Sinnes"; „Tempus" dagegen bezeichnet in der Sprache eine obligatorische Flexionskategorie am Verb, die neben anderen Ausdrucksmitteln genutzt werden kann, um Ereignisse relativ zueinander auf einem metaphorischen Zeitstrahl zu situieren.

Dasselbe gilt auch für die einzelnen Tempora. So ist beispielsweise ‚**Gegenwart**' etwas anderes als ‚**Präsens**'. Der Satz „Gisela trinkt keinen Wein" steht zwar im Tempus des Präsens, beschreibt aber einen Sachverhalt, der allgemein gelten soll, und keinesfalls nur in der Gegenwart (= Zeit). Dasselbe gilt für Sätze wie

(2) Madrid está en España.

Tatsächlich dürfte die Funktion des spanischen Präsens mehrheitlich in der Versprachlichung **atemporal**er Aussagen bestehen (auch „gnomisches Präsens" genannt), wie die beiden genannten Beispiele zeigen. Dazu kommt noch die (im Deutschen sehr häufige) Funktion des Zukunftsausdrucks: ‚Morgen fahre ich nach Bayreuth' / *Mañana voy a Madrid*. Einerseits drückt das Präsens also keineswegs nur die Gegenwart aus, andererseits wird die Gegenwart aber auch noch durch andere Tempora und keineswegs nur das Präsens ausgedrückt; wenn beispielsweise auf die Frage nach der Uhrzeit geantwortet wird: *Serán las ocho*, so mag das verwendete Tempus ein Futur sein – der zeitliche Bezug ist aber eindeutig die Gegenwart. Dass Tempus und Zeit zwei verschiedene Dinge sind, sieht man also schon daran, dass die Verwendung der Tempora keineswegs immer mit den zeitlichen Verhältnissen übereinstimmen muss, mit denen man sie prototypisch assoziiert:

(3) Präsens für Zukunft: Morgen spielt der HSV.
(4) Präsens für Vergangenheit: Ab 50 n.Chr. ist dann ganz Gallien von den Römern erobert.
(5) Futur für Vergangenheit: Diese römische Besatzung wird Jahrhunderte dauern und erst mit den Merowingern enden.
(6) Präteritum für Zukunft (!): Wann war morgen nochmal das Spiel? usw.

Darum sollte in der Terminologie systematisch zwischen den Konzepten der realen Welt und denen ihrer Versprachlichung differenziert werden:

Tab. 1: Die sprachliche Zwei-Welten-Lehre

Lebenswelt	Versprachlichte Welt
Zeit	Tempus
Geschlecht	Genus
Vergangenheit	Präteritum, Imperfekt, Perfekt…
Gegenwart	Präsens
Zukunft	Futur, Präsens
Männlich	Maskulin
Weiblich	Feminin

Dass reale und versprachlichte Welt zwei getrennte Bereiche sind, muss natürlich nicht bedeuten, dass sie völlig unvermittelt nebeneinanderstünden. Es muss zwischen beiden schon ein nachvollziehbarer Zusammenhang bestehen, denn wenn unser Gesprächspartner *seine* reale Welt in der von uns angebotenen Versprachlichung nicht mehr wiedererkennt, droht die Kommunikation zu scheitern. Das Verhältnis der beiden Welten ist allerdings andererseits auch nicht so mechanisch aneinandergekoppelt, wie man denken könnte, und wir sind keineswegs daran gebunden, die Dinge so zu sagen, wie sie sind. Versprachlichung ist kein passives Abbild der Wirklichkeit, sondern wird vom Sprecher aktiv gestaltet. Zunächst einmal gibt es eine prinzipiell unendliche Anzahl von Möglichkeiten, ein und denselben Sachverhalt zu versprachlichen:

(7) Eine Münze liegt auf dem Tisch.
(8) Ein Tisch steht unter der Münze.
(9) Im Raum befinden sich ein Tisch und eine Münze.
(10) Die Münze liegt auf dem Möbelstück.
(11) Ein griechisches 20-Cent-Stück von 2013 liegt auf dem weißen Schleiflack-Designtisch SVEN von IKEA. ...

Man kann also einen Sachverhalt in der Realität auf potentiell unbegrenzt viele Arten versprachlichen. Damit nicht genug, kann man außerdem aber auch noch Dinge versprachlichen, denen in der Wirklichkeit nichts entspricht:

(12) Das Einhorn fürchtet sich vor dem Drachen.

Und man kann lügen. Das mag sozialen oder ethischen Konventionen zuwiderlaufen – nicht aber den Regeln der Sprache! All dies sind Argumente für die Annahme, dass Sprecher in der Gestaltung ihrer versprachlichten Welt größere Freiheit besitzen, als Schulgrammatiken zuweilen suggerieren.

6.2 Tempus: morphologische Konzeptualisierung der Zeit in der versprachlichten Welt

Wenn wir also die linguistische Zwei-Welten-Lehre terminologisch konsequent umsetzen, so müssen wir **Zeit** als ein Phänomen (bzw. eine Betrachtungsweise) der **realen Welt** beschreiben, die auf viele verschiedene Arten versprachlicht werden kann. Die semantische Kategorie der versprachlichten Zeit nennt man **Temporalität**, und eine typische Ausdrucksstrategie dafür sind in den Sprachen der Welt beispielsweise Temporaladverbien wie *ayer, hoy, mañana, ahora, pronto, tarde* etc. Semantisch ähnlich sind die Adverbialien (sg. „das Adverbiale"), also komplexe Syntagmen mit adverbialer Semantik, wie sie beispielsweise als adverbiale Zeitbestimmungen auftreten: *los domingos, hace un año, dentro de poco* etc. Neben diesen lexikalischen Versprachlichungsstrategien kennen viele Sprachen der Welt – und unter ihnen unsere SAE-Sprachen (*Standard Average European languages*) aber auch die grammatikalisierte Zeitreferenz durch obligatorische Tempusaffixe am finiten Verb: *cantaba, cantó, cantaré, canta* etc. Eine solche durch Verbalaffixe realisierte Zeitreferenz nennt man **Tempus** (plur.: „Tempora"). **Tempus** ist demnach morphologisch betrachtet eine Flexionskategorie des Verbs, deren semantische Funktion darin besteht, Temporalität auszudrücken, indem ein Vorgang[1] auf einem „Zeitstrahl" situiert wird.

Der Zeitstrahl ist die metaphorische Repräsentation des Zeitverlaufs als Bewegung eines Punkts auf einer als unendlich gedachten Strecke, die von der Vergangenheit in Richtung Zukunft verläuft. Dabei versprachlicht Tempus die Zeitreferenz stets in Abgleich mit einem **temporalen Nullpunkt**, der bei mündlicher Kommunikation in Anwesenheit der Gesprächspartner normalerweise mit dem Jetzt-Zeitpunkt der Bühler'schen **Ich-Hier-Jetzt-Origo** zusammenfällt; damit ist der Sachverhalt gemeint, dass in den anthropo- und egozentrischen menschlichen Sprachen alle Deixis stets von einem Referenzpunkt des Sprechers ausgeht, der durch die Deiktika ‚ich' (personaldeiktischer Ausgangspunkt), ‚hier' (ortsdeiktischer Ausgangspunkt) und ‚jetzt' (temporaldeiktischer Ausgangspunkt) symbolisiert wird.[2] Bei Kommunikationsformen *in absentia* fällt der temporale Nullpunkt entweder mit dem Jetzt des Schreibers oder aber, in Erzählungen, auch mit dem Jetzt der Protagonisten zusammen. Die Zeitreferenz der **Tempora der Vorzeitigkeit** wie Präteritum, Imperfekt und Perfekt sowie der **Tempora der Nachzeitigkeit** wie dem Futur ist also nur relativ zum zuvor gesetzten Nullpunkt interpretierbar und daher Gegenstand der linguistischen Pragmatik. Neben diesen sogenannten **absoluten Tempora** gibt es auch noch die **relativen Tempora**, die nur unter Annahme eines sekundären temporalen Nullpunkts funktionieren. So setzt beispielsweise die Verwendung des Plusquamperfekts zwei Nullpunkte voraus. Das Plusquamperfekt benötigt dazu die Etablierung eines Nullpunkts in der Vorzeitigkeit, in Bezug auf den es dann eine weitere Vorzeitigkeit bezeichnet:

(13) El año pasado fuimos a Mallorca. Era la segunda vez, ya habíamos estado allí en el año anterior.

Im ersten Satz wird ein Referenzpunkt in der Vorzeitigkeit etabliert, der sich in Abgleich mit der Jetzt-Zeit definiert. Im zweiten Satz etabliert dann das Plusquamperfekt *habíamos estado* eine sekundäre Vorzeitigkeit in Abgleich mit dem Referenz-

---

[1] Nicht nur in studentischen Arbeiten zu Tempusfragen liest man in diesem Kontext typischerweise das unglücklich gewählte Wort „Handlung". Natürlich drücken *prototypische* Verben oft Handlungen aus; doch bei vielen anderen Verben wie *llover, vivir* oder *crecer* kann von einer willentlich gesteuerten Handlung keine Rede sein. Daher bietet sich als Oberbegriff für eine generische Verbsemantik das Wort „Vorgang" eher an.

[2] Die Terminologie geht zurück auf Karl Bühlers Grundlagenwerk *Sprachtheorie. Die Darstellungsfunktion der Sprache*, Jena: Fischer, 1934 (= Bühler 1965).

punkt des vorangegangenen Satzes. Das Plusquamperfekt ist daher ein relatives Tempus, das für sich allein nicht interpretierbar ist und den Abgleich mit einem absoluten Tempus der Vorzeitigkeit benötigt.

Die Tempora einer jeden Sprache bilden jeweils ein in sich geschlossenes System morphologischer Kontraste, zwischen denen der Sprecher sich zwangsweise entscheiden muss. Jeder Satz des Spanischen oder Deutschen benötigt mindestens ein finites Verb und die Entscheidung für eine der morphologischen Tempusoptionen ist integraler Bestandteil des Konzepts der Finitheit. Im weiteren Verlauf dieses Kapitels wollen wir uns mit den beiden echten absoluten Vergangenheitstempora des Spanischen beschäftigen: dem *Pretérito perfecto simple* (*canté, cantaste, cantó* ...) und dem *Pretérito imperfecto* (*cantaba, cantabas, cantaba* ...), die wir im Folgenden kurz **Präteritum** und **Imperfekt** nennen wollen. Das *Pretérito perfecto compuesto* (*he cantado* ...) ist mit seinem starken Element des Gegenwartsbezugs möglicherweise kein vollwertiges Vergangenheitstempus und soll daher in einem späteren Kapitel gesondert behandelt werden.

6.3 Präteritum und Imperfekt im Spanischen

Vergleichen wir nun, unter Verwendung der weiter oben eingeführten Konzepte des temporalen Nullpunkts und der Vorzeitigkeit, die beiden spanischen Tempora Präteritum und Imperfekt in Bezug auf ihre temporale Semantik, so zeigt sich, dass das Präteritum einen Sachverhalt in der versprachlichten Welt als abgeschlossen präsentiert. Darin kontrastiert es mit dem Perfekt:

(14) El año pasado [fuimos] / [? hemos ido] a Mallorca.

Deutsche Muttersprachler mögen das Perfekt hier intuitiv nicht als völlig inakzeptabel empfinden, da es als analog zum deutschen Perfekt („... sind gewesen ...") wahrgenommen wird, das durchaus für Erzählungen in der Vorzeitigkeit verwendbar ist. Dies ist eine deutsche Intuition, die von Spanisch-Muttersprachlern nicht geteilt wird! Für die Darstellung eines Vorgangs als in der Vorzeitigkeit abgeschlossen ist das spanische Perfekt ungeeignet, das Präteritum dagegen die normale Wahl. Betrachten wir nun die temporalen Verwendungsbedingungen des Imperfekts, so stellen wir fest, dass es nahezu dieselben wie diejenigen des Präteritums sind, nämlich definitiv die Vorzeitigkeit und – möglicherweise? – die Abgeschlossenheit. Derselbe Mallorca-Aufenthalt lässt sich genauso gut auch im Imperfekt darstellen:

(15) El año pasado estábamos en Mallorca [cuando conocimos a Joan].

Imperfekt und Präteritum sind im Spanischen auf der temporalen Ebene also synonym! Jede Zeitreferenz, die durch das Präteritum ausgedrückt werden kann, ist stets auch durch das Imperfekt ausdrückbar. Das bedeutet selbstverständlich nicht, dass die genannten beiden Tempora wirklich synonym wären, wohl aber, dass ihr Bedeutungsunterschied nicht auf der Ebene der Temporalität, sondern anderswo zu suchen ist. In der Linguistik ist dieser Bedeutungsunterschied als Kontrast zwischen dem perfektiven (Präteritum) und dem imperfektiven **Aspekt** (Imperfekt) beschrieben worden.

6.4 Tempus und Aspekt

Das Konzept Tempus wird bereits seit Langem in der Schulgrammatik verwendet und ist dadurch fester Bestandteil der Allgemeinbildung geworden. Das gilt nicht für das Konzept des Aspekts, mit dem Laien weiterhin nichts anzufangen wissen. Das liegt daran, dass dieses Konzept erst seit relativ kurzer Zeit für die Beschreibung der romanischen Sprachen (und des Deutschen) verwendet wird und so noch nicht zum festen Bestandteil der Schulgrammatiken werden konnte. Tatsächlich kommt der Begriff „Aspekt" denn auch, auf dem Umweg über das Französische, aus der Slawistik (vgl. russ. Вид). Von den **slawischen Sprachen** wird traditionellerweise gesagt, dass sie über ein ausgeprägtes Aspektsystem mit obligatorischer Unterscheidung zwischen einem imperfektivischen und einem perfektivischen Aspekt in allen Tempora verfügen. Es war der Wiener Slawist und Romanist **Manfred Pollak**, der **1960** in einer aufsehenerregenden Arbeit (Pollak 1988) erstmals systematisch versuchte, die romanische Opposition vom Typ *cantó ~ cantaba* (kast.), *chanta ~ chantait* (frz.), *cantou ~ cantava* (port.), *va cantar ~ cantava* (kat.) etc. analog zu dem bekannten slawischen Phänomen zu analysieren und dafür die Aspekt-Terminologie in die Romanistik einzuführen. In den romanischen Sprachen gibt es demzufolge eine Unterscheidung ähnlich derjenigen in den slawischen Sprachen, allerdings mit einem wichtigen Unterschied: **In den romanischen Sprachen beschränkt sich das Aspektsystem auf die Vergangenheitstempora, während es im Slawischen alle Tempora betrifft.** Pollak, der als Linguist im Strukturalismus zuhause war, arbeitete den aspektuellen Unterschied zwischen romanischem Imperfekt und Präteritum vor allem in Einzelsätzen anhand des sogenannten **Inzidenzschemas** heraus. Darunter verstand er Sätze, in denen beide Tempusformen vorkommen und das Imperfekt einen unbestimmt andauernden Vorgang beschreibt, der dann einschnittartig (INCIDERE = ‚einschneiden') von einem punktuell perfektiven Ereignis im Präteritum unterbrochen wird:

(16) Iba a toda mecha hasta que se le acabó la gasolina.

Aspekt ist also, wie auch Tempus, eine abstrakte semantische Kategorie, die durch obligatorische Affixe am Verb realisiert wird. Da das Spanische und das Deutsche dem morphologischen Typ der flektierenden Sprachen angehören, verschmelzen

dabei die Tempus- und Aspektmorpheme (ebenso wie diejenigen des Modus und der Person) in Affixen, bei denen die einzelnen morphologischen Komponenten nicht durch Segmentierung in die betreffenden Morphe zerlegt werden. Man spricht in diesem Zusammenhang von **Portemanteau-Morph**en, da an ihnen die verschiedenen Morpheme, wie an einem Kleiderständer aufgehängt, zusammengefasst werden. So drückt beispielsweise in einer Verbform wie *cantó* die Endung *-ó* als nicht weiter segmentierbares Morph vier verschiedene semantische Kategorien und ihre betreffenden abstrakten Morpheme aus:
- 3. Person Singular
- Indikativ
- Vorzeitigkeit
- Perfektiver Aspekt

Der Aspekt tritt also zum Tempus hinzu, mit dem er gemeinsam hat, dass er ein Ausdrucksmittel zur Versprachlichung zeitlicher Verhältnisse ist; anders als beim Tempus beschreibt Aspekt aber nicht die Lokalisierung auf einem Zeitstrahl, sondern vielmehr die interne Struktur eines bereits temporal verorteten Vorgangs. Dabei unterscheidet man verschiedene Arten von Aspekt:
- **progressiver** Aspekt: Prozess wird als andauernd dargestellt
- **habitueller** Aspekt: Prozess wird als regelmäßig wiederkehrend dargestellt
- **iterativer** Aspekt: eine Folge gleichartiger Einzelereignisse wird als andauernder Vorgang dargestellt
- **konativer** Aspekt: ein geplanter Vorgang wird nicht realisiert
- **kompletiver** Aspekt: der Abschluss eines Prozesses wird in den Vordergrund gerückt
- **perfektiver** vs. **imperfektiver** Aspekt: ein Prozess wird entweder in Hinblick auf sein Resultat oder aber in Hinblick auf seinen Verlauf präsentiert

Die Aspekttheorie ermöglicht es uns nun, die beiden auf temporaler Ebene synonymen Tempora ‚Imperfekt' und ‚Präteritum' semantisch voneinander abzugrenzen, indem wir das Imperfekt als Ausdruck des imperfektivischen Aspekts, das Präteritum dagegen als Ausdruck des perfektivischen Aspekts beschreiben. Dies sind zwei Ausdrucksmittel, mit denen ein Sprecher ein und denselben Vorgang auf zwei verschiedene Arten inszenieren[3] kann. Das perfektivische Präteritum stellt einen Vorgang der Vergangenheit so dar, dass sein Anfang und Ende sichtbar sind und er als ein Schritt innerhalb einer (womöglich kausal miteinander verknüpften) Reihe von Ereignissen erscheint. Mit anderen Worten: Das Präteritum präsentiert einen Vorgang so, dass er als Bestandteil einer kohärenten Erzählung auftreten kann. Das Präteritum ist damit das prototypische **Erzähltempus**. Das Imperfekt dagegen

---

3 In der Kognitionslinguistik spricht man hier von verschiedenen „**Konzeptualisierungen**".

blendet Anfang und Ende eines Vorgangs aus unserer Betrachtung aus und stellt einen Vorgang in seinem Verlauf und als reinen Zustand dar. Diese konventionelle Darstellung des aspektuellen Unterschieds zwischen Präteritum und Imperfekt wird allerdings regelmäßig missverstanden, da die Differenzierung der linguistischen Zwei-Welten-Lehre vergessen wird. Die Wahl des perfektivischen oder imperfektivischen Aspekts richtet sich nicht nach der zeitlichen Struktur des beschriebenen Vorgangs in der Wirklichkeit, sondern ausschließlich danach, wie der Sprecher ihn in der versprachlichten Welt darstellen will. Wie es einem Spanischlehrer ergehen kann, der das spanische Imperfekt erklären will, ohne diese Differenzierung vorzunehmen, zeigt der folgende kleine (und verzweifelnde) Text:

¿Murió o moría Manolete?

"Manolete moría en la plaza de Linares el 28 de agosto de 1947, a las seis de la tarde".
"Manolete murió en la plaza de Linares el 28 de agosto de 1947, a las seis de la tarde".

Estas dos frases aparentemente idénticas me salen al encuentro en clase de castellano. El método de español pretende ilustrar con ellas una muy sutil diferencia de matices. ¿Cómo les explico a mis alumnas alemanas tales sutilezas? Supongo que apenas habrá en España quien, salvo entre los filólogos y los muy listos, me pueda dar una explicación convincente de esta diferencia de matiz. Pero yo se la tengo que explicar a mis alumnas alemanas. La culpa la tengo yo mismo, por llegar a clase sin prepararme previamente, fiándome de mi pericia y de mi experiencia. Si me hubiera preparado, habría advertido a tiempo el peligro y habría evitado este escollo. Pero la clase ha comenzado a la incivilizada hora de las siete y media de la mañana, cuando incluso los alemanes y las alemanas aún andan medio dormidos y medio dormidas. [...]

Así que el ejercicio en cuestión, que pretende demostrar prácticamente una muy sutil y más bien recóndita diferencia entre el imperfecto y el indefinido, me ha pillado medio dormido y por lo tanto desprevenido y a contrapié. De haber estado despierto habría visto venir al toro y lo habría esquivado a tiempo, elegantemente, con una finta apenas perceptible. Pero al percatarme del peligro ya era tarde. Susi había comenzado ya a leer el título del ejercicio: 'Contraste entre imperfecto (acción en desarrollo) e indefinido (limitación en el tiempo). Observe la diferencia de matiz en los siguientes pares de frases'. Y el primer par era precisamente el de si Manolete murió o moría. Ya no he podido dar marcha atrás sin correr el peligro de quedar en ridículo al menos sin despertar sospechas.

'Manolete murió...' 'Manolete moría...' Explique Usted esta diferencia de matiz a un grupo de alumnas alemanas, para colmo principiantas. Si ya para gente avanzada este matiz es más bien dificilillo de captar, cuánto más para principianta. Ello me ha ocurrido por no haber seleccionado de antemano los ejercicios que trae el libro, pues los hay para principiantes y los hay para adelantados. Y éste es evidentemente un ejercicio para adelantados.

Me ha cogido el toro. Como a Manolete en la plaza de Linares. A él le cogió a las cuatro de la tarde. A mí a eso de las ocho de la mañana, de una mañana gris y fría de invierno, cuando los engranajes del cuerpo y los de la mente aún no están engrasados, están lo que se dice entumecidos.

No sé qué les he dicho sobre que el "Manolete moría" acentúa que el morirse no se produce de una vez, sino que uno se va muriendo, poco a poco o mucho a mucho, pero paso a paso, en un proceso, por decirlo de un modo más abstracto pero también más cursi. "Vámonos muriendo poco a poco", decía el moribundo pero extremadamente lúcido Don Quijote. Así que Don Quijote moría... Esto no se lo he dicho a mis alumnas principiantas, por ser principiantas y por ser las ocho de la mañana, de una mañana fría y gris de invierno. A ellas les he dicho lo que el libro quería que les dijera: Que el moría acentúa que Manolete no se murió de una vez, sino paso a paso; y que el murió concentra y reduce todo el proceso de morirse a un punto y lo sitúa como un único momento en el pasado. Eso les he dicho, porque eso decía el libro y el libro me había pillado desprevenido, como el toro a Manolete. [...]

Supongo que a pesar de todo habrán captado el matiz. O quizás no. Con lo cual no perderían mucho. En este caso al menos, por más que las diferencias de matiz entre el indefinido y el imperfecto sean de lo más interesante y bello, pero también de lo más difícil de comprender que tiene el castellano para los alemanes, pues ellos para toda la gama de matices de nuestro perfecto, imperfecto e indefinido no cuentan en su lengua, por lo demás bellísima, sino con una sola forma, pues el imperfecto no existe, y en cuanto al indefinido y el perfecto, aun teniéndolos, en la práctica ya no se distinguen [...]

Pero he de volver a Manolete, de quien en realidad no sé ya si murió o si moría en la plaza de Linares, pues pensando y repensando el asunto voy concibiendo la sospecha de que el libro anda descaminado al afirmar que en este caso el moría indica una "acción en desarrollo" y el murió una "limitación en el tiempo". En principio tiene razón, por ejemplo si hubiera dicho que "Manolete aquella tarde toreaba muy bien" y lo hubiera contrapuesto a que "Manolete aquella tarde toreó muy bien". Esto es claro. Toreaba equivaldría a "estaba toreando". Pero "Manolete moría", si incluso indicamos la hora exacta, ya no equivale a "Manolete estaba muriendo". Por más vueltas que le doy al asunto y por más que busco el punto sutil de la distinción, no lo encuentro. Sospecho que en este caso y en casos paralelos la diferencia no es más que de carácter retórico: Sospecho que en este y en otros casos paralelos murió se sitúa al nivel narrativo normal, coloquial, mientras que moría presta a la narración simplemente un mayor énfasis declamatorio. Ni más ni menos. [...] (Aparicio 1992:115f).

Es sieht so aus, als ob die Aspekt-Theorie hier nicht besonders weitergeholfen hätte. Der Fehler besteht hier, wie so oft, darin, in der Lebenswelt zu suchen, was allein in der versprachlichten Welt gefunden werden kann!

Es ist bei der Beschäftigung mit Fragen der spanischen Grammatik oft nützlich, den sogenannten *Esbozo* zu konsultieren. Gemeint ist damit die erste Grammatik der *Real Academia Española*, die den wissenschaftlichen Ansprüchen der Linguistik gerecht wurde; sie erschien im Jahre 1973 (also 260 Jahre nach der Gründung der RAE ...) unter dem Titel *Esbozo de una nueva gramática de la lengua española* (Real Academia Española 1973). Diese Grammatik ist nicht allein nur aufgrund ihres intrinsischen Werts (der, wie immer, Ansichtssache bleibt) ein guter Ausgangspunkt unserer Untersuchung, sondern vor allem wegen der immensen Wirkung, die der *Esbozo* in der Linguistik des Spanischen entfaltet hat – sei es in Form von Ablehnung oder von Zustimmung. Der *Esbozo* charakterisiert das Präteritum wie folgt:

Pretérito perfecto simple. — a) Es un tiempo pasado, absoluto y perfecto. Con verbos desinentes por su significado, expresa la anterioridad de toda la acción; con los permanentes, la anterioridad de la perfección [...] b) Es por lo tanto característico de este pretérito el punto o momento del pasado en que se consuma la perfección del acto [...] (Real Academia Española 1973:468f).

Mit „absoluto" ist gemeint, dass das Präteritum kein relatives Tempus wie das Plusquamperfekt ist und dass im Normalfall der Sprechzeitpunkt als temporaler Nullpunkt gelten kann. Mit „perfecto" soll ausgedrückt werden, dass Vorgänge durch die Verwendung des Präteritums so dargestellt werden, dass sie vollständig in der Vorzeitigkeit abgeschlossen sind.

Die darauffolgende Unterscheidung zwischen „verbos desinentes" und „verbos permanentes" ist terminologisch für den heutigen Leser ein wenig dunkel. Die Unterscheidung bezieht sich darauf, wie die Semantik des Präteritums sich auf Verben unterschiedlicher **Aktionsarten** auswirkt. Die Aktionsart ist ein Konzept, das in vielerlei Hinsicht nur schwer vom Aspekt unterschieden werden kann und das daher auch häufig mit diesem verwechselt und vermischt wird. Ähnlich dem Aspekt betrachtet auch die Aktionsart die Binnenstruktur eines Vorgangs und verwendet dafür dieselben semantischen Kategorien wie der Aspekt. So finden wir eine perfektive Aktionsart, eine perfektive, eine resultative und eine iterative. Anders als beim morphologisch ausgedrückten Aspekt ist die Aktionsart allerdings eine **lexikalische Kategorie, die einem Verb selbst inhärent ist.** Wortpaare wie *tanzen ~ tänzeln*, *kochen ~ köcheln*, *stechen ~ sticheln*, aber auch *aufbrechen ~ gehen ~ ankommen* könnte man als verschiedene Aktionsarten beschreiben. Auf die Aktionsart eines Verbs hat der Sprecher keinen Einfluss. Sie ist Bestandteil der Verbsemantik und bleibt in allen seinen Flexionsformen erhalten. Aspekt ist dagegen eine Kategorie, die morphologisch an einem Verb realisiert wird und damit der lexikalischen Semantik des Verbs eine weitere Komponente hinzufügt. Aspekt und Aktionsart drücken also dieselben semantischen Nuancen aus; sie tun es aber auf zwei klar unterscheidbare morphologische Arten: Die Aktionsart wird durch das Lexem selbst, also durch Wurzelmorphem eines Verbs ausgedrückt, Aspekt dagegen durch Affixe wie z.B. die Präteritums- oder die Imperfektendung.

Unter den **verbos permanentes** verstehen die Autoren des *Esbozo* Verben mit durativer Aktionsart wie beispielsweise *saber* ‚wissen'. Wie beim Konzept „Aktionsart" zu erwarten, ist das Verb *saber* von seiner Semantik her durativ und abstrahiert daher von Anfang und Ende des bezeichneten Vorgangs. Der *Esbozo* fragt nun danach, was passiert, wenn durative Aktionsart einerseits im Imperfekt mit imperfektivisch-durativem Aspekt kombiniert wird, andererseits dagegen im Präteritum mit dem perfektivischen Aspekt:

(17) ¿Sin duda sabías la llegada de mis hijas? ... – La supe en el Palacio.

In diesem konkreten Fall erhalten wir einen semantischen Unterschied, der im Deutschen durch zwei verschiedene Verbalwurzeln – also letztlich über verschiedene Aktionsarten – ausgedrückt wird, nämlich durch die Verben ‚wissen' (durativ) und ‚erfahren' (perfektiv). Laut *Esbozo* wird durch das Präteritum also bei Verben mit durativer Aktionsart durch die Verwendung des Präteritums die Idee eines konkreten Zeitpunkts hinzugefügt, zu dem der Vorgang in der Vergangenheit abgeschlossen wird.

Mit den „verbos desinentes" meint der *Esbozo* dagegen Verben mit nichtdurativer Aktionsart wie beispielsweise *lanzar* oder *disparar*:

(18) El centinela de la muralla lanzó un grito de alarma y disparó también.

Hier greifen Aktionsart des Verbs und der perfektive Aspekt des Präteritums problemlos ineinander. Der Schlüsselbegriff der Definition des *Esbozo* ist das Konzept eines „punto o momento del pasado", der durch das Präteritum evoziert wird. Das Präteritum ist dadurch das unmarkierte Tempus zur Wiedergabe abgeschlossener, vergangener Ereignisse, also das **Erzähltempus** schlechthin. Demgegenüber wird das Imperfekt als sekundäres Erzähltempus („copretérito") charakterisiert:

> **Pretérito imperfecto.** – a) Expresa acción pasada cuyo principio y cuyo fin no nos interesan. [...] Se emplea en narraciones y descripciones como un pasado de gran amplitud, dentro del cual se sitúan otras acciones pasadas. Es, pues, un *copretérito* o *pretérito coexistente* [...] (Real Academia Española 1973:466f.).

Das Konzept eines „Kopräteritums" ist ein gutes Beispiel dafür, dass Terminologie zwar stets eine Konvention und damit objektiv frei verhandelbar ist, dass es aber dennoch bessere und schlechtere Terminologien geben kann. **Kopräteritum** ist die perfekte Zusammenfassung dessen, was das Imperfekt in den romanischen Sprachen innerhalb einer Erzählung leistet: Es ist das sekundäre Erzähltempus, das neben und in Kooperation mit dem eigentlichen Erzähltempus, dem Präteritum, zur Darstellung vergangener Ereignisse verwendet wird. Für sich allein dagegen kann es diese Aufgabe nicht übernehmen. Dieser Gedanke wird im nächsten Unterkapitel noch genauer zu betrachten sein. Hier bemerken wir zudem noch die Formulierung „Expresa acción pasada cuyo principio y cuyo fin no nos interesan". Die Autoren des *Esbozo* formulieren mit Bedacht aus der subjektiven Perspektive des Sprechers, also der versprachlichten Welt, und nicht der realen Welt. Vorgänge, die in der realen Welt hypothetisch keinen Anfang und kein Ende besitzen, formulieren wir nämlich nicht im Imperfekt, sondern vielmehr im atemporalen (oder auch „gnomischen" Präsens:

(19) Madrid [está] / [?estaba] en España. Dios [ama] / [?amaba] a los hombres.

Dies sind Fälle, in denen uns Anfang und Ende durchaus interessieren – und zwar in dem Sinne, dass wir durch das Präsens explizit machen, dass die betreffenden Vorgänge *ohne* Anfang und Ende gedacht werden sollen. Das Imperfekt dagegen will dazu nichts sagen. Es bringt vielmehr zum Ausdruck, dass wir Anfang und Ende des bezeichneten Vorgangs ausgeblendet sehen wollen, *weil sie uns hier nicht interessieren*. Nicht weil wir die nötige Information nicht besäßen oder weil die bezeichneten Vorgänge intrinsisch unbegrenzt wären, sondern weil wir, als Sprecher, bewusst entscheiden, diese Frage nicht zur Kenntnis zu nehmen. Die Darstellung des *Esbozo* ist traditionell und basiert im Kern auf der Aspekttheorie. In einigen Formulierungen weist sie aber bereits darüber hinaus. Sie berücksichtigt implizit die Zwei-Welten-Lehre, indem sie die versprachlichte Welt als unabhängig von der realen präsentiert. Die Grundregel besagt also, dass das Präteritum Vorgänge als punktuell und mit perfektivem Aspekt präsentiert, das Imperfekt dagegen als andauernd und mit imperfektivem Aspekt. In welchem Verhältnis die Kopräteritums-Funktion des Imperfekts mit diesen aspektuellen Gegebenheiten steht, bleibt unerklärt und wird nicht weiter ausgeführt. Es stellt sich daher aus Sicht der Linguistik die Frage: Erklärt diese Darstellung alle beobachtbaren Fakten? Ergänzend käme aus Sicht der Fachdidaktik die Frage hinzu: Lässt sich aus dieser Darstellung die korrekte Verwendung des Imperfekts vermitteln?

6.5 Harald Weinrichs Kritik an der Aspekt-Theorie

Der Romanist und Germanist **Harald Weinrich** hat 1964 in seinem berühmten Buch *Tempus: Besprochene und erzählte Welt* (Weinrich 1977) eine Alternative dazu entwickelt. Weinrich wurde als Linguist vor allem als Vertreter der sogenannten **Textlinguistik** bekannt, einer linguistischen Teildisziplin, die sich der Erforschung solcher Elemente widmet, deren Funktionieren nicht in Einzelsätzen, sondern nur in kohäsiven Texten zum Tragen kommt. Dazu gehören beispielsweise die phorischen Pronomina (die sich auf Elemente des Ko-Textes beziehen), die Artikel (deren Auftauchen als bestimmter oder unbestimmter Artikel davon abhängen, ob ein Referent zuvor bereits eingeführt wurde, oder nicht) oder auch die Tempora. Als Textlinguist hätte Harald Weinrich den resignierenden Spanischlehrer, Herrn Aparicio, zuerst einmal daran erinnert, dass die Verwendung der Tempora kaum sinnvoll an künstlich isolierten Einzelsätzen exemplifiziert werden kann: Die Funktion der Tempora entfaltet sich in Texten. Sein Erklärungsversuch musste also scheitern – nicht weil das Problem des Imperfekts so sagenhaft komplex wäre, sondern weil die Fragestellung in Satzpaaren wie „Moría / murió Manolete" es unmöglich macht, die eigentliche Funktion des Imperfekts herauszuarbeiten.

Weinrich nähert sich den Tempora der verschiedenen von ihm untersuchten Sprachen, indem er ihre Funktion in der jeweiligen Einzelsprache hinterfragt. Dabei unterscheidet er grundsätzlich zwei **Tempus-Gruppen:**
– besprechende Tempora
– erzählende Tempora

Die besprechenden Tempora werden uns in einem anderen Kapitel noch beschäftigen. Wichtig ist hier nur, dass beide uns interessierenden Formen, Präteritum und Imperfekt, zu den **erzählenden Tempora** gehören: das Präteritum als das unmarkierte Leittempus, das Imperfekt in ergänzender Funktion (*Esbozo*: „copretérito"). Mit der Charakterisierung als erzählende Tempora geht die Beobachtung einher, dass diese beiden Tempora ihre prototypische Funktion in **erzählenden Texten entfalten** und dass diese in Form einer **funktionalen Arbeitsteilung** organisiert sein wird. Die Arbeitsteilung zwischen Präteritum und Imperfekt hat nichts mit „Tempus" zu tun, also mit dem Phänomen der Vor- oder Nachzeitigkeit: Präteritum und Imperfekt bewegen sich auf derselben Zeitstufe. Um diese Funktionsteilung sichtbar zu machen, reicht ein einfaches Experiment, das sich an jedem beliebigen erzählenden Text einer romanischen Sprache durchführen lässt. Es besteht darin, den Text aufzuteilen in all die Sätze, die im Präteritum stehen und all diejenigen, die im Imperfekt stehen. Weinrich verwendet dafür einen literarischen Text. Wir wollen das Experiment an einem realen, oralen Erzähltext überprüfen: In einem Militärkrankenhaus berichtet ein Soldat (S.), der von einem Motorrad angefahren wurde, seinem Vorgesetzten (V.) über den Unfall.

> S. Eso **fue** que al salir de una bocacalle, **venía subiendo** la calle Antonio Maura, por la parte de Ciudad Jardín, y a la desembocadura de esa calle, al pasar la otra, pues me **cogió** la moto y me **hizo** polvo la pierna.
> V. ¿Y de quién **fue** la culpa? ¿Es que tú no te **diste** cuenta o es que el tío **venía** muy rápido?
> S. Yo cuenta no me **di**. Esto **era** ya de noche.
> V. ¿**Era** ya de noche?
> S. Yo cuando... El accidente tampoco lo recuerdo porque hasta el día siguiente yo no me **di** cuenta de nada. **Fue** cuando me **di** cuenta de que **tenía** los pies... los pies rotos.
> ....
> V. ¿Hubo **testigos** allí que **presenciaron** eso?
> S. No. Porque **era** la una de la noche o por ahí; que allí el único que **estaba era** el sereno ... un sereno que hay al lado de un kiosco ... y a éste le **cogía** lejos; cuando **oyó** el tropetazo pues se **acercó** y ya ... ya nos **habían recogido** a nosotros para llevarnos a la Casa de Socorro. Después ya **tuve** que pasar al hospital provincial y del hospital me **trajeron** acá (aus: Berschin et al. 2005:224).

In welchem Verhältnis stehen nun die Textpassagen im Präteritum zu denen im Imperfekt? Machen wir also das Experiment und löschen alle Passagen aus dem Text, deren Verben nicht im Präteritum stehen:

S. Eso **fue** que al salir de una bocacalle, [...] me **cogió** la moto y me **hizo** polvo la pierna.
V. ¿Y de quién **fue** la culpa? ¿Es que tú no te **diste** cuenta [...]?
S. Yo cuenta no me **di**. [...] no me **di** cuenta de nada. **Fue** cuando me **di** cuenta [...]
V. ¿**Hubo** testigos allí que **presenciaron** eso?
S. No. [...] un sereno [...] **oyó** el tropetazo pues se **acercó** [...] Después ya **tuve** que pasar al hospital provincial y del hospital me **trajeron** acá

Das Ergebnis ist, dass der eigentliche Erzählkern einschließlich der Chronologie erhalten bleibt. Versuchen wir nun dasselbe mit den Passagen im Imperfekt:

S. [...] **venía subiendo** la calla Antonio Maura, por la parte de Ciudad Jardín, y a la desembocadura de esa calle, al pasar la otra [...]
V. ¿[...] el tío **venía** muy rápido?
S. [...] Esto **era** ya de noche.
V. ¿**Era** ya de noche?
S. [...] **tenía** los pies ... los pies rotos.
S. [...] Porque **era** la una de la noche o por ahí; que allí el único que **estaba era** el sereno ... un sereno que hay al lado de un kiosco ... y a éste le **cogía** lejos; [...] ya nos **habían** recogido a nosotros para llevarnos a la Casa de Socorro. [...]

Der Erzählteil, der im Imperfekt steht, ergibt für sich keinen Sinn. Weinrich kommentiert diesen Befund so:

> Wir vermerken hier zunächst methodisch, **dass es bei diesen Überlegungen nicht mehr um ‚Aspekt', ‚Aktionsart' oder dergleichen geht**. Diese Begriffe – was immer sie bei den einzelnen Autoren bedeuten mögen – beziehen sich auf Sätze. Hier wird stattdessen gefragt, was diese Tempora in Texten leisten. Und da in der [spanischen] Sprache [Imperfekt und Präteritum] erzählende Tempora sind, wird gefragt, was sie in Erzählungen leisten. Sie geben nämlich einer Erzählung *Relief* und gliedern sie rekurrent nach Vordergrund und Hintergrund. **Das [Imperfekt] ist in der Erzählung das** *Tempus des Hintergrunds*, **das [Präteritum] ist das** *Tempus des Vordergrunds* (Weinrich 1977:93).

Präteritum und Imperfekt arbeiten also zusammen an der **Reliefgebung in der Erzählung**. Die Aufgabe des Präteritums ist es dabei, all das zu erzählen, was die Erzählung vorantreibt, was der eigentliche Inhalt und Grund der Erzählung ist: **das Handlungsgerüst bzw. den Erzählkern**. Dabei verpflichtet uns das Präteritum in der versprachlichten Welt auf eine **sequenzielle Ikonizität** zur Reihenfolge, in der die berichteten Vorgänge sich in der realen Welt ereignet haben. Diese tempuslogische Implikatur besagt also, dass sich die **Abfolge der Ereignisse in der Erzählung ikonisch zur Abfolge der Ereignisse in der Realität** verhält. Daher bedeutet Julius

Caesars berühmte Kurzzusammenfassung der Schlacht von Zela (gegen Pharnakes II. von Pontus im Jahr 47 v. Chr.),

(20) Veni, vidi, vici (= vine, vi, vencí)

nicht einfach nur, dass er zu verschiedenen, unbestimmten Zeitpunkten gekommen war und gesiegt und gesehen hatte. Die Sequenzierung ist hier bedeutungstragend und

(21) Vidi, veni, vici (= vi, vine, vencí)

bedeutet eben nicht dasselbe. Die Verwendung des Imperfekts dagegen ist frei von dieser implizierten temporalen Ikonizität und Cäsars maximal gedrängte Erzählung würde sich in eine beiläufige Aufzählung unzusammenhängender Aktivitäten verwandeln:

(22) venía, veía, vencía = vencía, veía, venía = veía, vencía, venía etc.

Diese Eigenschaft des Imperfekts ist keineswegs identisch mit seinem imperfektivischen Aspekt; sie ist allerdings eindeutig durch diesen motiviert: Ein Tempus, das ausdrücklich dazu dient, Anfang und Ende eines Vorgangs auszublenden, ist naturgemäß ungeeignet, mehrere Vorgänge in ihrem zeitlichen Verhältnis zueinander darzustellen. Dies ist die Aufgabe des Präteritums, des eigentlichen Erzähltempus'. Aufgrund dieser spezifischen Unfähigkeit ist das Imperfekt nur ein Kopräteritum. Die Unfähigkeit der Imperfekts zur sequenziellen Ikonizität ergibt sich also durch eine **pragmatische Implikatur** unmittelbar aus seinen aspektuellen Eigenschaften, also durch eine unbewusste Schlussfolgerung vonseiten des Hörers: Wenn innerhalb einer Erzählung Informationen in einem Tempus gegeben werden, das es ausdrücklich unmöglich macht, das betreffende Ereignis innerhalb eines kausal aufeinander aufbauenden Handlungsverlaufs temporal zu verorten, dann muss der Sprecher damit etwas ausdrücken wollen. Die Implikatur ergibt sich aus den aspektuellen Eigenschaften: Was im Imperfekt versprachlicht wird, ist nicht Bestandteil der Ereigniskette der eigentlichen Erzählung, sondern eine zusätzliche Information; es ist ein Sachverhalt, den der Erzähler zur Illustration des eigentlichen Themas heranzieht, der uns aber für sich genommen gerade nicht interessiert. Präteritum und Kopräteritum gliedern den Erzähltext also in zwei Ebenen: die der Eigentlichkeit und die der Uneigentlichkeit. Weinrich (1977) spricht in diesem Zusammenhang metaphorisch von einem **Erzählrelief**, in dem die Erhebungen durch das Präteritum und die Vertiefungen durch das Imperfekt realisiert werden. Aufgabe des Imperfekts ist es also, alle ergänzenden Informationen reliefartig als **Hintergrund** zu kennzeichnen, während der **Vordergrund** von der Erzählung im Präteritum gebildet wird.

Aus der Gestalttheorie hat die moderne kognitive Linguistik das Prinzip der Figur-Grund-Wahrnehmung als ein grundlegendes Prinzip menschlicher Wahrnehmung in die linguistische Theorie übernommen. Es basiert darauf, dass das Gehirn die Fähigkeit besitzt, aus einer Vielfalt gleichzeitig eintreffender Sinneseindrücke willentlich diejenigen herauszufiltern, die derzeit nicht als relevant erachtet werden (der „Grund") und demgegenüber die Aufmerksamkeit auf diejenigen zu fokussieren, auf die die Aufmerksamkeit gerichtet werden soll („Figur"). Dieses Prinzip funktioniert bei der Verarbeitung von Sinneseindrücken aller Arten. So kann man beispielsweise in einem Lokal bei lauter Musik wahlweise die Musik als Figur und die umgebende Unterhaltung als Grund wählen, wenn das Lieblingsstück gespielt wird, und sofort „umschalten", wenn man angesprochen wird. Dasselbe Prinzip, übertragen auf visuelle Sinneswahrnehmung, liegt den bekannten Vexierbildern zugrunde, die sich gleichermaßen gut mit zwei verschiedenen Figur-Grund-Konfigurationen betrachten lassen.

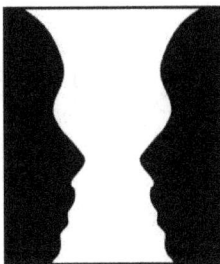

Abb. 1: Vexierbild

Man kann beim Betrachten dieser Bilder bewusst entscheiden, ob man den weißen Bereich in der Mitte als Figur vor schwarzem Hintergrund betrachtet und dabei eine Vase sieht, oder ob man vielmehr die schwarzen Bereiche als Figuren wertet und dann zwei einander anblickende Gesichter sieht.

Wenn es also ein grundlegendes Prinzip menschlicher Wahrnehmung ist, die Aufmerksamkeit in einen Figur- und einen Grund-Bereich aufzuteilen, so kann es nicht überraschen, dieses Prinzip in Teilbereichen der menschlichen Sprache wiederzufinden. Auch die Aufmerksamkeit beim Lesen / Hören einer Erzählung zerfällt potenziell in Figur und Grund und viele Sprachen der Welt verfügen über sprachliche Ausdrucksmittel, die es dem Erzähler ermöglichen, diese Aufteilung explizit zu machen. Das von Weinrich beschriebene Grundprinzip ist auch außerhalb der Romanistik von Linguisten beobachtet worden, und zwar offenbar unabhängig von Weinrich (1977). So schreibt Hopper (1979) in einer vergleichenden Studie zum Russischen, Französischen, Tagalog, Swahili, Malayischen, etc.:

> It is evidently a universal of narrative discourse that in any extended text an overt distinction is made between the language of the actual story line and the language of supportive material which does not itself narrate the main event. I refer to the former – the parts of the narrative which relate events belonging to the skeletal structure of the discourse – as FOREGROUND and the latter as BACKGROUND (Hopper 1979:213).

Das Verdienst von Weinrich (1977) besteht aber zumindest darin, diese Beobachtung wirkungsmächtig in die Tempusdebatte der europäischen Schulsprachen eingeführt und in starke metaphorische Bilder gekleidet zu haben. Neben dem Bild des Reliefs verwendet Weinrich auch die sogenannte **Bühnenmetapher**, um das Zusammenspiel von Präteritum und Kopräteritum (Imperfekt) verstehbar zu machen. Man stelle sich die Handlung der Erzählung als Theaterstück vor:
– Alles, was die **Protagonisten** im Rahmen der Handlung (im Lichtkegel des Bühnenscheinwerfers) tun, wird im Präteritum wiedergegeben.
– Das Bühnenbild, die Statisten und alle Hintergrundaktivitäten erscheinen dagegen im Imperfekt.

Innerhalb zusammenhängender Erzähltexte kann der Erzähler in den romanischen Sprachen das Präteritum und das Imperfekt wie die Lichtregie in einem Theater verwenden und den Lichtkegel des Präteritums auf diejenigen Vorgänge richten, die er in seiner versprachlichten Welt als die Handlung hervorheben will. Die klassische Sprachkursfrage: „Welches Tempus *muss* hier gesetzt werden?" erweist sich vor dem Hintergrund dieser Beobachtungen als sinnlos formuliert, da die Tempuswahl hier nicht von den beschriebenen Gegebenheiten erzwungen werden, sondern vielmehr ein Gestaltungsmittel des Erzählers sind. Er hat stets die **Freiheit**, selbst zu entscheiden, was Gegenstand seiner Erzählung sein soll, und was nur Staffage. Stellen wir dazu noch ein Gedankenexperiment an: So mag beispielsweise der Tod eines Menschen so wichtig erscheinen, dass man ihn sich kaum als „Hintergrund" zu etwas vorstellen kann. Aus ethischen Gründen ist das eindeutig. Rein sprachlich aber ist es völlig unproblematisch, den Tod eines Menschen nur als Hintergrundinformation zu verwenden:

(23) Era el año en que moría Pepe Mata, en que los Beatles acaban de separarse y en que por vez primera se veían bikinis en la playa; fue en este mismo año que yo me fui de mi pueblo.

Das Thema ist hier mein Aufbruch in die Welt (Präteritum) – der Rest, einschließlich Pepe Matas' Berufsunfall, fungiert lediglich als Zeitkolorit. Die Antwort auf die Grammatikaufgabe, die Herrn Aparicio verzweifeln ließ, lässt sich nun geben: Sowohl *Manolete moría ...* als auch *Manolete murió en la plaza de Linares el 28 de agosto de 1947, a las seis de la tarde* sind grammatisch völlig korrekt, und eine Entscheidung zwischen den beiden Versionen ist auf dieser Ebene nicht sinnvoll zu treffen. Ohne weiteren Kontext ist allerdings die Imperfekt-Version pragmatisch auffällig, denn die Verwendung des Kopräteritums ist, wie oben gesagt, nur im Zusammenwirken mit dem Präteritum interpretierbar. Der Satz wirkt dann wie eine Bühne, auf der (noch) nichts passiert, und der Hörer erwartet weitere Information, in der irgendwann ein Präteritum auftauchen sollte. Selbst nach der traditionellen Aspekttheorie ist die Frage nicht entscheidbar: Das Präteritum versprachlicht das Ereignis als zeitlich klar situiert, während das Imperfekt diese Situierung nicht liefert, weil sie den Sprecher offenbar gerade nicht interessiert. Eine scharfe Trennung in „richtig" und „falsch", wie die berichtete Grammatikübung sie verlangte, ist auch auf dieser theoretischen Grundlage nicht angebbar.

6.6 Nicht-temporaler Gebrauch des Imperfekts

Bisher haben wir das Imperfekt als ein Tempus analysiert, also als ein morphologisches Ausdrucksmittel zur Situierung eines Vorgangs auf einem metaphorischen Zeitstrahl. Wir haben weiterhin beobachtet, dass Tempora typischerweise auch eine weitere semantische Kategorie mit enkodieren, die wir Aspekt genannt haben. Beispiele wie das folgende scheinen allerdings über keine dieser beiden Kategorien erklärbar zu sein:

(24) Quería preguntarte si me podrías ayudar con esto.
(25) Venía a decirte que finalmente no te podré ayudar con esto.

Die spanischen Grammatiken sprechen hier vom **imperfecto de cortesía**, Thieroff (2000:150) von „attenuative uses". Da das Imperfekt einen Sachverhalt als wenig definiert präsentiert, indem Anfang und Ende des Vorgangs ausgeblendet werden, bietet es sich offenbar auch als höfliche Abschwächungsstrategie für Aussagen an, von denen man befürchtet, sie könnten den Gesprächspartner ärgern. Der wichtigste nicht-temporale Gebrauch des Imperfekts liegt aber im Bereich von Modus und **Modalität**. Im Spanischen sind diese Verwendungen typischerweise noch innovativ, von der Normgrammatik nicht anerkannt und daher vor allem im informell mündlichen Bereich anzutreffen. Hier gibt es eine klare Tendenz, das Imperfekt in Konditionalkonstruktionen anstelle des Konditionals zu verwenden:

(26) Ese trasto debe estar endemoniado, yo de ti le pegaba fuego y tiraba sus cenizas en una urna de plomo.
‚Das Ding muss verhext sein. An Deiner Stelle würde ich es verbrennen und die Asche in einer Bleiurne entsorgen.'

Das ist keineswegs eine Besonderheit des Spanischen. Vielmehr gilt für die meisten europäischen Sprachen, „dass Tempora ganz allgemein immer auch modale Bedeutungen, Funktionen oder Verwendungen haben, und zwar regelhaft und systematisch" (Thieroff 2004:75). Umgangssprachlich kann das Imperfekt sogar für Apodosis und Protasis eintreten (und damit den Unterschied zwischen *condicional* und *imperfecto de subjuntivo* aushebeln):

(27) [Messi:] „Si lo sabía, no tiraba el penal"
  ‚Hätte ich es gewusst, hätte ich den Elfer nicht geschossen'.

Was im Spanischen noch eine diaphasisch markierte Innovation ist, ist im gesprochenen Französischen schon zur Norm geworden, wo das Imperfekt Indikativ durchgängig in dieser Weise verwendet wird.

6.7 Lektüre- und Analysetipps

Die zentrale Funktion des Imperfekts zeigt sich in dessen Zusammenspiel mit dem Präteritum.
- Das Präteritum konzeptualisiert Sachverhalte der Vorzeitigkeit als aufeinander folgende, klar abgegrenzte und abgeschlossene Ereignisse auf dem Zeitstrahl, die protoypisch als Elemente einer aufeinander bezogenen Ereigniskette verstanden werden sollen und möglicherweise auch kausal miteinander verknüpft sind.
- Das Imperfekt teilt mit dem Präteritum das Element der Vorzeitigkeit, präsentiert die Vorgänge aber in einer Weise, dass ihr Anfang und Ende ausdrücklich ausgeblendet werden; dadurch wird eine klare Sequenzierung auf dem Zeitstrahl ausdrücklich unmöglich gemacht. Das Imperfekt kann daher nicht verwendet werden, um Ereignisketten und kausale Implikaturen auszudrücken.
- Für die Analyse ist es wichtig, sich Rechenschaft über die jeweilige Textsorte abzulegen.
- In nicht-erzählenden Texten oder Einzelsätzen stellt man den oben geschilderten semantischen Unterschied am besten als einen Unterschied zwischen perfektivischem und imperfektivischem Aspekt dar. Das Imperfekt dient hier typischerweise dazu, einem punktuell „einschneidenden" (vgl. Inzidenzschema) als unbegrenzte temporale Einbettung zu dienen.
- In erzählenden Texten bleibt dieser aspektuelle Unterschied zwar erhalten, wird aber normalerweise durch das textpragmatische Prinzip des Erzählreliefs überlagert. Dieses Prinzip besteht darin, den Text in zwei Aufmerksamkeitsebenen zerfallen zu lassen, von denen die eine, der Vordergrund, durch das Präteritum, die andere dagegen, der Hintergrund, durch das Imperfekt markiert wird.
- Der Sprecher differenziert damit aus subjektiver Perspektive, welche der Informationen den eigentlichen Text ausmachen sollen und welche lediglich als uneigentliche Ergänzungen dazu wahrgenommen werden sollen.

Innerhalb eines so gebildeten Textreliefs kann dann die ursprüngliche Aspektfunktion durch die genannten textpragmatischen Prinzipien überlagert und neutralisiert werden. Es ist daher gefährlich (weil oft unmöglich), den Imperfektgebrauch in Erzählungen direkt aus aspektuellen Erwägungen herleiten zu wollen.

Ein schöner, knapp orientierender Überblicksartikel ist Schrott (2012). Für eine weiterführende Lektüre sind zunächst auf jeden Fall die einschlägigen Stellen in Weinrich (1977) empfehlenswert, insbesondere das vierte Kapitel „Reliefgebung". Klassische Lektüre zum Thema Tempussemantik ist auch Suzanne Fleischmans Buch *Tense and Narrativity* (Fleischman 1990:24ff.). Moreno de Alba (2006) liefert einen Überblick über die diachronischen Fakten, und Thieroff (2000) bietet einen typologischen Überblick über das Verhältnis von Präteritum und Imperfekt in den Sprachen Europas.

6.8 Aufgaben

1. Erläutern Sie die Aspekt-Theorie und Weinrichs Konkurrenzmodell des Textreliefs und diskutieren Sie vergleichend deren Stärken und Schwächen.
2. Beschaffen Sie sich einen kürzeren erzählenden Text und markieren Sie darin *Indefinido*- und *Imperfecto*-Formen in verschiedenen Farben. Entfernen Sie nun alle Sätze und Halbsätze, die im Imperfekt stehen und überprüfen Sie, ob der verbleibende Text noch verständlich ist. Versuchen Sie dasselbe auch mit den Textstücken im Imperfekt.
3. Verschaffen Sie sich eine Vorstellung vom numerischen Verhältnis von aspektuellem und modalem Imperfekt, indem Sie in einem beliebigen spanischen Text alle Imperfekt-Vorkommen farbig nach diesen beiden Funktionen differenzieren.

7 Tempus (und Aspekt?): Präteritum vs. Perfekt

Im letzten Kapitel hatten wir bereits konstatiert, dass das Spanische drei Vergangenheitstempora besitzt, deren Abgrenzung voneinander für deutsche Spanischlerner potentiell problematisch ist. Wir hatten als Gemeinsamkeiten von **Präteritum** und **Imperfekt** herausgefunden, dass beide temporal auf derselben Stufe operieren und nach Weinrich „erzählende Tempora" sind. Außerdem hatten wir festgestellt, dass die Unterschiede zwischen diesen beiden Tempora von der Linguistik auf zwei verschiedene Arten analysiert werden: Nach einer Schule handelt es sich um einen Unterschied im **Aspekt** und das Präteritum wäre demnach „perfektiv", das Imperfekt dagegen „imperfektiv" (Pollak u.a.); nach einer anderen Schule erzeugen beide Tempora dagegen bei narrativen Texten im Zusammenspiel das sogenannte **Erzählrelief**, wobei das Präteritum den Vordergrund und das Imperfekt den Hintergrund beiträgt (Weinrich u.a.). In diesem Kapitel soll es nun wieder um den Vergleich zweier Tempora gehen; dieses Mal um das Paar Präteritum und Perfekt, also beispielsweise den Kontrast zwischen *cantaste* und *has cantado*. Erneut wählen wir das prototypische Vergangenheitstempus Präteritum als Vergleichsinstanz, um den Charakter des anderen Tempus deutlicher herausarbeiten zu können.

Was wir im Folgenden als „Perfekt" bezeichnen wollen, nennt der *Esbozo* (und auch die *Nueva gramática* der RAE von 2009) – etwas umständlich, aber auch sehr vollständig – *Pretérito perfecto compuesto*. Dabei steht

- *pretérito* für das Tempusmerkmal **Vorzeitigkeit** bzw. Sprechzeitpunkt-Vorzeitigkeit und charakterisiert das Perfekt damit als Vergangenheitstempus;
- *perfecto* soll augenscheinlich das Aspektmerkmal der **Perfektivität** zum Ausdruck bringen, das einen Vorgang als abgeschlossen präsentiert; und
- *compuesto* schließlich steht für das morphologische Merkmal einer „zusammengesetzten Bildung", die in der modernen Linguistik technisch als **Verbalperiphrase** bezeichnet wird.

Die folgende Kurzcharakterisierung des *Esbozo* mag als erste Annäherung dienen:

> 3.14.2 Pretérito perfecto compuesto. — a) Significa en la lengua moderna **la acción pasada y perfecta que guarda relación con el presente**. Esta relación puede ser real, o simplemente pensada o percibida por el hablante. Por esto nos servimos de este tiempo para expresar el pasado inmediato [...] También denota el hecho ocurrido en un lapso de tiempo que no ha terminado todavía; [...] Lo empleamos asimismo para acciones alejadas del presente, cuyas consecuencias duran todavía. [...] A veces la relación con el presente es afectiva (Real Academia Española 1973:466f.).

Der Schlüsselbegriff der semantischen Beschreibung ist hier der **Gegenwartsbezug**, der offenbar in verschiedenen Erscheinungsformen auftritt. Außerdem nehmen wir die Formulierung „el hecho ocurrido en un lapso de tiempo que no ha terminado todavía" zur Kenntnis und bemerken dazu, dass Zeiträume nichts objektiv Beobachtbares, Reales, sind, sondern lediglich im Rahmen menschlicher Kategorisierung existieren. Ob wir also einen Vorgang diesem oder jenem Zeitraum zuweisen, liegt im Gestaltungsspielraum des Sprechers. Gehört beispielsweise das Ohrenklingeln nach dem Knall noch mit in den Zeitraum dieses Ereignisses, oder ist es bereits ein neues Ereignis? Diese Entscheidung liegt im Ermessen des Sprechers, und die Verwendung oder Nichtverwendung des Perfekts kann im Spanischen zum Teil zur Versprachlichung dieser Entscheidung verwendet werden. Bevor wir uns aber der tempussemantischen Analyse zuwenden, müssen wir das Perfekt zunächst in seiner Eigenschaft als Verbalperiphrase beschreiben und einen Exkurs in die interne Sprachgeschichte des Spanischen und der Romania insgesamt unternehmen.

7.1 Das HABEN-Perfekt als Verbalperiphrase

Das Perfekt ist, im Gegensatz zu Imperfekt und Präteritum, ein **periphrastisches Tempus**, also ein Tempus, das sich aus einer Verbalperiphrase entwickelt hat. Unter **Verbalperiphrasen** versteht man Konstruktionen, die aus einem **Auxiliar** (,Hilfsverb') und einem **Vollverb** bestehen, sich dabei aber semantisch wie eine idiomatische Einheit verhalten. Wie auch bei den Phraseologismen (wie z.B. „von der Rolle sein" oder „einen Kater haben") ergibt sich die Gesamtsemantik der Konstruktion also nicht restlos aus der Semantik der Einzelelemente, kombiniert mit den allgemeinen Konstruktionsregeln der Sprache; die Semantik der Gesamtkonstruktion muss vielmehr wie eine Vokabel gelernt werden. Wer beispielsweise nur die Bedeutung der Verben *ir* und *llover* und die allgemeinen Regeln des Spanischen kennt, kann eine Äußerung wie *Va a llover* (?,Er / sie / es geht zu regnen') nicht korrekt verstehen; man muss zusätzlich auch noch die Futurkonstruktion IR + INFINITIVO kennen, um zur korrekten Interpretation ,Es wird regnen' gelangen zu können.

Verbalperiphrasen bestehen, wie bereits gesagt, aus einem Auxiliar und einem Vollverb, die zuweilen auch noch durch ein präpositionales Element verbunden werden können. Dabei lässt sich eine charakteristische **morphologische Arbeitsteilung** beobachten, in der das Vollverb für die lexikalische Bedeutung, das Auxiliar dagegen für die Morphologie zuständig ist. Das Vollverb steuert die lexikalische Bedeutung bei, ist aber morphologisch ansonsten statisch. Die Vollverben dagegen stehen in einer Verbalperiphrase stets in einer **nicht-finit**en Flexionsform wie Infinitiv, Partizip oder Gerundium:

Tab. 1: Morphologische Typen von Verbalperiphrasen.

Infinitiv	Partizip	Gerundium
Va a llover. ‚Es wird regnen' IR + INFINITIVO temporal	*Me ha gustado.* ‚Es hat mir gefallen'. HABER + PARTICIPIO temporal-apektuell)	*Estamos deliberando.* ‚Wir entscheiden noch'. ESTAR + GERUNDIO aspektuell
Acabo de ver … . ‚Ich habe gerade gesehen …' ACABAR DE + INFINITIVO aspektuell	*Te lo tengo dicho.* ‚Das habe ich Dir (doch schon oft) gesagt'. TENER + PARTICIPIO aspektuell	*¡Vamos yendo!* ‚Lasst uns (langsam mal) gehen!' IR + GERUNDIO aspektuell

Nicht-finite Verbformen haben gemeinsam, dass sie keine der verbtypischen Flexionsmerkmale wie Person, Tempus, Aspekt oder Modus tragen, sondern entweder ganz unflektiert bleiben (Infinitiv, Gerundium), oder aber typisch nominale Flexionsmerkmale zeigen. So können Partizipien, je nach Sprache und syntaktischem Kontext, wie Adjektive nach Numerus und Genus flektieren: *Canciones cantadas con mucho sentimiento.* Das Vollverb fungiert innerhalb einer Verbalperiphrase also in einer verb-untypischen Flexionsform. Das Auxiliar wiederum ist semantisch leer, flektiert aber **finit** und trägt damit die gesamte morphologische Last: [*he / has / ha / hemos / habéis / han / había / hubiese* …] *dicho*. Gemeinsam bilden Vollverb und Auxiliar dabei eine Konstruktion, die sich sowohl syntaktisch wie auch semantisch ganz analog zu synthetischen Verbformen verhält (vgl. *va a llover* und *lloverá*).

Im Vergleich mit dem Deutschen spielen Verbalperiphrasen im Spanischen (und in der Romania im Allgemeinen) eine viel größere Rolle. Als grobe Regel mag gelten, dass die meisten romanischen Verbalperiphrasen im Deutschen typischerweise durch ein Adverb o.Ä. wiedergegeben werden können:

(1) [*Vengo de*] *decírselo.* – ‚Ich habe es ihr *gerade* gesagt'.

(2) [*Se empeñan en*] *comprarlo.* – ‚Sie wollen es *unbedingt* kaufen'.

(3) [*Llevo escritos*] *tres libros.* – ‚Ich habe *schon* drei Bücher geschrieben'.

Je nach Autor nennen die Grammatiken bis zu dreistellige Ziffern, wenn es um die Gesamtzahl der Verbalperiphrasen im Spanischen geht. Auch wenn viele davon nur selten vorkommen mögen, ist das ein Indiz für die Bedeutung dieser Konstruktion in der Romania. Die meisten Verbalperiphrasen haben dabei eher den Charakter von Vokabeln, indem sie eher selten sind und typischerweise auch durch andere Konstruktionen ersetzt werden können, also unauffällig vermieden werden können; das ist ein Indiz, dass sie nicht in den grammatischen Kernbestand der Sprache, sondern eher in den Bereich der Lexik gezählt werden sollten. Einige Verbalperiphrasen haben es aber geschafft, bis in diesen Kernbereich vorzudringen. So hängt beispielsweise die Verwendung oder Nicht-Verwendung des spanischen GEHEN-Futurs und des HABEN-Perfekts nicht mehr von den individuellen stilistischen Präferenzen des Sprechers ab, sondern sind heute integraler Bestandteil des Tempussystems der spanischen Sprache. Hier spricht man daher nicht mehr nur von simplen Verbalperiphrasen, sondern vielmehr von **periphrastischen Tempora**.

7.2 Vom Lateinischen zum modernen Spanisch

Da das romanische HABEN-Perfekt eine Neuerung ist, die es so im Lateinischen noch nicht gab, wollen wir seine Entstehung und Entwicklung in einem diachronischen, also sprachgeschichtlichen, Exkurs näher betrachten. Bevor wir aber mit diesem Exkurs beginnen, müssen wir zunächst noch einen Einwand in Betracht ziehen, den die traditionelle **strukturalistische Linguistik** stets vorgebracht hat, wenn jemand sich anschickte, ein Phänomen der modernen Sprache unter Rückgriff auf frühere Sprachzustände erklären zu wollen. Der Einwand lautet, dass **synchronisch**e Phänomene stets und ausschließlich synchronisch beschrieben werden müssen. Ein Rückgriff auf **diachronisch**e Daten sei nicht nur unnötig, sondern möglicherweise sogar irreführend, da die Sprecher selbst ja auch keine Sprachhistoriker sind, die Regeln ihrer Muttersprache aber dennoch perfekt beherrschen. Wenn wir also eine Erklärung suchen, die zugleich auch das Regelwissen der Sprecher abbildet, so ist hier aus der Betrachtung früherer Sprachzustände kein relevanter Erkenntnisgewinn zu erwarten.

Dieser Einwand ist durchaus beachtenswert; es gibt allerdings auch ebenso beachtenswerte Argumente dagegen. Linguisten wollen Sprachen nicht intuitiv beherrschen, wie es auch jeder Muttersprachler tut, sondern sie wollen Sprachen explizit beschreiben; das intuitive Regelwissen der Sprecher ist zwar ein wichtiges, aber doch nicht das alleinige Erkenntnisinteresse. Bestimmte Phänomene lassen sich einfacher und kohärenter beschreiben, wenn man ihre geschichtliche Bedingtheit mit in die Beschreibung integriert. Das gilt ganz besonders bei **Grammatikalisierung**sprozessen, die sich über Jahrhunderte und Jahrtausende hinziehen können; im Rahmen dieser Sprachwandelprozesse verändern Elemente langsam ihre Funktion, bewahren dabei aber typischerweise zugleich auch immer Bruchstücke aus früheren Sprachzuständen und retten so Teile der Diachronie in die Synchronie. Das spanische Perfekt hat sich in einem über 2000-jährigen Grammatikalisierungsprozess aus einer relativ unbedeutenden lateinischen aspektuellen Verbalperiphrase entwickelt und dabei einen Grammatikalisierungspfad durchlaufen, innerhalb dessen sich verschiedene Stufen unterscheiden lassen. Eine Kenntnis dieses Grammatikalisierungsprozesses hilft nicht nur beim generellen Verständnis der Semantik des spanischen Perfekts, sondern vor allem auch bei einer systematischen Beschreibung und Erklärung der unterschiedlichen Verwendung des HABEN-Perfekts in den verschiedenen Varietäten des Spanischen (Hispanoamerika und Europa) und der Romania im Allgemeinen.

Wenn es also durchaus stimmt, dass Muttersprachler des Spanischen nichts über frühere Sprachzustände wissen müssen, um ihre Sprache intuitiv perfekt zu beherrschen, so ist es andererseits für Linguisten und Fremdsprachenlernende oft informativ und lerntechnisch nützlich, bestimmte Sprachwandelprozesse zu verstehen. Dies wollen wir im Folgenden versuchen.

7.2.1 Exkurs zur Erinnerung: Das Konzept „Grammatikalisierung"

Das Konzept der Grammatikalisierung existierte in der traditionellen Grammatik noch nicht und ist daher nur in der wissenschaftlichen Linguistik gebräuchlich. Wie der Begriff schon suggeriert, handelt es sich dabei um einen Sprachwandelprozess, in dessen Verlauf ein Element mit lexikalischer Semantik (ein Wort oder auch eine ganze Konstruktion) sich in die Richtung eines grammatischen Elements entwickelt. Die Grammatikalisierungstheorie liefert damit unter anderem eine empirisch belegbare Erklärung dafür, wie Flexionsmorphologie entsteht. Die zugrundeliegende Idee besagt, dass die alte strukturalistische Entweder/oder-Kategorisierung der Morpheme in Grammeme (z.B. *-o, -as, -a, -amos, -áis, -an*) und Lexeme (z.B. *casa, cantar, amarillo*) nur die Extrempunkte eines Phänomens bezeichnet, das tatsächlich eher als eine semantische Skala aufsteigender Abstraktheit aufgefasst werden muss. Typische Lexeme wie z.B. ‚Haus' haben eine sehr merkmalsreiche Semantik (physisches Objekt, Artefakt, Wände, Fenster, Türen, Dach, dient zum Wohnen etc.) und damit eine große **Intension**, sind dadurch zugleich aber auch nur auf wenige Sachverhalte anwendbar und haben damit eine sehr kleine **Extension** (und damit natürlich auch nur eine geringe Gebrauchsfrequenz). Typische Grammeme wie z.B. das Pluralmorphem haben dagegen eine minimale Intension (Einheit vs. Vielheit) und konsequenterweise eine immense Extension; als Konsequenz kommen daher statistisch auf jede Verwendung des Lexems ‚Haus' in einem Text tausende Verwendungen des Pluralmorphems. Was die Semantik von Lexemen und Grammemen angeht, so ist die Bedeutung von Lexemen typischerweise konkret und kann daher in Wörterbüchern ohne Verwendung einer spezifischen Metasprache erfasst werden; das gilt anders herum aber nicht für die Grammeme. Die Semantik von Grammemen ist so abstrakt, dass sie sich einer Paraphrasierung mit Mitteln der Umgangssprache entzieht. Aus diesem Grund wurde ihnen von den Grammatikern lange Zeit überhaupt jede Bedeutung abgesprochen und es entstand die Vorstellung, dass Lexik und Grammatik zwei klar voneinander abgegrenzte Welten darstellten.

Es lässt sich aber recht leicht zeigen, dass sich die Abstraktheit oder Konkretheit der Semantik nicht auf die Lexem-/Grammem-Dichotomie reduzieren lässt. Ohne im Detail argumentieren zu wollen, zeigt die folgende illustrative Liste, dass sich über

alle Wortart- und Morphemtyp-Grenzen hinweg leicht Skalen absteigender semantischer Konkretheit konstruieren lassen
- *Stein* (Gegenstand, Natur)
- *Haus* (Gegenstand, Artefakt)
- *Luft* (Substanz, Natur)
- *Hunger* (biologischer Prozess, Gefühl)
- *laufen* (beobachtbarer Vorgang)
- *grünen* (statives Verb)
- *wollen* (Modalverb)
- *sein* (Kopulaverb)
- *aufgrund* (Präposition, kausal)
- *mit* (Präposition, komitativ, instrumental)
- {1. Person singular} (Proximal innerhalb eines personaldeiktischen Systems)
- etc.

Wenn wir die Phänomene „lexikalisch" und „grammatisch" in dieser Weise als Kontinuum auffassen, lässt sich die oben bereits formulierte Charakterisierung der Grammatikalisierung als diachronischer Sprachwandelprozess, in dessen Verlauf ein lexikalisches Element zusehends zu einem grammatikalischen wird, besser verstehen. Kuryłowicz (1965) formuliert dies in einer klassischen Definition so:

> Grammaticalization consists in the increase of the range of a morpheme advancing from a lexical to a grammatical or from a less grammatical to a more grammatical status, e.g. from a derivative formant to an inflectional one ([1965] 1975:52).

Die Grammatikalisierung ist abgeschlossen, wenn "the once content-words or open-class morphemes of the language have become function words, or closed class morphemes" (Sankoff 1991:310). Grammatikalisierung ist ein umfassender Prozess, der sich auf nahezu allen Ebenen der linguistischen Beschreibung auswirkt. Auf der Ebene der Morphologie bewirkt sie, dass Lexeme sich erst zu Auxiliaren oder Partikeln und schließlich zu Affixen entwickeln. So hat sich beispielsweise aus dem Substantiv ‚Weg' das Adverb ‚weg' und das Verbalpräfix ‚weg-' entwickelt. Das geht oft mit einer immer höheren Gebrauchsfrequenz einher, die ihrerseits zu Effekten lautlicher Reduktion führt – im *Weg-weg*-Beispiel in Form der Vokalkürzung von [ve:k] zu [vɛk]. Auf lexikalischer Ebene beginnt der Prozess mit einem Vertreter einer großen, offenen Klasse (z.B. Substantive), führt in geschlossene Klassen (z.B. Partikeln, Präfixe etc.) bis hin zu geschlossenen Klassen mit sehr wenigen Termen (Tempussuffixe, Numerusmarker etc.). Die Semantik (Intension) wird dabei zusehends weniger spezifisch bzw. immer abstrakter, was in der Grammatikalisierungsforschung früher mit der Metapher der semantischen „Ausbleichung" beschrieben wurde. Und schließlich reduziert sich im Rahmen der Grammatikalisierung auch die Stellungsfreiheit des betreffenden Elements, wenn es sich von einem freien Lexem zu einem gebundenen fakultativen Klitikon bis hin zu einem gebundenen und obligatorischen Affix entwickelt. Die folgende Tabelle fasst diese parallelen Effekte noch einmal übersichtlich zusammen:

Tab. 2: Das Kontinuum der Grammatikalisierung

Bereich	Lexikalisch	→			Grammatikalisch	Bezeichnung
Morphologie	Lexem	→	Auxiliar, Partikel	→	Affix	Reanalyse
Phonologie	Mehrsilbig	→	einsilbig	→	einzelnes Segment	
Lexik	große offene Klasse	→	große geschl. Klasse	→	kleine geschl. Klasse	
Distribution	freie Stellung	→	relativ feste Stellung	→	völlig feste Stellung	
Frequenz	selten	→	recht häufig	→	obligatorisch	
Semantik	reiche Semantik	→	allgem. Semantik	→	reduziert oder leer	bleaching

7.2.2 Das spanische Perfekt setzt nicht das lateinische fort

Wir haben damit nun die theoretischen Grundlagen, um die historische Entwicklung des romanischen HABEN-Perfekts aus einer modernen linguistischen Perspektive darstellen zu können. Während das Paar Präteritum-Imperfekt bereits im Lateinischen in mehr oder weniger ähnlicher Form wie im heutigen Spanischen bestand, ist das HABEN-Perfekt **eine romanische Innovation**. Tatsächlich gab es im Lateinischen zwar ein Tempus, das generell als „Perfekt" bezeichnet wird, doch dürfen wir uns hier nicht durch die Terminologie täuschen lassen, die letztlich konventionell und für jede Sprache stets wieder neu zu definieren ist. Das Lateinische kannte in der Tat ein Perfekt mit den folgenden typischen Formen:

Tab. 3: Das lateinische Perfekt und seine Fortsetzung im Spanischen

Latein	cantāvī	cantāvistī	cantāvit	cantāvimus	cantāvistis	cantāvērunt
Spanisch	canté	cantaste	cantó	cantamos	cantasteis	cantaron
Latein	vīdī	vīdistī	vīdit	vīdimus	vīdistis	vīdērunt
Spanisch	vi	viste	vio	vimos	visteis	vieron
Latein	lēgī	lēgistī	lēgit	lēgimus	lēgistis	lēgērunt
Spanisch	leí	leíste	leyó	leímos	leísteis	leyeron

Ohne tiefer auf die Lautwandel- und Analogiephänomene des Altspanischen einzugehen, wird bereits bei einem oberflächlichen Vergleich der Formen klar, dass dieses lateinische Perfekt unmöglich die etymologische Grundlage des spanischen Perfekts gewesen sein kann, sondern dass es vielmehr die Basis der Formen geliefert haben muss, die wir im modernen Spanischen „Präteritum" (*pretérito perfecto simple*, *pretérito indefinido*) nennen. Das moderne Perfekt ist also aus einer gänzlich anderen lateinischen Konstruktion entstanden, die es seit ihren bescheidenen Anfängen als kleine aspektuell-resultative Periphrase zu einer großen Karriere als vollwertiges periphrastisches Tempus gebracht hat. Die Entwicklung des romanischen periphrastischen Perfekts ist ein Prozess, der seit nunmehr über 2000 Jahren andauert. Der derzeitige Stand einer gegebenen romanischen Sprache ist am besten beschreibbar, wenn man ihn auf dem universalen **Grammatikalisierungspfad** des HABEN-Perfekts situiert.

7.2.3 Der Grammatikalisierungspfad des HABEN-Perfekts

Im klassischen Latein war *habere* noch ein Vollverb mit der Bedeutung 'besitzen, halten' – ähnlich dem deutschen ‚haben' („Ich habe ein Auto") oder dem französischen ‚avoir' („J'ai une voiture"), aber anders als das moderne Spanisch (*„He un coche"). Allerdings entwickelte sich schon früh eine Periphrase vom Typ HABEO SCRIPTUM, (‚ich habe [etwas als] Geschriebenes'), innerhalb derer HABERE bereits einen ersten Schritt vom Vollverb in Richtung eines Auxiliars unternahm. Diese Wendung war aber noch eine **aspektuelle Periphrase** (resultativ) und noch kein Tempus. Diese eher seltene lateinische resultative Periphrase fokussierte auf das gegenwärtige Resultat eines Prozesses, der sich in der unmittelbaren Vergangenheit abgespielt hat:

(4)   HABEO [SCRIPTUM] LIBRUM 'Ich habe ein [geschriebenes] Buch'.

In dieser Konstruktion liegt der Fokus noch auf dem Substantiv: „Ich habe ein Buch, das [übrigens] geschrieben ist". Die häufige Benutzung dieser Verbalperiphrase führte zu ihrer fortschreitenden Grammatikalisierung. Nach Harris (1982) lässt sich nun dieser konkrete Grammatikalisierungsprozess in vier aufeinander aufbauende Stufen unterteilen, wobei man dabei üblicherweise von einem **Grammatikalisierungspfad** spricht. Für jede einzelne dieser Stufen gibt es einerseits historische Belege; andererseits – und das macht diese Analyse auch für die synchronische Beschreibung der romanischen Sprachen und des Spanischen praktisch relevant – aber auch noch lebende romanische Varietäten, welche die jeweilige Stufe bis heute bewahrt haben. Zeichnen wir also im Folgenden die Entwicklung vom klassischen Lateinischen bis zum modernen Spanischen nach.

Stufe 1 (resultative Periphrase): Das Partizip Perfekt war in der betreffenden Konstruktion des Lateinischen zunächst einmal ein Adjektiv, das aus einer Verbwurzel gewonnen wurde. Seine Funktion war die eines Adjektivs: die Modifikation eines Substantivs. In einem Syntagma wie HABEO LIBRUM SCRIPTUM wurde es also zunächst als Modifikation von LIBRUM interpretiert: LIBRUM SCRIPTUM 'ein geschriebenes Buch', LIBRUM RUBRUM 'ein rotes Buch' etc. Durch häufige Verwendung änderte sich nun aber dieses Verhältnis, der adjektivische Charakter des Partizips begann in den Hintergrund zu treten, und seine syntaktische und semantische Bindung an das Verb HABERE wurde stärker:

(5) HABEO [LIBRUM] SCRIPTUM → ‚Ich habe [ein *von mir?*] geschriebenes [Buch]'.

In der ursprünglichen Konstruktion war stets offengeblieben, von *wem* das Buch geschrieben worden war. Im Notfall musste der Hörer sich diese zusätzliche Information selbst erschließen. Da der Sprecher selbst normalerweise der bei Weitem wahrscheinlichste Kandidat dafür war, führte die normale **konversationelle Implikatur** typischerweise zur Interpretation ‚Ich habe ein *von mir* geschriebenes Buch'. Wenn nun eine solche Implikatur regelmäßig auf die gleiche Art und Weise erfolgt, entsteht daraus eine Erwartungshaltung, die im Laufe der Zeit Bestandteil der Semantik einer solchen Konstruktion werden kann. Veikko Väänänen resümiert den Beginn der Grammatikalisierung in seiner klassischen „Einführung ins Vulgärlateinische" so:

> Combinaciones como *cognitum habeo, perspectum habeo, deliberatum habeo, scriptum habeo*, eran corrientes en el período preclásico; sólo que el participio y el verbo *habeo* conservaban allí todavía su autonomía. A continuación, **los dos elementos se convertían en uno solo:** [...] Greg. Tur. *Vit. patr.* 3, 1 *episcopum invitatum habes* 'has invitado al obispo', Oribas. *Syn.*7, 48 *omnia probatum habemus* (nótese la falta de concordancia entre el part. y el complemento). Estamos asistiendo al nacimiento del nuevo perfecto compuesto, del que serán herederas todas las lenguas románicas (Väänänen 1985:§300).

Bemerkenswert sind nun Beispiele wie (6), da sie einen charakteristischen „Grammatikfehler" aufweisen, der uns das Erreichen der ersten Stufe des Grammatikalisierungspfades anzeigt:

(6) OMNIA PROBATUM HABEMUS – ‚Wir haben sie alle versucht'

Das Partizip verhielt sich im Lateinischen morphologisch wie ein Adjektiv und musste daher mit seinem Bezugssubstantiv kongruieren, im vorliegenden Fall also mit OMNIA. Im obigen Beispiel müsste es also eigentlich OMNIA PROBATA HABEMUS (etwa ‚wir haben alle versuchten [xyz] heißen. Das Fehlen dieser Kongruenz zeigt, dass der Schreiber das Partizip nun nicht mehr als Adjektiv zu OMNIA wahrnimmt. Für ihn war HABEMUS also bereits ein Auxiliar und PROBATUM ein nunmehr unveränderlicher nichtfiniter Baustein einer Aspekt-Periphrase, gerade so, wie es *probado* im modernen Spanischen wäre: *hemos probado todos / todas*. Als die Bindung von Auxiliar und Partizip erstarkt war, konnte die lateinische Periphrase nun auch ohne ein Bezugssubstantiv des Partizips erscheinen und aus dem Typus HABEO SCRIPTUM LIBRUM war nun der Typ HABEO SCRIPTUM entstanden. Damit ist Stufe 1 des Grammatikalisierungspfades erreicht, nämlich die „**Bezeichnung von Zuständen**, die sich als Resultat aus einem in der Vergangenheit gelegenen Vorgang ergeben" (Harris 1982:49ff., zitiert nach Jacob 1996:251). Dieser frühe Grammatikalisierungsstand findet sich heute noch in Süditalien (Sizilianisch, Kalabresisch). Das moderne Spanische besitzt ebenfalls eine resultative Periphrase, die in ihrer Bedeutung der lateinischen sehr weit entspricht:

(7) Tengo escrito un libro.

Stufe 2 (Vergangenheit mit objektivem Gegenwartsbezug): Die resultative Periphrase von Stufe 1 ist selbst noch präsentisch, fokussiert aber auf das Resultat eines Vorgangs in der Vergangenheit. Der Übergang zu Stufe 2 besteht nun darin, diesen Fokus zu verschieben: Das präsentische und resultative Element treten in den Hintergrund (ohne völlig zu verschwinden), während der temporale Aspekt „Vergangenheit" nun in den Vordergrund rückt. Die so entstandene Periphrase dient der

> Bezeichnungen von Vorgängen, die in der Vergangenheit stattgefunden oder zumindest begonnen haben, die aber bis in die Gegenwart andauern oder sich bis in die Gegenwart wiederholen. Dabei ist der Gebrauch an eine stative oder iterative Bedeutung oder Markierung des Verbs gebunden (Harris 1982:49ff., zitiert nach Jacob 1995:251).

Wir haben es nun bereits mit einer temporalen Periphrase zu tun, in der allerdings der Vergangenheitsaspekt mit einem objektiven Gegenwartsbezug kombiniert ist. Dieser Grammatikalisierungsstand findet sich heute im Galaico-Portugiesischen sowie im amerikanischen und kanarischen Spanisch.

Stufe 3 (Vergangenheit mit Gegenwartsbezug): Die Periphrase von Stufe 2 ist an relativ enge Verwendungsbedingungen geknüpft und in den betreffenden Sprachen noch recht selten und weit davon entfernt, den eigentlichen Vergangenheitstempora Konkurrenz zu machen. Der nächste Grammatikalisierungsschritt besteht nun darin, dass die Einschränkungen von Stufe 2 fortfallen. Es können nun *alle* Verben in dieser Periphrase auftauchen. Insbesondere verändert sich aber die Natur des Gegenwartsbezugs:
- Neben den **objektiven Gegenwartsbezug** (der Vorgang wird als tatsächlich bis zum Sprechzeitpunkt andauernd präsentiert);
- tritt nun ein **indirekter Gegenwartsbezug** (die objektiven Konsequenzen des Vorgangs werden als noch andauernd dargestellt, selbst wenn der Vorgang selbst schon beendet sein mag);

– und schließlich sogar ein **subjektiver Gegenwartsbezug** (Vorgang und objektive Konsequenzen mögen abgeschlossen sein, doch die emotionale Betroffenheit des Sprechers dauert bis in die Gegenwart an).

Die *haben*-Periphrase auf Stufe 3 dient also der

> Bezeichnung von Vorgängen in der Vergangenheit mit ‚present relevance', aber ohne ‚aspektuelle' Einschränkungen wie Stativität/Durativität oder Iterativität (Harris 1982:49ff., zitiert nach Jacob 1995:251).

Dieser Grammatikalisierungsstand findet sich heute im europäischen Spanisch, im Aragonesischen, Katalanischen und den südokzitanischen Dialekten.

Stufe 4 (Verdrängung des alten Präteritums): Dies ist nun der letzte Grammatikalisierungsschritt, der den konsequenten Abschluss des Gesamtprozesses bildet. Als Vergangenheits-Periphrase mit immer stärker aufgeweichtem Gegenwartsbezug wird die HABEN-Periphrase zur bevorzugten Vergangenheitsform des Besprechens (vgl. Weinrich), also für Kommunikationssituationen, in denen die persönliche Anteilnahme der Gesprächspartner relevant ist – typischerweise also in der direkten mündlichen Kommunikation. Wieder geht die steigende Häufigkeit der Konstruktion mit einer weiteren semantischen Ausbleichung einher, so dass nun der Gegenwartsbezug schließlich ganz fortfallen kann. Gegenüber dem früheren, nicht periphrastischen Erzähltempus hat dieses neue, zunächst noch sprechsprachliche Perfekt-Präteritum den Vorteil der größeren morphologischen Regelmäßigkeit. Das alte Präteritum wird langsam in die Schriftlichkeit verdrängt. Die HABEN-Periphrase auf Stufe 4

> dient also der ‚Bezeichnung von Vorgängen in der Vergangenheit ohne Ausdruck eines speziellen Gegenwartsbezugs, **Verdrängung des synthetischen Perfekts** aus der gesprochenen Sprache oder dem Gesamtsystem' (Harris 1982:49ff., zitiert nach Jacob 1995:251).

Dieser Grammatikalisierungsstand findet sich heute im Französischen, Standarditalienischen, Standardrumänischen, Rätoromanischen und Sardischen. Am weitesten fortgeschritten ist (wie immer ...) das Französische, wo das alte Präteritum in der gesprochenen Sprache definitiv verschwunden ist (vgl. aber auch den deutschen Präteritumschwund).

7.2.4 Die spanischen Varietäten und Grammatikalisierungspfad des HABEN-Perfekts

Wir haben damit einen Gesamtüberblick über die typischen Stufen gewonnen, über die der gesamte Grammatikalisierungspfad des HABEN-Perfekts in den verschiedenen

romanischen Sprachen entwickelt hat. Fassen wir noch einmal zusammen: Die Konstruktion HABERE + Partizip Perfekt hat sich also im Laufe der Jahrhunderte
- von einer relativ spezifischen (und damit seltenen) aspektuellen Periphrase
- zu einer temporalen Periphrase entwickelt,
- um schließlich, nunmehr als periphrastisches Tempus, vollkommen ins Tempussystem des Spanischen integriert zu werden.
- Von der ursprünglich resultativen Bedeutung bleibt der so entstandenen HABEN-Periphrase vor allem das semantische Moment des Gegenwartsbezugs.

Wir wollen nun die gesamtromanische Perspektive wieder verlassen und uns detaillierter mit den Gegebenheiten im Spanischen auseinandersetzen, um zu sehen, welche Resultate sich auf der jeweils erreichten Stufe der Grammatikalisierung in den einzelnen Varietäten ergeben haben. Eine Konsequenz der Grammatikalisierung von HABERE zu einem Perfekt-Auxiliar ergibt sich auf lexikalischer Ebene darin, dass HABERE als Vollverb vollständig durch TENERE 'halten' ersetzt worden ist:

(8) HABEO LIBRUM – tengo un libro.

Diese Ersetzung ist ein Charakteristikum der Iberoromania (sowie der Dialekte Süditaliens):

Tab. 4: Das Konzept ‚haben, besitzen' in der Romania

	Vollverb: tenere vs. habere	**periphrastisches Perfekt**
Portugiesisch	tenho um livro	—
Galicisch	teño un libro	—
Kastilisch	tengo un libro	he escrito un libro
Katalanisch	tinc un llibre	he escrit un llibre
Okzitanisch	ai un libre	ai escrich un libre
Französisch	j'ai un livre	j'ai écrit un livre
Italienisch	ho un libro	ho scritto un libro
Rumänisch	am o carte	am scris o carte

Man sieht in dieser Tabelle außerdem, dass alle romanischen Sprachen (außer der Lusoromania) die lateinische resultative Periphrase HABERE + Partizip Perfekt fortgesetzt haben. Dies ist allerdings nur ein morphologischer Befund, der uns nicht dazu verleiten sollte, hinter der allgegenwärtigen analogen Verbalperiphrase überall auch dieselbe Tempussemantik zu erwarten! Tatsächlich befindet sich diese Konstruktion in den verschiedenen romanischen Sprachen und Varietäten an unterschiedlichen Punkten innerhalb des gemeinsamen Grammatikalisierungspfads. So ist beispielsweise frz. *j'ai écrit un livre* das normale (und einzige) Erzähltempus des gesprochenen Französischen; sp. *he escrito un libro* ist dagegen nicht das normale Erzähltempus.

7.3 Hispanoamerika vs. Europa: Stufe 2 vs. Stufe 3

Wie wir gesehen haben, ist das Spanische in seinem Gebrauch der HABEN-Periphrase in zwei Lager gespalten: in ein großes, konservatives, das noch auf Stufe 2 verharrt, in Hispanoamerika, und ein kleines, progressives, das bereits Stufe 3 erreicht hat, in Europa. Betrachten wir nun einige Darstellungen dieser Verteilung. Das bewährte Lehrbuch Berschin et al. (2012) behandelt das Thema in seinem Grammatikkapitel, und wir wollen seine klassische Darstellung hier im Lichte der Grammatikalisierungstheorie betrachten. Berschin et al. (2012) beschreiben das Perfekt einerseits im europäisch-amerikanischen Vergleich, zugleich aber auch im Vergleich zwischen den beiden konkurrierenden Vergangenheitstempora. In Hispanoamerika konstatieren sie eine deutliche „Präteritumspräferenz":

Tab. 5: Häufigkeit der sprechzeitvorzeitigen Tempora im europäischen und amerikanischen Spanisch (nach Berschin et al. 2012:226)

Tempus	Europa	Amerika
Imperfekt	11,2 %	10,1 %
Präteritum	**10,4 %**	**16,5 %**
Perfekt	**8,7 %**	**5,1 %**
Plusquamperfekt	1,6 %	1,4 %
Insgesamt	31,9 %	33,1 %

7.3.1 Amerikanisches Spanisch

Wie so oft bei statistischen Ergebnissen linguistischer Untersuchungen lässt sich aus diesen Zahlen zwar ablesen, dass das Präteritum in Hispanoamerika auf Kosten des Perfekts seltener vorkommt. Nach welchen unterschiedlichen Kriterien sich die Tempuswahl aber in Amerika und Europa richtet, lässt sich den Daten nicht entnehmen. Die Situation im amerikanischen Spanisch ist vergleichsweise simpel. Das Präteritum ist das bevorzugte Vergangenheitstempus, und das Perfekt erscheint nur, wenn klar definierte Zusatzbedingungen erfüllt sind. Da wir bereits wissen, dass sich das hispanoamerikanische HABEN-Perfekt auf Stufe 2 des Grammatikalisierungspfads befindet, erwarten wir, dass es als „Vergangenheit mit objektivem Gegenwartsbezug" verwendet werden dürfte. Das bestätigt sich:

Tab. 6: Perfekt und Präteritum in Hispanoamerika

Perfekt	Präteritum
Präsentiert einen Vorgang als sprechzeitvorzeitig beginnend und bis zur Sprechzeit andauernd, also als sprechzeitgerichtet:	Zeigt Sprechzeitvorzeitigkeit an, gleichgültig, ob das Bezugsereignis kurz oder lang zurückliegt:
Bogotá ha crecido en los últimos años. *María todavía no ha venido.* *Te he dicho muchas veces que ...*	*¿Le gustó?* (Kellner zu Gast) *¿María no está? – No, salió ahora mismo.* *María salió hace un mes para Francia.*
Semantisch kann man bei sprechzeitgerichteten Äußerungen ein „bis jetzt" einfügen. Nur der Beginn des Bezugsereignisses liegt vor der Sprechzeit, nicht aber das Ende; der Ereignisraum reicht bis zur Sprechsituation – und möglicherweise darüber hinaus.	Das Präteritum stellt ein Ereignis so dar, dass es als vor der Sprechzeit vollständig beendet erscheint; zwischen Ereignisende und Sprechsituation liegt zeitlich eine Lücke.

In Hispanoamerika ist der Unterschied zwischen Perfekt und Präteritum also kein primär temporaler, da beide gleichermaßen Sprechzeitvorzeitigkeit ausdrücken; der Unterschied ist eher aspektueller Natur und besteht im **objektiven Gegenwartsbezug** des Perfekts und dessen Fehlen im Präteritum. Dies entspricht der Grammatikalisierungsstufe 2.

7.3.2 Europäisches Spanisch

Schwieriger ist die Abgrenzung der beiden Tempora im europäischen Spanisch. Als wichtigste Beobachtung lässt sich zunächst sagen, dass die Hispanoamerikanischen Gebrauchsbedingungen des Perfekts uneingeschränkt auch für Europa gelten. Will man einen Vorgang als bis jetzt andauernd präsentieren, so wird dafür auch in Europa das Perfekt verwendet. Der Unterschied zu Hispanoamerika besteht darin, dass zu dieser objektiven Gegenwartsrelevanz nun weitere Arten der Gegenwartsrelevanz hinzutreten, die dafür verantwortlich sind, dass das Perfekt in Europa häufiger verwendet wird, als in Amerika. Das HABEN-Perfekt des europäischen Spanisch befindet sich auf Stufe 3 und ist daher ein Tempus der „Vergangenheit mit Gegenwartsbezug". Dieser Bezug kann objektiv sein (d.h. der Vorgang dauert tatsächlich bis in die Gegenwart an), muss es nun aber nicht mehr notwendigerweise. Bereits ein Andauern der objektiven Konsequenzen rechtfertigt hier die Verwendung des Perfekt:

(9) No puedo entrar en mi casa porque he perdido las llaves. [Ya hace casi una semana que duermo en casa de unos amigos].

Hier ist das eigentliche Ereignis, das Verlieren des Schlüssels, bereits seit Tagen vollständig abgeschlossen. Da aber die Konsequenzen aus diesem Ereignis als relevant für die Gegenwart dargestellt werden sollen, wird das Ereignis nicht als völlig abgeschlossen, sondern als indirekt noch andauernd versprachlicht. Neben den objektiven tritt hier also ein **indirekter Gegenwartsbezug**.

Während in (9) immerhin noch objektivierbare Konsequenzen den Gegenwartsbezug rechtfertigen, fehlen diese in (10):

(10) Desde que Michael Jackson ha muerto, ya no puedo escuchar su música.

Hier spricht ein Michael Jackson-Fan, den der Tod seines Idols emotional so getroffen hat, dass ihn dieser **subjektive Gegenwartsbezug** das Ereignis im Perfekt darstellen lässt; der Vorgang selbst ist in der Vergangenheit abgeschlossen und objektivierbare indirekte Konsequenzen werden nicht thematisiert. Die Verwendung des Perfekts ist hier allein durch die andauernde subjektive Betroffenheit des Sprechers motiviert.

Tab. 7: Perfekt und Präteritum in Europa

Perfekt	Präteritum
Präsentiert einen Vorgang als sprechzeitgerichtet, ohne sich auf die Natur dieser Gegenwartsrelevanz festzulegen:	Zeigt Sprechzeitvorzeitigkeit an, sofern das Bezugsereignis lang zurückliegt und seine Konsequenzen vom Sprecher nicht thematisiert werden.
Diese erscheint wahlweise als: 1. **objektiver Gegenwartsbezug** (Vorgang dauert tatsächlich zum Sprechzeitpunkt noch an) 2. **indirekter Gegenwartsbezug** (objektive Konsequenzen des Vorgangs dauern noch) 3. **subjektiver Gegenwartsbezug** (emotionale Betroffenheit des Sprechers dauert bis in die Gegenwart an)	Das Präteritum bezieht sich auf ein Ereignis, das vor der Sprechzeit endigt; zwischen Ereignisende und Sprechsituation liegt zeitlich eine Lücke.

Da der „Gegenwartsbezug" hier auch ein subjektiver sein kann, lässt der europäische Gebrauch dem Sprecher einen weiteren Ermessensspielraum. Insbesondere kommt man mit dem Konzept „Aspekt" hier nicht mehr weiter! Die Tendenz geht in Spanien eindeutig in Richtung einer Ausweitung der Verwendungsbedingungen des Perfekts und nähert sich unter bestimmten Bedingungen schon der letzten Stufe des

Grammatikalisierungspfades an – der völligen Verdrängung des Präteritums. Diese ist zumindest unter den Bedingungen der **24-Stunden-Regel** bereits erreicht.

Diese Regel besagt, dass alles, was „heute" stattgefunden hat, nicht im Präteritum, sondern im Perfekt versprachlicht werden muss. Mit ‚heute' ist in diesem Kontext nicht etwa der objektive Tagesbeginn 00:00 morgens gemeint, sondern vielmehr der alltagskulturelle Begriff von ‚heute', also der Zeitraum zwischen der letzten und der nächsten nächtlichen Hauptschlafphase. Insofern ist auch die Bezeichnung „24-Stunden-Regel" zwar griffig, aber nicht ganz exakt; linguistisch exakter sollte man daher von einem **hodiernalen Perfekt** sprechen (von lat. HODIE ‚heute'). Die 24-Stunden-Regel ist insofern wirklich bereits ein Vorgeschmack auf die Verdrängung des alten Präteritums, als sie alle anderen tempus- und aspektsemantischen Regeln und Erwägungen aushebelt. Bei einem Ereignis im hodiernalen Bereich ist es hier irrelevant, ob es objektiv, subjektiv oder in seinen Konsequenzen andauert, oder nicht; die Verwendung des Präteritums ist hier schlicht ausgeschlossen. Insofern ist die Kellnerfrage ¿*Les gustó?* in Spanien in jedem Fall ein Regelverstoß, unabhängig davon, ob die Gäste bereits aufgegessen haben, oder nicht: Entweder, sie wird unmittelbar nach dem Essen gestellt und verstößt dann gegen das Gebot des hodiernalen Perfekts; oder aber, sie wird erst am Folgetag gestellt und verstößt dann gegen grundsätzliche Regeln des Wohlverhaltens von Kellnern. Dieselbe Regel zeigt sich auch in der Unvereinbarkeit des Perfekts mit bestimmten Temporaladverbien:

(11) ? Hoy llamé a Pedro. / ? Ahora mismo salió. / ? Esta tarde no comí.

Man könnte also zwischen einer Nahvergangenheit (Perfekt) und einer Fernvergangenheit (Präteritum) unterscheiden. Eine derart grammatikalisierte Zweistufen-Vergangenheit ist offenbar eher eine Seltenheit in den Sprachen Europas, nicht aber in denen der Welt:

> Grammaticalized expression of degrees of remoteness is rather rare in European languages, and no doubt in part for this reason the relevance of degrees of remoteness for the general theory of tense has often been underestimated. Tenses characterized by different degrees of remoteness are, however, widespread among languages of SubSaharan Africa, Australia, New Guinea, and many parts of the Americas. A two-way distinction between remote and near past or future is the most widespread, though as many as five-way distinctions have been reliably reported for some languages, and Kiksht, a variety of Chinookan spoken in the northwestern USA, seems to have a six- or seven-way opposition for past time reference. Even some European languages turn out, on closer inspection, to have degrees of remoteness as at least one criterion governing tense choice. In some Romance languages (e.g., Castilian Spanish and some varieties of Occitan [and most of Catalan (H.-I. R.)], the so called 'preterite' is used for situations that held before today while the perfect is used for situations that held earlier on today, as in contrast between these Spanish sentences:
> La vi ayer a las seis de la mañana.
> La he visto hoy a las seis de la mañana (Comrie 1994:4562).

7.4 Harald Weinrichs Theorie: die Sprechperspektive

Der Romanist und Germanist Harald Weinrich hat in seinem Tempus-Buch von 1964 (dritte, stark überarbeitete Auflage von 1977) eine originelle Alternative zu den Tempustheorien seiner Zeit entwickelt und dabei auch die Tempussemantik des Perfekts auf eine Weise beschrieben, die von den üblichen auf dem Aspektkonzept basierenden abweicht. Nach Weinrich ist die Wahl zwischen Perfekt und Präteritum ein Phänomen der **Sprechperspektive**. Durch diese Tempuswahl wird unter anderem auch das Verhältnis von **Textzeit und Aktzeit** ausgedrückt, indem beide entweder scharf voneinander getrennt (Präteritum) oder aber als ein Kontinuum angesehen werden. Er teilt die Tempora unter diesem Gesichtspunkt in zwei **Tempus-Gruppen** ein, die er besprechende und erzählende Tempora nennt:

Tab. 8: Tempus-Gruppen nach Weinrich (1977):

Besprechende Tempora	Erzählende Tempora
Präsens	Präteritum & Imperfekt
Perfekt	Plusquamperfekt
Futur	Konditional

Die Verwendung von Tempora des einen oder anderen Typs drückt eine jeweils unterschiedliche Sprechhaltung aus (die mit der Erwartung einer entsprechenden Rezeptionshaltung beim Hörer einhergeht):

Tab. 9: Besprechen vs. Erzählen nach Weinrich (1982:866):

„Besprechen"	„Erzählen"
Anweisung: Nimm eine Bedeutung in gespannter Rezeptionshaltung auf, denn es kann dein Handeln unmittelbar betreffen.	Gegenanweisung: Rezipiere eine Bedeutung mit Gelassenheit und in entspannter Haltung, dein Handeln ist nicht unmittelbar gefordert.

Der Unterschied zwischen Perfekt und Präteritum bestünde demnach darin, dass mit der Wahl des Perfekts eine **Sprechhaltung des Besprechens** ausgedrückt würde. Das passt recht gut zu den semantischen Elementen des Gegenwartsbezugs und der emotionalen Involviertheit, die wir für das peninsulare Spanisch konstatiert hatten.

7.5 Lektüre- und Analysetipps

Anders als bei vielen anderen grammatischen Phänomenen des Spanischen gibt es bezüglich des Perfekts keine einheitliche Analyse für „die spanische Sprache"; Allgemein kann man sagen, dass das Perfekt sich vom Präteritum durch seine Gegenwartsrelevanz unterscheidet. Was die konkrete Ausgestaltung dieses Merkmals angeht, zerfällt das Spanische in zwei deutlich voneinander abgegrenzte Gruppen, die man – etwas vereinfachend – als Hispanoamerika und Europa zusammenfassen kann.

- Es muss also zunächst ermittelt werden, welchem Varietätenraum der Sprecher/Schreiber zuzuordnen ist: Hispanoamerika oder Spanien.
- Handelt es sich um einen Hispanoamerikanischen Text, so geht mit der Verwendung des Perfekts die Festlegung einher, dass der beschriebene Vorgang als objektiv bis jetzt andauernd präsentiert wird.
- Stammt der Text aus Spanien, so ist zuerst zu prüfen, ob wir es mit dem hodiernalen Perfekt zu tun haben, das alle anderen temporalen Erwägungen überlagert.
- Ist das nicht der Fall, so ist zu überprüfen, ob der betreffende Vorgang als objektiv bis zum Sprechzeitpunkt andauernd präsentiert werden soll.
- Falls das auch nicht zutrifft, könnte es sein, dass die objektiven Konsequenzen des Ereignisses immer noch als relevant präsentiert werden sollen.
- Ist endlich auch das auszuschließen, kann das Perfekt auch durch den Wunsch des Sprechers motiviert sein, seine andauernde emotionale Involviertheit in das berichtete Geschehen auszudrücken.

Zur vertiefenden Lektüre bietet sich als Überblick der einschlägige Artikel in der *Gramática descriptiva de la lengua española* an (Cartagena 1999); der klassische Artikel Harris (1982) zeichnet die verschiedenen Grammatikalisierungsschritte auf dem Weg zum periphrastischen Vergangenheitstempus nach; in diesem Sinne vgl. die Arbeiten von Daniel Jacobs in seiner unveröffentlichten Habilitationsschrift (Jacob 1994) und den Artikel Jacob (1996); aus der neueren Literatur das Kapitel 3 in Haßler (2018). Schließlich sollte auch Kapitel III. „Die Sprechzeitperspektive" in Weinrichs Tempusbuch konsultiert werden (Weinrich 1977:55ff.)

7.6 Aufgaben

1. Erläutern Sie, welche Faktoren im europäischen Spanisch die Verwendung des Perfekts motivieren oder erzwingen.
2. Beschaffen Sie sich je einen Text eines Hispanoamerikanischen (z.B. Borges) und eines europäischen (z.B. Javier Marías) Autors, markieren Sie alle Vorkommen des Perfekts und begründen Sie in jedem Einzelfall, was den jeweiligen Autor zur Wahl dieses Tempus bewogen haben mag.

8 Der Subjunktiv – Modus oder syntaktischer Subordinationsmarker?

Die Verwendung des Subjunktivs gilt als klassisches Lernerproblem, das nicht nur Spanischlerner, sondern auch die Lerner der romanischen Nachbarsprachen beschäftigt. Viele sprachpraktische Fehler bei der Subjunktiv(-nicht-)verwendung lassen sich darauf zurückführen, dass deutsche Lerner den Subjunktiv unbewusst als Variante des deutschen Konjunktivs[1] wahrnehmen. Das führt zu der Intuition, die beiden seien vergleichbar oder gar identisch und man könne den Subjunktiv im Spanischen notfalls immer durch einen Indikativ ersetzen, solange kein hohes Stilniveau angestrebt wird. Das führt unweigerlich zu Fehleinschätzungen: In romanischen Sprachen können z.B. regelmäßig Modusentscheidungen gefordert sein, wo sie im Deutschen nicht vorkommen. Zudem ist der Subjunktiv dort zumeist obligatorisch und hat schließlich, anders als der deutsche Konjunktiv, nichts mit höheren Sprachregistern zu tun:

(1) Ich glaube [nicht], dass sie kommt.
(2) Creo que [viene / *venga]. / No creo que [*viene / venga].

So verständlich die Assoziation zwischen deutschem Konjunktiv und romanischem Subjunktiv auch sein mag – sie ist irreführend. Der Konjunktiv hat bei genauer Betrachtung praktisch keine Funktionsüberschneidungen mit dem spanischen Subjunktiv. Er wird ausschließlich nach semantischen Kriterien verwendet und ist damit ein Ausdrucksmittel, das der Sprecher nutzen oder aber auch vermeiden kann. Er hat zwei Hauptfunktionen. Der **Konjunktiv I** wird morphologisch aus den Präsensformen abgeleitet und dient, anders als der spanische Subjunktiv, zur Markierung der **indirekten Rede**:

(3) Die Kanzlerin äußerte die Überzeugung, man sei aufeinander eingegangen und habe einen guten Kompromiss gefunden; man wolle die Gespräche fortsetzen.

Seine Verwendung ist leicht vermeidbar und auf die konzeptionelle Schriftlichkeit begrenzt. Der **Konjunktiv II** dagegen, der auf Basis der Präteritumsformen gebildet wird, realisiert primär die Irrealis-Funktion:

---

[1] Die Bezeichnungen ‚Subjunktiv' und ‚Konjunktiv' werden in der Literatur zumeist austauschbar verwendet. Im Weiteren soll hier aber systematisch die Bezeichnung ‚Subjunktiv' für das spanische bzw. romanische Phänomen, die Bezeichnung ‚Konjunktiv' dagegen für den deutschen Modus verwendet werden.

(4) Indikativ: Weil ich das wusste, bin ich nicht gekommen.
(5) Konjunktiv II: Hätte ich das gewusst, wäre ich nicht gekommen.

Viele Sprecher des Deutschen kennen nicht einmal mehr alle Formen des Konjunktiv I und seine (eigentlich nicht normsprachliche) Ersetzung durch Formen des Konjunktiv II fällt selbst Gebildeten oft nicht mehr auf:

(6) Die Kanzlerin sagte, man wäre aufeinander eingegangen und hätte einen guten Kompromiss gefunden; man wollte die Gespräche fortsetzen.

Der Konjunktiv II ist dagegen in den meisten Fällen durch eine Periphrase („würde tun" etc.) ersetzbar, die manche Germanisten bereits als einen eigenständigen Konjunktiv III ansehen:

(7) Es hörte sich an, als [regnete es draußen] / [als würde es draußen regnen].

Es handelt sich also um weitgehend fossilisierte Konstruktionen. Der Konjunktiv ist im modernen Deutschen insgesamt eine funktional nur gering belastete Kategorie. Er ist in den allermeisten Fällen vermeid- und ersetzbar, und seine Verwendung oder Nicht-Verwendung ist stilabhängig: Je niedriger das angestrebte Sprachregister ist, desto geringer fällt der Konjunktivanteil aus.

Demgegenüber wird der spanische Subjunktiv häufig durch syntaktische Auslöser gefordert, ohne dass eine Wahlmöglichkeit bestünde; semantisch motivierter Subjunktivgebrauch ist daher möglicherweise eher die Ausnahme als der unmarkierte Normalfall. Anders als im Deutschen ist der Subjunktiv im Spanischen eine funktional hoch belastete Kategorie. Er ist in den meisten Fällen nicht vermeid- oder ersetzbar. Seine Verwendung oder Nicht-Verwendung ist stilunabhängig, d.h. der Subjunktiv wird auch in den niedrigsten Registern verwendet.

> Man kann sich daher fragen, ob Spanisch als Fremdsprache richtig unterrichtet wird, wenn zuerst alle Tempora gelehrt werden, bevor der Subjunktiv an die Reihe kommt. Die zeitgleiche Einführung des Subjunktivs mit den Formen des Indikativ Präsens scheint aus funktioneller Sicht eine attraktive Alternative zu sein. Jedenfalls dürfen die großen Probleme, die deutsche Muttersprachler beim Erlernen des spanischen Subjunktivs haben, nicht zum Anlass genommen werden, den Subjunktiv eher am Rande zu behandeln (Hummel 2001:14).

Im Deutschen gilt der korrekte Gebrauch von Konjunktivformen als Ausweis besonderer sprachlicher Bildung und als Registermarker für eine betont hochsprachliche Ausdrucksweise. Dasselbe gilt nicht für das Spanische:

> Muttersprachler und andere mit dem Spanischen hinreichend vertraute Sprecher empfinden den Subjunktiv zwar als besonderen, von der Normalform Indikativ auffällig abweichenden Modus, nicht aber als etwas, was im Prinzip besonders schwierig, kompliziert oder unregelmä-

ßig in der Anwendung wäre. Ansonsten wäre die Selbstverständlichkeit, mit der der Subjunktiv in jedem Sprachregister und auf jeder Sprachebene Anwendung findet, kaum zu erklären (Hummel 2001:15).

8.1 Modus und Modalität

Der Subjunktiv wird in der Linguistik üblicherweise im Rahmen der Phänomene Modus und Modalität beschreiben.[2] Was es damit auf sich hat, fasst Kiefer (1994) wie folgt zusammen:

> Things might be, or might not have been, other than they actually are, or were. To conceive of a state of affairs being otherwise is to conceive of its being true or real in some nonactual world(s), or true or real in some state of the actual world at a point in time other than the present moment [...] The essence of 'modality' consists in the relativization of the validity of sentence meanings to a set of possible worlds. Talk about possible worlds can thus be construed as a talk about ways in which people could conceive the world to be different. **This view of modality covers most of what linguists usually treat under the heading of modality** (Kiefer 1994:2515).

Modalität ist also eine universelle semantische Kategorie, die zum eigentlichen Aussagegehalt eines Satzes (Proposition) hinzutritt und zum Ausdruck bringt, wie der Sprecher sich zu dieser Proposition verhalten will: ob er sie also assertieren[3] will, sie sich zu eigen macht und bereit ist, für Wahrheit oder Falschheit einzustehen; oder ob er diese Verantwortung nur eingeschränkt oder aber überhaupt nicht zu übernehmen bereit ist bzw. ob er den Sachverhalt gar nicht beschreiben, sondern vielmehr erst herbeiführen will. In ersterem Fall steht in den romanischen Sprachen stets der Indikativ, in zweiterem dagegen typischerweise – aber nicht immer! – der Subjunktiv.

Der Subjunktiv ist damit ein reines Phänomen der „versprachlichten Welt". Seine Verwendung richtet sich nicht nach Wahrheit oder Falschheit von Sachverhalten der realen Welt, sondern ist, als Modus, ein Ausdrucksmittel, mit dem der Sprecher Sachverhalte seiner eigenen versprachlichten Welt als von ihm assertiert, vermutet oder gewollt etc. präsentieren kann. Leider wird die strikte Unterscheidung dieser zwei Welten in der Subjunktivforschung nicht immer streng genug beachtet. Wenn hier in der Literatur also gelegentlich von „real / irreal" oder „subjektiv / objektiv" die Rede ist, dürfen diese Qualifizierungen nur auf die Versprachlichung bezogen

---

2 Zur vertiefenden Lektüre, vgl. Haßler (2016), Kap. 4 „Modalität: Zentrum, Peripherie und Evidentialität".
3 Unter **Assertion** versteht man den Oberbegriff zu Affirmation (‚Ein Erpel ist eine männliche Ente') und Negation (‚Ein Erpel ist keine weibliche Ente'). Die Gemeinsamkeit liegt darin, dass Assertionen stets wahr oder falsch sein können, was beispielsweise für Fragen oder Befehle nicht der Fall ist.

werden, nie auf die Lebenswelt. Insofern sind Formulierungen wie die folgende irreführend: „Die Modi drücken das Verhältnis des bezeichneten Ereignisses zur Wirklichkeit aus. [Der Indikativ] markiert ein Ereignis als tatsächlich eingetreten" (Hummel 2011:325). Ausschlaggebend für den Modus ist aber nicht das Verhältnis des Bezeichneten zur Wirklichkeit, sondern vielmehr die Haltung des Sprechers zum Bezeichneten. Der Indikativ markiert ein Ereignis nicht als eingetreten, sondern signalisiert vielmehr, dass der Sprecher es als solches versprachlicht sehen will. Die Gegebenheiten der realen Welt sind für die Moduswahl irrelevant.

Nach der oben skizzierten Auffassung von Modalität gibt es also in jeder sprachlichen Äußerung zwei Aspekte: 1. das, was gesagt wird (das „dictum" bzw. die „Proposition") und 2. die Art und Weise, wie es gesagt wird (der „modus"):

> Modality can thus be defined as the speaker's cognitive, emotive, or volitive attitude toward a state of affairs (Kiefer 1994:2516).

Modalität ist dabei ein Oberbegriff für sämtliche Strategien, mit denen die subjektive Sprecherhaltung zur Wahrheit des Gesagten versprachlicht werden kann. Dafür stellt jede Sprache ihre eigenen, verschiedenen Ausdrucksmittel zur Verfügung. Modalität lässt sich typischerweise mit lexikalischen Mitteln zum Ausdruck bringen. Dazu gehören **Modaladverbien** und **Adverbialia** wie *probablemente, seguramente, quizás* ...:

(8) [Probablemente / seguramente / quizás] [vendo / venda] mi coche.

Daneben kann Modalität in unseren europäischen Sprachen auch durch **Modalverben** wie *querer, deber, poder* ... ausgedrückt werden:

(9) [Quiero / debo / puedo] vender mi coche.

Analog zu diesen Modalverben gibt es auch **Modalperiphrasen**, die in ihrer Semantik ähnlich sind, morphologisch aber anders konstruiert werden: *tener que, haber que*...:

(10) [Tengo / habrá] que vender el coche.

Neben diesen lexikalischen Ausdruckmöglichkeiten der Modalität kennen das Deutsche wie das Spanische aber auch **morphologische Realisierungen**, zu denen das Phänomen des **Modus** (z.B. **Subjunktiv**) gehört:

(11) ¡Que vendas tu coche, hombre!

Anders als die lexikalischen Mittel Adverb bzw. Modalverb ist Modus der **morphologische Ausdruck** der Modalität durch Flexion am Verb mit eigenen Flexionskategorien wie Indikativ, Konjunktiv, Subjunktiv und Konditional etc. Modus ist also **eine obligatorische, durch Suffixe am Verb realisierte Modalitätsreferenz.**

Da Modus durch Flexion am Verb ausgedrückt wird, ist er kein fakultatives lexikalisches Ausdruckmittel, sondern viel mehr eine im Kern des Sprachsystems verankerte morphologische Kategorie, zu der ein Sprecher sich nicht unentschieden verhalten kann. Flektierte spanische Verben *müssen* bezüglich des Modus determiniert werden; eine Weder-noch-Haltung ist unmöglich, denn jedes finite Verb muss entweder als Indikativ, oder aber als Subjunktiv, Konditional oder Imperativ markiert werden.

Der propositionale Gehalt (d.h. die Proposition bzw. das „dictum") bleibt bei allen Beispielen stets gleich, nämlich:

(12) vender mi coche

Was sich verändert, ist allein die Modalität. Innerhalb dieses semantischen Konzepts unterscheidet man üblicherweise zwischen der epistemischen und der deontischen Modalität.

8.1.1 Epistemische vs. deontische Modalität

Die wichtigsten beiden Unterarten sind die **epistemische** und die **deontische** Modalität: Die **epistemische** Modalität, aus dem griechischen Wort ἐπιστήμη, ‚Wissen, Verstehen' (vgl. Epistemologie = ‚Erkenntnistheorie') bewegt sich auf der Skala von Wissen und Glauben, beleuchtet also den Grad, in dem der Sprecher sich auf die Wahrheit der Proposition verpflichten lassen will. Diese Entscheidung ist natürlich subjektiv:

(13) [Probablemente / seguramente / quizás] [vende / venda] su coche

Die „Subjektivität" des Subjunktivs wird allerdings oft missverstanden. Typische subjektive Nuancen wie Zustimmung oder Bedauern, Wut, Trauer, Erheiterung, Interesse oder Desinteresse etc. lassen sich durch ihn nicht ausdrücken. In der Literatur ist zuweilen die Rede davon, dass in der Modalität die Überzeugungen des Sprechers zum Ausdruck kämen; auch das ist nicht korrekt, denn ein Sprecher drückt stets nur das aus, was er will, und keineswegs immer das, was er selbst glaubt. Schließlich kann man ja auch lügen! Die Subjektivität bezieht sich hier also allein darauf, was ein Sprecher zu behaupten bereit ist – oder eben, bei Verwendung des Subjunktivs, was nicht.

Die **deontische Modalität,** aus dem griechischen τὸ δέον 'das Nötige, das Geschuldete' (vgl. Deontologie = 'die Lehre von der Pflicht') unterscheidet sich grundlegend von der epistemischen Modalität. Während die epistemische Modalität in Sprechakten erscheint, die die reale Welt lediglich beschreiben wollen, besteht das Wesen der deontischen Modalität darin, eine Veränderung des *status quo* zu erstreben. Sie drückt semantische Kategorien wie Notwendigkeit, Wunsch, Verpflichtung oder Befehl aus:

(14) ¡[Debes / tienes que] vender tu coche!

Manchmal kann ein und dasselbe Verb sowohl epistemisch als auch deontisch interpretiert werden. Vgl. die Doppeldeutigkeit von:

(15)   Er soll morgen sein Auto verkaufen.
     a. Er soll morgen sein Auto verkaufen (, heißt es; ich glaube es aber nicht').
        → epistemisch
     b. Er soll morgen sein Auto verkaufen, fordert seine Bank. → deontisch

Eine ähnliche Doppeldeutigkeit gibt es mit span. *deber*, das eine epistemische Interpretation (*Deben ser las siete*) und eine deontische erlaubt (*¡Debe Vd. vender su coche!*). Eine im Spanischen mögliche formale Unterscheidung zwischen epistemischem *deber de* und deontischem *deber* wird von den meisten Sprechern nicht mehr systematisch gemacht.

8.2 Kategorien des Modus im Spanischen

Man geht traditionell davon aus, dass es im Spanischen vier Kategorien des Modus gibt:
- Indikativ → **Vendo** *mi coche.*
- Subjunktiv → *Quiere que* **venda** *mi coche.*
- Konditional → *Si no fuese por mi mujer,* **vendería** *el coche.*
- Imperativ → *¡***Vende** *tu coche!*

In großen Teilen der linguistischen Literatur – insbesondere aber in den praktischen Sprachlehrwerken! – wird davon ausgegangen, dass der spanische Subjunktiv ein Ausdrucksmittel der Modalität ist und dass er also mit einer spezifischen Semantik assoziiert sein muss. Damit ist gemeint, dass die Entscheidung für oder gegen die Verwendung des Subjunktivs grammatisch frei ist und ausschließlich vom Ausdrucksbedürfnis des Sprechers abhängt – so wie beispielsweise die Entscheidung zwischen den Wörtern ‚Tee' und ‚Kaffee' in Sätzen wie „Ich mag lieber Tee" im Gegensatz zu „Ich mag lieber Kaffee" grammatisch frei ist. Sie gehorcht allein der Mitteilungsintention. Dasselbe kann natürlich auch bei Flexionselementen gelten; so ist die Wahl des Tempus zwischen *Se lo digo* oder *Se lo dije* ebenfalls rein semantisch motiviert und beide Sätze sind perfekt wohlgeformt. Eine solche freie Wahl zwischen Indikativ und Subjunktiv ist im Spanischen nun aber in sehr vielen Fällen unmöglich:

(16) ¡Cuando lo [*sabes / sepas], ya me lo dirás!
(17) ¡Insisto en que [*vienes / vengas] mañana!
(18) Te lo regalo por la alegría de que [*has / hayas] venido.

In all diesen (und den meisten anderen) Beispielen gibt es keine Wahlmöglichkeit. Vielmehr handelt es sich um einen **automatischen Subjunktiv**, der einfach durch den syntaktischen Kontext ausgelöst wird. In Fällen wie diesen ist es logisch nicht möglich, dem Subjunktiv irgendeinen semantischen Wert zuzusprechen, denn seine Wahl gehorcht hier nicht einer Mitteilungsabsicht, sondern vielmehr einem syntaktischen Zwang. Falls es stimmen sollte, dass der spanische Subjunktiv in der Tat über einen semantischen Gehalt verfügt, so kann dieser jedenfalls nur aktiviert werden, wenn eine Wahl zwischen verschiedenen Modi möglich ist. Solche Fälle gibt es durchaus:

(19) Compraré una casa que tenga vistas al mar.
(20) Compraré una casa que tiene vistas al mar.

Im ersten Beispiel trage ich mich mit der Absicht, ein Haus zu kaufen, ohne bereits ein konkretes im Sinn zu haben; es kann irgendein Haus sein – doch sollte es Meerblick haben. Im zweiten Fall dagegen habe ich ein Haus gefunden, das ich zu kaufen gedenke; als zusätzliche Information zu diesem Haus teile ich noch mit, dass es Meerblick besitzt.

Resümierend können wir aus dem bisher Gesagten festhalten, dass der Subjunktiv augenscheinlich durch bestimmte syntaktische Konstruktionen erzwungen werden kann, während er in anderen nach semantischen Kriterien mit der Alternative des Indikativs kontrastiert. Jede Theorie, die den Subjunktiv insgesamt als entweder nur syntaktisches oder aber nur semantisches Phänomen zu erklären suchen, vermag diese Dualität nicht angemessen abzubilden und ist damit zumindest teilweise fehlerhaft.

8.3 Theorien zum romanischen Subjunktiv

Vor über vierzig Jahren konnte Harris (1974) die (damalige) Forschungslage in drei traditionelle Haltungen unterteilen:

> those who see the subjunctive as having a range of meanings, those who see it as having one overall meaning, and those who see it simply as a formal marker required by convention and / or as a stylistic variant in certain contexts (Harris 1974:169).

An dieser Grundkonfiguration der Debatte hat sich bis heute wenig geändert. Es gibt weiterhin zwei semantische und eine syntaktische Erklärungsschiene: Die beiden semantischen Ansätze unterscheiden sich darin, dass die einen von einer Liste verschiedener Bedeutungen bzw. von Funktionen ausgehen, die untereinander nicht erkennbar zusammenhängen und daher nebeneinander aufgezählt werden müssen. Die andere dagegen geht von einem abstrakten „Grundwert" des Subjunktivs aus, von dem sich die konkreteren Einzeleffekte ableiten lassen (vgl. dazu noch in jüngster Zeit die in der Schule von Eugenio Coseriu verortete Theorie von Hummel 2001, 2012). Die Autoren, die den Subjunktiv als Ausdruck der Modalität sehen, haben in der Literatur eine Vielzahl von Charakterisierungen vorgeschlagen, wie sich dieser semantische Unterschied zwischen Subjunktiv und Indikativ terminologisch fassen ließe. Unter anderem finden wir die folgenden Begriffspaare:

Tab. 1: Semantische Charakterisierungen des Subjunktivs in der Romania (bearbeitet nach Berschin et al. 1987:240)

Autor	Indikativ	Subjunktiv
Togeby (1953:118)	affirmation	suspension de l'affirmation
Bull (1965:182)	experience / knowledge	non-experience / lack of positive knowledge
Coste / Redondo (1965:435)	objectivité	subjectivité, éventualité
Esbozo (1973:454)	realidad	no-realidad
Klein, Ph. W. (1974:117)	assertion	non-assertion
Bybee / Terrell (1974)	assertion	presupposition
Bergen (1978)	objective fact	subjective reservation
Solano-Araya (1982)	commitment to the truth or falsity	no such commitment
Hummel (2001)	Existenzmodus	Inzidenzmodus

Navas Ruiz (1986) liefert in seinem Standardwerk zum kastilischen Subjunktiv eine wahre *tour de force* an Charakterisierungen:

> acumulando las diversas palabras que se han empleado para describir al subjuntivo: **prejuicio, emoción, duda, incertidumbre, imposibilidad, negación, ojalá, influencia, comunicación, mandato, volición, deseo, persuasión, prohibición, expresiones impersonales**, si se trata de proposiciones nominales. Cuando se trata de proposiciones adverbiales, se habla de **fin, proviso, excepción, suposición, como si, futuro, acción inacabada, si contrario al hecho, disyuntivas**. Si son proposiciones adjetivas, se sugiere

antecedente indefinido, antecedente inespecífico, superlativo. A todas ellas podrían añadirse aún palabras como **irrealidad, no-experiencia, optativo, dubitativo, no asertivo** (Navas Ruiz 1986:118f.).

Angesichts dieser ungeordneten Vielfalt ist der Wunsch nach einem übergeordneten Prinzip, das all diese Nuancen eint, sicherlich verständlich.

Der dritte Ansatz sieht den Subjunktiv dagegen im Normalfall als einen formalen Marker, der keine Bedeutung trägt; seine Funktion ist vielmehr syntaktischer Natur. Reine Vertreter dieser Theorie scheint es allerdings nicht zu geben, denn es ist zu offensichtlich, dass zumindest ein Teil der Subjunktive durchaus semantisch motiviert ist. Die „syntaktischen" Subjunktivtheorien sind also tatsächlich nicht rein syntaktisch, sondern stellen lediglich den statistischen Normalfall ins Zentrum ihrer Beschreibung. Vertreter dieser Betrachtungsweise leugnen nicht den modalen Ursprung des romanischen Subjunktivs, ja nicht einmal die Möglichkeit, dass auch in den modernen romanischen Sprachen noch modale Verwendungen des Subjunktivs erhalten geblieben wären. Sie konstatieren aber einen jahrhundertelangen Prozess schleichender **Entmodalisierung des Subjunktivs**, der sich in der wachsenden Zahl der syntaktischen Kontexte zeigt, die den Subjunktiv auslösen, ohne dass dieser noch seine ursprünglich modale Semantik ausdrückte. Vertreter rein semantischer Theorien versuchen oft, auch in diesen Fällen noch eine semantische Motivation für etwas zu finden, das bereits syntaktisch erzwungen wird. Diese Haltung verwechselt allerdings Synchronie und Diachronie, indem sie scharfsichtig die Mechanismen beschreibt, die den Subjunktiv in den besagten Konstruktionen einst motivierten, *bevor* er dort durch häufigen Gebrauch lexikalisiert und damit von einem Ausdrucksmittel zu einer Regel der Grammatik wurde. Für den synchronischen Stand laufen diese Erklärungen aber ins Leere.

Wie weit der Entmodalisierungsprozess in den einzelnen romanischen Sprachen bereits vorangeschritten ist, muss im Einzelfall ermittelt werden. Dass die Entmodalisierung des Subjunktivs aber überall vorangeschritten ist und weitergehen wird, muss als unstreitig gelten. Laut Wandruszka (2000)

> [...] ist ein Sprachzustand am einen Ende der Skala denkbar, in dem das finite Nebensatzverbum prinzipiell im Konjunktiv erscheint. Dieser wäre in einem solchen Fall nichts anderes als ein (weiteres) formales Merkmal des Gliedsatzes, vergleichbar etwa der Endposition des finiten Verbums im Deutschen. Einem derartigen Zustand ist übrigens das Lateinische in verschiedenen klassischen und nachklassischen Phasen bereits sehr nahe gekommen (Wandruszka 2000:57).

Im Deutschen werden Nebensätze (= Subordination) durch das syntaktische Mittel der Verbendstellung zweifelsfrei als solche markiert:

(21) Ich **trinke** jeden Abend einen Kasten Bier. [= Hauptsatz]

(22) [Gisela mag es nicht,] dass ich jeden Abend einen Kasten Bier **trinke**. [Nebensatz]

Während die Subordination im Deutschen durch die Endstellung des Nebensatzverbs seinen syntaktischen Ausdruck findet, würde diese Funktion im Romanischen zusehends durch den Kontrast zwischen Indikativ und Subjunktiv übernommen. Der Subjunktiv wäre in diesen Konstruktionen dann kein Ausdruck des Modus mehr, sondern wäre als syntaktischer Subordinationsmarker reinterpretiert worden:

(23) Yo **bebo** tres botellas de vino al día. [= Hauptsatz]
(24) [A Luisa no le gusta que] yo **beba** tres botellas de vino al día. [Nebensatz]

Wandruszka fährt fort:

> Dieser Entwicklungstyp geht notwendigerweise mit einer zunehmenden Entmodalisierung des Konjunktivs im Nebensatz einher, da der Modus nun nicht mehr nur durch volitive oder dubitative Prädikate ausgelöst wird und damit nicht mehr ausschließlich Ausdruck der entsprechenden Modalitäten sein kann (Wandruszka 2000:57).

Wir haben es also mit einem noch andauernden Sprachwandelprozess zu tun, in dem der innovative, entmodalisierte Subjunktiv zusehends den ursprünglichen modalen Subjunktiv verdrängt. Dies ist ein Grammatikalisierungsprozess, in dessen Verlauf die Formen des Ausdrucksmittels „Modus" grammatischer werden, d.h. die letzten Reste von Semantik verlieren und zu einem rein obligatorischen syntaktischen Subordinationsmarker werden. In der Romania ist dieser Prozess im gesprochenen Französischen weitgehend abgeschlossen, im Spanischen fortgeschritten und im Italienischen noch am wenigsten ausgeprägt.

Diese Analyse vermag es, die semantischen Grundwerttheorien mit den syntaktischen Auslösertheorien zu verknüpfen, die sich dann nicht mehr als einander widersprechende Theorien gegenüberstehen, sondern vielmehr je eine der beiden Grammatikalisierungsstufen des romanischen Subjunktivs beschreiben. Die Grundwerttheorien erklären somit den früheren Sprachzustand und alle Subjunktivverwendungen, die der Entmodalisierung bislang noch nicht unterliegen; die Auslösertheorien dagegen beschreiben all die Fälle, in denen die betreffende Grammatikalisierung bereits abgeschlossen ist. Es zeigt sich, dass die Subjunktivverwendung vor allem darum so schwer linguistisch zu fassen war, weil sich die romanischen Sprachen in einem andauernden Sprachwandelprozess befinden, in dem zwei verschiedene Stufen eines Grammatikalisierungspfads nebeneinander existieren. Eine vollständige Beschreibung benötigt daher beide Theorien, begleitet von Prinzipien, nach denen entscheidbar wird, wann die eine und wann die andere zur Anwendung kommen sollte.

8.4 Der Subjunktiv erscheint ausschließlich im Nebensatz

Der oben geschilderte Sprachwandelprozess, der den Subjunktiv langsam zu einem Subordinationsmarker werden lässt, ist zumindest nicht unplausibel, wenn man berücksichtigt, dass er in der Tat ausschließlich in Nebensätzen vorkommen kann. Dieser grammatischen Intuition verdankt er letztlich auch seinen lateinischen Namen, der diese Unterordnungsfunktion widerspiegelt (vgl. lat. *subjungere*, ‚unterwerfen'). Es wird in der Literatur freilich oft die Ansicht vertreten, es gebe auch einen „Subjunktiv im Hauptsatz", der dann semantisch einen Optativ (Ausdruck eines Wunsches) oder einen Potentialis (Ausdruck einer Möglichkeit) repräsentiere. Typischerweise werden Sätze wie die folgenden als Beispiele angeführt:

(25) ¡Ojalá llueva!
(26) ¡Viva la revolución!
(27) ¡Que lo pienses bien!
(28) ¡Pues, lo hubieras dicho! (Berschin et al. 1987:242)

Es lässt sich allerdings argumentieren, dass diese scheinbaren Hauptsätze allesamt Nebensätze sind, bei denen lediglich der Matrixsatz elidiert wurde (weil er hochgradig konventionell und / oder kontextuell erschließbar ist):

(29) ¡Ojalá [= deseo mucho que] llueva!⁴
(30) ¡[Deseamos que] viva la Revolución!
(31) ¡[Te aconsejo] que lo pienses bien!
(32) ¡Pues ... lo hubieras dicho [no te habría pasado esto]!

Wenn der Subjunktiv also ausschließlich im Nebensatz vorkommt, so ist der Sprachwandelprozess andererseits aber noch nicht so weit fortgeschritten, dass im Spanischen alle Nebensatzverben im Subjunktiv stehen müssten; hier versagt die Analogie mit der deutschen Verbendstellung im Nebensatz.

Kern der Subjunktivkasuistik ist eine differenzierte Analyse der Nebensatztypen, in denen Subjunktive auftauchen. Es ist üblich, zwischen vier Haupttypen zu unterscheiden, deren Bezeichnung sich nach der syntaktischen Funktion richtet, die der Nebensatz innerhalb des Matrixsatzes übernimmt, nämlich **Subjekt-, Objekt-, Relativ- und Adverbialsätze**:

---

4 *Ojalá* geht etymologisch auf das arabische *wa šāʔa Allah* zurück ('und Gott möge es [so] wollen', d.h. ‚es so einrichten') zurück, entspricht also semantisch einem Matrixsatz.

- Es necesario que lo hagas. [Subjektsatz]
- Espero que lo hagas. [Objektsatz]
- Haré lo que tú digas. [Relativsatz]
- Nos vamos cuando tú estés listo. [Adverbialsatz].

Eine gute, praxisnahe Darstellung der Feinheiten des Subjunktivgebrauchs findet sich in De Bruyne (1993:426-454).

8.5 Der nicht-automatische Subjunktiv: Überreste von Modalität

Statistisch ist der grammatikalisierte, entmodalisierte und nunmehr automatische Subjunktiv im Spanischen mittlerweile der Mehrheitstyp, und die bestehende Tendenz in der Fachdidaktik des effizienzorientierten Spanischunterrichts, den Subjunktiv zunächst und vor allem in seiner syntaktischen Funktion einzuführen, kann von Seiten der Linguistik nur unterstützt werden. Wer Spanisch lernt, sollte zunächst lernen, welche syntaktischen Faktoren den Subjunktiv zwingend auslösen, und erst in der Ausbaustufe auch mit den Feinheiten des modalen Subjunktivs konfrontiert werden.

Es gibt allerdings noch eine Anzahl von Situationen, in denen sich Überreste des Subjunktivs als Modus im eigentlichen Sinn erhalten haben. Hier – und nur hier – stellt sich nun das Problem, seine Semantik bzw. Funktion zu beschreiben. Dabei taucht, gerade in Lernergrammatiken, oft der Gedanke auf, der Subjunktiv drücke „Subjektivität" aus:

> Während der spanische Indikativ Handlungen, Vorgänge und Zustände als Tatsachen darstellt, wird der Subjuntivo vorwiegend in Nebensätzen verwendet, um subjektive Einstellungen auszudrücken. Mit dem Subjuntivo macht der Sprechende deutlich, dass seine Aussage seiner inneren Einstellung entspricht (Langenscheidt 1997:86)

Diese und ähnliche Aussagen sind in ihrer fehlenden Präzision eher schädlich als nützlich, denn sie suggerieren eine Funktion, die der Subjunktiv nicht erfüllen kann. „Subjektive Einstellungen" wie Freude, Ärger, Anteilnahme lassen sich so nämlich gewiss nicht versprachlichen; selbst Zweifel als solchen vermag der Subjunktiv nicht zu transportieren. Die einzige subjektive Einstellung, die sich so tatsächlich ausdrücken lässt, ist die individuelle Entscheidung des Sprechers, ob er die Proposition des betreffenden Nebensatzes assertieren will, also die Verantwortung für Wahr- oder Falschheit zu übernehmen bereit ist. Die Verwendung des Subjunktivs ermöglicht es dabei, eben diese Assertion ausdrücklich zu verweigern und den Sachverhalt stattdessen lediglich zu „präsupponieren", also nur anzunehmen bzw.

als Möglichkeit in den Raum zu stellen.[5] Diese und *nur* diese doch sehr spezifische Form subjektiver Einstellung lässt sich über den Subjunktiv kommunizieren. Welche konkreteren semantischen Effekte diese Assertionsverweigerung im Zusammenspiel mit den weiteren semantischen und pragmatischen Faktoren des jeweiligen Satzes entfaltet, ist Gegenstand einer komplexen Kasuistik, die sich in ihren groben Zügen durchaus beschreiben lässt, letztlich aber doch stets nur am Einzelfall zu konkretisieren ist.

In den folgenden Beispielen finden wir den nicht-automatischen, modalen Subjunktiv, der noch in Kontrast mit dem Indikativ steht und so seine spezifische Semantik zum Tragen bringen kann:

(33) Juan no cree que Pablo [tiene / tenga] dinero.
(34) No sé en qué me [he / haya] equivocado.
(35) Haré lo que usted [manda / mande].
(36) Los que [saben / sepan] hablar inglés no tendrán problemas.
(37) Compraré el coche aunque [tengo / tenga] que pedir un préstamo.
(38) Pedro quiere comprar una casa que [tiene / tenga] vista al mar.
(39) Como no [comes / comas] la sopa no habrá postre para ti.
(40) Sospecho que [has / hayas] perdido el dinero.
(41) Juan dice que [eres / seas] razonable.
(42) Siento que [estás / estés] enfermo.   [Beispiele aus Gebhardt 1979]

In all diesen Fällen lässt sich der semantische Unterschied herleiten, wenn man den Subjunktiv gegenüber dem Indikativ als einen Modus der expliziten Nicht-Assertion betrachtet. In allen obigen Beispielen gibt es einen Matrixsatz und einen Nebensatz, deren Propositionen (Satzinhalt) man in der Analyse getrennt betrachten muss. So drückt der Sprecher von Beispiel (33) mit den beiden Verben des Satzes zwei Propositionen aus: 1. *Juan no cree algo* und 2. *Pablo tiene dinero*. Bezüglich der Proposition des Matrixsatzes steht eine Modusalternanz nicht zur Verfügung, Proposition 1. steht daher im Indikativ und wird eindeutig assertiert. Der Sprecher verpflichtet sich darauf, dass er diesen Sachverhalt für wahr hält. Bezüglich des Nebensatzes steht ihm dagegen mit der Modusalternanz ein Ausdrucksmittel zur Verfügung, dessen Assertion zurückzuhalten. *Juan no cree que Pablo tenga dinero* bedeutet also so viel wie ‚Juan glaubt nicht, dass Pablo Geld hat'. Ich selbst will mich zu dieser Frage [d.h. der Proposition des Nebensatzes] nicht positionieren und berichte nur Juans Meinung'. Durch die Wahl des Indikativs im Nebensatz assertiert der Sprecher dagegen auch die Proposition des Nebensatzes – und drückt damit aus, dass er Juans Ansicht nicht teilt: *Juan no cree que Pablo tiene dinero* = ‚Ich assertiere [= behaupte], dass Pablo Geld hat und dass Juan das [irrtümlich] nicht glaubt'. Die konkreten

---

5 Vgl. zu dieser Terminologie den klassischen Artikel Terrell / Hooper (1974).

semantischen Effekte in den einzelnen Beispielsätzen sind durchaus unterschiedlich. Sie beruhen im Kern aber alle auf demselben Prinzip, dass der Subjunktiv im Nebensatz zunächst einmal eine explizite Assertationsverweigerung zum Ausdruck bringt. In Verbindung mit den Grice'schen Kooperationsmaximen geht ein Hörer immer davon aus, dass der Gesprächspartner kooperativ kommuniziert und sucht daher im Kontext nach Gründen, warum die Assertion hier verweigert wird. Die so inferierten (= erschlossenen, gefolgerten) Interpretationen sind in den meisten Fällen schon lange konventionalisiert und haben so aus dem Grundprinzip der Assertionsverweigerung konkrete sekundäre Interpretationen generiert.

(43) (a) No sé en qué me he equivocado.
    (b) No sé en qué me haya equivocado.

(43a) ist eine Entschuldigung, (43b) dagegen eine Zurückweisung der Kritik. Mit dem Nebensatz im Indikativ räume ich ein, dass ich mich geirrt habe, bitte aber noch um Information, worin genau der Irrtum bestanden hat. Durch die Assertionsverweigerung im Nebensatz weigere ich mich andererseits ausdrücklich, einen Irrtum einzuräumen, den der Gesprächspartner offenbar behauptet hat. Solange meine Frage nicht für mich überzeugend beantwortet worden ist, gehe ich für mich davon aus, dass ich alles richtig gemacht habe.

(44) (a) Haré lo que usted manda.
    (b) Haré lo que usted mande.

(44a) assertiert im Nebensatz, dass es bereits einen konkreten Befehl gegeben hat, den der Sprecher im Matrixsatz zu befolgen verspricht. In (44b) geht diese Verpflichtung dagegen ungleich viel weiter. Die Assertationsverweigerung im Nebensatz wird hier so interpretiert, dass der (oder die) betreffende(n) Befehl(e) *noch* nicht formuliert worden sind und daher ihre Existenz auch noch nicht assertiert, sondern nur präsupponiert werden kann. Die Verpflichtung betrifft daher jeden künftigen Befehl. Diese Nuance könnte man im Deutschen wiedergeben, indem man (44a) übersetzt als ‚Ich werde tun, was Sie befohlen haben', (35b) dagegen als ‚Ich werde tun, was auch immer Sie befehlen mögen'. In

(45) Los que saben / sepan hablar inglés no tendrán problemas

verweist der Indikativ im Nebensatz auf eine Gruppe von Menschen, deren Existenz assertiert wird, auf eine spezifische Gruppe also: ‚Ich habe eine konkrete Gruppe von Menschen im Sinn, über die ich mitteile, dass sie Englisch sprechen. Diese Menschen werden keine Probleme haben'. Die Wahl des Subjunktivs dagegen verweigert diese Existenz-Assertion und beschränkt sich auf eine reine Präsupposition: ‚Wer auch immer Englisch spricht [und ich verhalte mich neutral zu der Frage, ob es in unserem Kontext solche Menschen überhaupt geben wird], wird keine Probleme haben'. In

(46) Compraré el coche aunque tengo / tenga que pedir un préstamo

besteht der Unterschied darin, dass ich im Indikativ bereits assertiere, dass ich einen Kredit aufnehmen muss, während der Subjunktiv diesen Sachverhalt noch offenlässt und als reine Möglichkeit präsentiert. Der semantische Unterschied in

(47) Pedro quiere comprar una casa que tiene / tenga vista al mar

besteht wiederum darin, ob Pedro bereits ein konkretes Haus im Sinn hat, dessen Existenz er daher im Indikativ assertiert, oder ob er jedes Haus in Betracht zu ziehen bereit ist, sofern dieses nur über Meerblick verfügt. In

(48) Como no comes / comas la sopa no habrá postre para ti

assertiert der Indikativ, dass das Kind nicht isst, der Subjunktiv verweigert diese Assertion dagegen und stellt die Proposition des Nebensatzes dadurch als reine Möglichkeit für die Zukunft in den Raum: ‚Da Du nicht isst ...' vs. ‚Wenn Du nicht essen solltest, ...'. Indem in der Indikativversion von

(49) Sospecho que has / hayas perdido el dinero

der Nebensatz bereits assertiert und damit als subjektiv für den Sprecher gewiss versprachlicht wird, muss das *sospecho* des Hauptsatzes in diesem Fall als höflich euphemistische Ersetzung für das eigentlich gemeinte *acuso* interpretiert werden; demgegenüber ist die Subjunktivversion semantisch kohärent, indem das im Hauptsatz nur Vermutete folgerichtig im Nebensatz nicht assertiert wird. In

(50) Juan dice que eres / seas razonable

schließlich finden wir eine stark konventionalisierte semantische Unterscheidung, die zwar mit dem Assertionskriterium kompatibel ist, aber synchronisch nicht aus ihm ableitbar ist; nach *verba dicendi* wird der Subjunktiv – wie immer nicht assertierend – als Ausdruck der deontischen Modalität, konkret des Jussivs, interpretiert.

Versucht man sich der Frage nach den jeweiligen prozentualen Anteilen von syntaktischem und modalen Subjunktiv in spanischen Texten empirisch zu nähern, so müsste man dazu in Korpora einerseits den Anteil der Konstruktionen ermitteln, in denen die Ersetzung des Subjunktivs durch den Indikativ zu Agrammatikalität führt, andererseits aber auch diejenigen, in denen eine Modusalternanz syntaktisch möglich und semantisch interpretierbar ist. Man sollte sich allerdings hüten, die

Gesamtheit der Fälle einer noch bestehenden Modusalternanz eins zu eins bereits als Ausdruck einer Modalität zu werten. Dass ein Ausdrucksmittel zur Verfügung steht, bedeutet nämlich noch längst nicht notwendigerweise, dass die Sprecher es auch tatsächlich zum Ausdruck nutzen. Angesichts des fortschreitenden Entmodalisierungsprozesses und der damit einhergehenden Assoziation des Subjunktivs mit der Subordination von Nebensätzen gibt es eine klare Tendenz, selbst dort im Zweifelsfall den Subjunktiv zu setzen, wo ein Indikativ noch motivierbar wäre. Hinsichtlich der statistischen Verteilung von modalem und syntaktischem Subjunktiv hat die Probeauszählung einer studentischen Hausarbeit in Javier Marías' Roman *Mañana en la batalla piensa en mí* folgendes Resultat ergeben:

Tab. 2: Prozentuale Verteilung des modalen und syntaktischen Subjunktivs

	Syntaktisch	Modal	Gesamt
Subjektsätze	17,20	1,08	18,28
Objektsätze	21,51	4,30	25,81
Adverbialsätze	17,20	38,71	55,91
Gesamt	55,91	44,09	100

Während die Entmodalisierung bei Subjekt- und Objektsätzen also schon weit fortgeschritten ist, scheinen gerade die Adverbialsätze noch ein wichtiges Rückzugsgebiet des modalen Subjunktivs zu sein.[6] In jedem Fall ist diese Grammatikalisierung in den gesprochenen Registern schon weit fortgeschritten; wenn das Französische – wie auch in vielen anderen Sprachwandelprozessen der Romania – als Modell für die künftige Entwicklung dienen kann, so wird sich der Verlust des modalen Subjunktivs langfristig auch im Spanischen langfristig einstellen.

8.6 Lektüre- und Analysetipps

Bei der Analyse des spanischen Subjunktivs ist die Zweiteilung in einen syntaktischen und einen modalen Subjunktiv die Grundlage. Mögliche Analyseschritte:
- Die Vorkommen in einem gegebenen Text daraufhin überprüfen, ob der Indikativ hier möglich ist oder nicht;
- in letzterem Fall als syntaktischen, entmodalisierten Subjunktiv markieren;
- Satztyp ermitteln und den Auslösemechanismus benennen;

---

6 Die Ergebnisse stammen aus einer Hauptseminararbeit von Lorena Bickert (HS Linguistische Text- und Übersetzungsanalyse, SoSe 2016).

- Optionale diachronische Perspektive: semantisch herleiten, warum in dieser Position der Subjunktiv grammatikalisiert wurde.
- Bei den verbleibenden, modalen, Subjunktiven jeweils die Proposition des Matrix- und des Nebensatzes herausarbeiten.
- Zeigen, wie der Indikativ im Nebensatz dessen Proposition assertiert, der Subjunktiv sie dagegen nur supponiert und ggf. erläutern, wie der Wechsel der Satzbedeutung sich aus diesem Grundprinzip ableiten lässt.

Ein klassisches und durchaus auch didaktisch aufgebautes Überblickswerk zum spanischen Subjunktiv ist Navas Ruiz (1986). Deutlich neuer und allgemeiner, aber ebenfalls empfehlenswert, ist das Modalitätskapitel in Haßler (2016). Terrell / Hooper (1974) ist ein wirkungsmächtiger Artikel, in dem das Prinzip der Assertion vs. Präsupposition in die Debatte eingeführt wurde. Die im deutschsprachigen Raum am stärksten beachtete Theorie ist die von Hummel (2001), die auch den knappen, aber gehaltvollen Handbuchartikel Hummel (2012) prägt. Radatz (2021) wendet die Methoden der Konstruktionsgrammatik an und versucht den Subjunktivgebrauch auf eine kleine Anzahl semantisch je unterschiedlicher Konstruktionen herunterzubrechen. Eine wichtige Studie zur regionalen Variation im Subjunktivgebrauch ist die Monographie Knauer (1998) zum Spanischen Mexikos.

8.7 Aufgaben

1. Erörtern Sie den semantischen Beitrag des Subjunktivs zur Gesamtbedeutung des folgenden Satzes: ¡*Te ordeno que te vayas!* Was würde sich daran durch die Wahl des Indikativs ändern?
2. Diskutieren Sie die verbreitete Ansicht, dass der Subjunktiv auch in Hauptsätzen vorkommen kann.
3. Suchen Sie in einem beliebigen Text die Subjunktivformen heraus und versuchen Sie sie auf Grundlage der hier vertretenen Theorien zu motivieren.

9 Tempus (und Modus?) – synthetisches vs. analytisches Futur

9.1 Einleitung

In diesem Kapitel wenden wir uns von der bisher behandelten Tempusgruppe der Vorzeitigkeit bzw. Rückschau ab und einer anderen Tempusgruppe zu, die eine genau umgekehrte Perspektive einnimmt: die der Vorausschau auf ein Ereignis, das erst nach dem Sprechzeitpunkt, also in der Nachzeitigkeit, eintreten soll. Die Tempora des Futurs stellen Vorgänge mit Bezug auf den temporalen Nullpunkt als nachzeitig bzw. zukünftig dar. Diese Vorausschau in der versprachlichten Welt wird in der Linguistik als **Futur** bezeichnet, und sie ist offensichtlich eng mit dem Phänomen der **Zukünftigkeit** in der gelebten Welt verwandt. Trotz dieser engen Verwandtschaft der beiden Konzepte wollen wir hier aber wieder der linguistischen **Zwei-Welten-Lehre** folgen und sie in unserer Analyse klar voneinander getrennt verwenden. Die terminologische Unterscheidung zwischen Futur und Zukunft hat eine wichtige analytische Funktion, und Argumente dafür ergeben sich aus zwei verschiedenen Betrachtungsrichtungen: aus der semasiologischen (von den sprachlichen Zeichen her) und aus der onomasiologischen (von der Lebenswelt her). Aus beiden Perspektiven zeigt sich nämlich, dass diese Konzepte nie zu 100% deckungsgleich sind. Wenn wir **semasiologisch** von den zur Verfügung stehenden sprachlichen Ausdrucksmitteln ausgehen und die Semantik der futurischen Tempora analysieren, werden wir im Verlauf dieses Kapitels feststellen, dass diese keineswegs nur für die Versprachlichung von Zukünftigkeit verwendet werden, sondern auch wichtige modale Funktionen übernehmen. Hier verbietet sich daher eine mechanische Gleichsetzung von Futur und Zukunft. Wenn wir andererseits **onomasiologisch** vom semantischen Konzept der Zukünftigkeit ausgehen und überprüfen, welche Mittel unsere Sprachen zu dessen Ausdruck bereitstellen, so werden wir feststellen, dass dafür keineswegs immer nur das Futur verwendet wird. So verbietet sich auch hier, aus der umgekehrten Perspektive, die Gleichsetzung von Zukunft und Futur.

Betrachten wir zunächst onomasiologisch, wie **Zukünftigkeit** im Deutschen versprachlicht werden kann. Die erste, grundlegendste Beobachtung muss hier nun lauten, dass das Deutsche kein synthetisches Tempus besitzt, das man zu Recht als „Futur" bezeichnen könnte. Die einzige flektivische Ausdrucksstrategie für die Vorausschau ist im Deutschen die Verbalperiphrase WERDEN+INFINITIV:

(1) Ich werde morgen früh aufstehen.

Es stellt sich dabei aber die Frage, ob es sich dabei wirklich um ein „Tempus" im eigentlichen Sinn handelt, das fest im deutschen Tempussystem verankert ist und zum unumgänglichen Systemkern der deutschen Sprache gehört. Ist die WERDEN+INFINITIV-**Periphrase** also ein periphrastisches Tempus oder doch nur eine temporale Verbalphrase? Zweifel am genuinen Tempuscharakter entstehen schon, wenn man versucht, mehrere futurische Sätze mit dieser Periphrase aneinanderzureihen:

(2) Ich werde morgen früh aufstehen. Dann werde ich in die Küche gehen und Kaffee aufsetzen. Wenn der Kaffee fertig sein wird, werde ich die Zeitung aufschlagen und ich werde lesen. Ich werde dazu ein Marmeladenbrötchen essen. Dann werde ich den Frühstückstisch abräumen. Genauso habe ich es auch heute gemacht.

Das Beispiel zeigt, dass die WERDEN+INFINITIV-Periphrase nur maßvoll eingesetzt erträglich ist und dass ihr gehäuftes Auftreten von Muttersprachlern als auffällig, ja störend empfunden wird. Tatsächlich ist sie denn auch mit nur 4,6% bei weitem nicht die statistisch häufigste oder auch nur normale Art des Zukunftsausdrucks im Deutschen. Vielmehr wird Zukünftiges in 76,0% aller Fälle durch das sogenannte **futurische Präsens** ausgedrückt (vgl. Brons-Albert 1982). Beispiel (2) wirkt dann sofort viel idiomatischer:

(3) Morgen stehe ich früh auf. Ich gehe in die Küche und setze dann den Kaffee auf. Wenn der Kaffee fertig ist, schlage ich die Zeitung auf und lese. Ich esse dazu ein Marmeladenbrötchen. Dann räume ich den Frühstückstisch ab. Genauso habe ich es auch heute gemacht.

Im Fall der deutschen WERDEN+INFINITIV-Periphrase ist beobachtet worden, dass es sich dabei nicht primär um eine Tempus-Periphrase handelt, sondern vielmehr primär um den Ausdruck von Intentionalität und erst sekundär auch von Futurität (vgl. Fabricius-Hansen 1986:141ff.). Dass das Präsens das normale Tempus für den Ausdruck von Zukünftigkeit im Deutschen ist, erinnert uns daran, dass „Präsens" eben nicht mit „Gegenwart" gleichzusetzen ist. Tatsächlich ist der Ausdruck der Gegenwart eine der selteneren Funktionen des Präsens, die gegenüber dem futurischen und dem atemporalen oder **gnomischen Präsens** („Eisen ist ein chemisches Element") zurücktritt. Im Englischen ist es in den meisten Fällen gar unmöglich, das Präsens (*simple present*) zum Ausdruck der Gegenwart zu verwenden!

Die Situation im Spanischen ist bezüglich der Versprachlichung von Zukünftigkeit deutlich anders als im Deutschen. Zunächst einmal gibt es im Spanischen (und in den romanischen Sprachen im Allgemeinen) eine eigene, durch Flexion markierte, synthetische Verbform namens „Futur":

(4) Mañana lloverá. / ¡No te arrimes ahí que te caerás!

Als synthetisches Tempus scheint es prädestiniert dafür zu sein, den gesamten Bereich des Zukunftsausdrucks abzudecken; wer allerdings auch nur ein wenig Kontakt mit der gesprochenen spanischen Alltagssprache gehabt hat, weiß, dass es noch eine hochfrequente Alternativkonstruktion zum *futuro simple* gibt, nämlich das *futuro compuesto*:

(5) Mañana va a llover. / ¡No te arrimes ahí que te vas a caer!

Das *futuro compuesto* (von nun an „GEHEN-Futur") ist im technischen Sinne eine Verbalperiphrase, in der das Verb *ir* als Auxiliar fungiert und das lexikalische Vollverb im Infinitiv erscheint; beide werden durch die Präposition *a* verbunden. Dieses zweite, gewissermaßen alternative Futur des Spanischen ist mit dem älteren HABEN-Futur weitestgehend funktionsäquivalent, denn beide Formen scheinen in der gesprochenen Sprache zwanglos auf derselben Zeitstufe nebeneinander vorzukommen:

> ¿Y mañana, qué **vas a hacer**?
> No sé. Creo que **voy a ir** al centro porque el sábado estaré en casa de una amiga y el viernes no me **dará** tiempo para **ir a comprarle** el nuevo disco de Maná que me ha pedido. Lo **tendrán** en "El Corte Inglés", ¿no?
> ¿**Serás** tonto? ¡Te lo bajas de la red y no te cuesta nada!
> ¿Qué dices? Y luego me **detendrán** por transacciones ilegales o algo...
> Pfff, ¡qué va! No hay ninguna ley que diga "no **harás** regalos baratos a tus amigos".
> Venga, yo **voy a** bajártelo ahora mismo y ya está.

Neben diesen beiden morphologisch markierten Strategien des Zukunftsausdrucks ist es aber auch im Spanischen möglich, Zukünftiges im Präsens wiederzugeben:

(6) Mañana nos reunimos y os explico cómo se puede resolver todo.

Anders als im Deutschen ist dies allerdings nicht die häufigste und unauffälligste Versprachlichung der Zukunft, da weder die gehäufte Verwendung des synthetischen noch des analytischen (= periphrastischen) Futurs zu ähnlichen Effekten führt, wie die deutsche WERDEN+INFINITIV-Periphrase.

9.2 Tempus und Modus: allgemeine Reflektionen zum Futur

Präsens und Präteritum berichten über zumindest potenziell Bekanntes; das Futur ist dagegen ein Tempus der Vorschau auf noch nicht Eingetretenes oder gar auf Vorgänge, die schließlich nie eintreten werden. Es bezeichnet also Vorgänge, über

die wir prinzipiell nichts mit Gewissheit wissen können. Damit wird das Futur stets durch eine modale Färbung begleitet, die es bei den Vergangenheitstempora so nicht gibt, denn in der Zukunft geschieht:
- was wir nicht wissen, aber glauben, hoffen, vermuten ... (= **epistemisch**e Modalität);
- was wir wollen, verlangen, müssen ... (= **deontisch**e Modalität)

Indem Future also Sachverhalte versprachlichen, die zum Sprechzeitpunkt noch nicht eingetreten sind, können sie aus modaler Sicht, anders als die Gegenwarts- und Vergangenheitstempora, nicht vollkommen indikativisch, also assertierend sein. Auf den Wahrheitsgehalt einer rückschauenden Aussage kann ein Sprecher sich prinzipiell verpflichten; das ist bei zukünftigen und noch nicht eingetretenen Vorgängen nicht im selben Maße möglich. Daher besitzen Future typischerweise eine gewisse **modal**e Komponente.

Das Futur als eine in der Verbalmorphologie grammatikalisierte Tempusreferenz ist daher universal längst nicht so weit verbreitet, wie die Tempora Präsens und Präteritum. In den indogermanischen Sprachen ist das Futur eine junge Kategorie, die längst nicht alle Sprachen erfasst hat. Alternativen zu einem Futur als Tempus sind das Präsens in Verbindung mit Temporaladverbien oder Partikeln sowie Periphrasen mit einem darauf spezialisierten futurischen Auxiliar (vgl. die deutsche Futurperiphrase). Wo die indogermanischen Sprachen synthetische Future entwickelt haben, lassen sie sich zumeist auf ältere Modalformen zurückführen: Subjunktive, Jussive, Desiderative etc.: „la mayoría de las formas de Futuro sintético en las lenguas indoeuropeas antiguas proceden de antiguos subjuntivos y desiderativos" (Pedrero 1993:60).

Resümierend können wir also sagen, dass das Kastilische zwei Future besitzt, die – zumindest auf den ersten Blick – frei austauschbar verwendet werden können. Dabei ist, wie wir gleich sehen werden, das GEHEN-Futur eine relativ junge Innovation, die in manchen Grammatiken noch nicht einmal als vollwertiges Tempus gewertet wird. Ein Blick auf die historische Entwicklung der beiden Future soll deren Entwicklung verständlich machen.

9.3 Das Futur im Lateinischen

9.3.1 Das synthetische Futur (< aus periphrastischem „sein"-Futur mit idg. *bhew)

Das klassische Latein, als Vorgängersprache der romanischen Sprachen und damit auch des Kastilischen, besaß eine Reihe von Strategien zum Ausdruck von Vorausschau und Zukünftigkeit, darunter auch ein echtes Tempus *Futur* mit Formen wie den folgenden:

Tab. 1: Futur im klassischen Latein

k.Lat.	Deutsch
AMABO, FACIAM	‚ich werde lieben / tun'
AMABIS, FACIAS	‚du wirst lieben / tun'
AMABIT, FACIAT	‚er/ sie/ es wird lieben / tun'
AMABIMUS, FACIAMUS	Etc.
AMABITIS, FACIATIS	
AMABUNT, FACIANT	

Offensichtlich wird die Futurität hier durch Flexion direkt am Verb ausgedrückt. Die Endungen -o, -s, -t etc. sind auch nicht weiter überraschend. Was aber hat es mit den seltsamen -b(i)- Infixen auf sich? Sie verweisen darauf, dass dieses Flexionsparadigma aus einer Verbalperiphrase entstanden ist und dass -b(i)- der letzte Überrest eines agglutinierten ehemaligen Auxiliars sein dürfte. Die Indogermanistik sieht diese Formen denn auch mehrheitlich als Grammatikalisierungs-Resultat einer früheren Potentialis- oder Prospektiv-Periphrase an, in der Formen des indogermanischen Verbs *bhew ‚sein, existieren' als Auxiliar fungierten:

> In Osco-Umbrian and Classic Latin, similar forms are found that reveal the use of compounds with the verb bhew, be, exist, used as an auxiliary verb with Potential-Prospective value (maybe in a common Proto-Italic language), later entering the verbal conjugation as a desinence; compare Osc.,Umb. -fo- , (cf. Osc.,Umb. carefo, pipafo), or Lat. -bo-, -be- (cf. Lat. ama-bo, from earlier ***amái bhéwō** or lauda-bo, from ***laudái bhewō** (Quiles 2007:188).

Das lateinische AMABO ‚ich werde lieben' geht also auf eine ältere Verbalperiphrase INFINITIV + AUXILIAR BHEWŌ zurück, die im Laufe der Zeit durch Grammatikalisierung zu den lateinischen Futurformen verschmolz. Das lateinische Wort „Futur" selbst entspricht dem indogermanischen *bhutúros, in dem ebenfalls *bhew versteckt ist.

9.3.2 Das neue, periphrastische HABEN-Futur

Das Lateinische hatte also – anders als beispielsweise das Deutsche oder das Englische – ein synthetisches Futur. Neben diesem eigentlichen Futur kannte allerdings auch das klassische Latein schon eine Reihe alternativer periphrastischer Konstruktionen, die ebenfalls für den Ausdruck der Vorausschau genutzt werden konnten. So gab es vor allem eine intentionale Verbalperiphrase bestehend aus einem Vollverb im Infinitiv und einem flektierten Auxiliar HABERE, ähnlich deutschen Ausdrücken vom Typus *Keine Zeit, ich habe noch zu arbeiten*. Im klassischen Latein war HABERE noch ein Vollverb mit der Grundbedeutung physischer Kontrolle über einen

Gegenstand im Sinne von ‚besitzen, (fest)halten'. Die Karriere von HABERE als Auxiliar beginnt mit Konstruktionen wie denen in (7):

(7) CANTARE HABEO, HABEO CANTARE, HABEO AD CANTARE, HABEO DE CANTARE ...

Belege für diese Konstruktion finden sich schon in republikanischer Zeit, z.B. bei Cicero:

(8) DE RE PUBLICA NIHIL HABEO AD TE SCRIBERE NISI ...
['was die Politik betrifft, habe ich Dir nur soviel zu schreiben, dass ...'][1]

Sie war aber noch **selten** und drückte weniger 'Futur' als vielmehr 'Obligation' aus (ähnlich der deutschen Periphrase „*ich habe xyz zu machen*"). **Im Laufe der Jahrhunderte wird daraus aber ein neues Futur, welches das alte zusehends verdrängt.** Es setzt sich dabei der Typ *cantare habeo* mit nachgestelltem Auxiliar gegenüber den restlichen Varianten in (7) durch. Diese Formen ersetzten das ältere synthetische Futur vom Typus CANTABO, FACIAM im gesprochenen Latein schließlich völlig, sodass wir in den modernen romanischen Sprachen so gut wie keine Spuren mehr davon vorfinden. Im Rahmen des Grammatikalisierungsprozesses verschmilzt das nachgestellte Auxiliar phonologisch immer stärker mit dem Infinitiv des Vollverbs und wird so zusehends als Flexionsendung reinterpretiert:

Tab. 2: Lautliche Entwicklung des HABEN-Futurs

k.Lat.	Proto-Romanisch[2]	Altspanisch
cantare habeo	*/kantar-ájo/	cantar-é
cantare habes	*/kantar-ájs/	cantar-ás
cantare habet	*/kantar-ájt/	cantar-á
cantare habemus	*/kantar-ájmu(s)/	cantar-emos
cantare habetis	*/kantar-ájtis/	cantar-edes
cantare habent	*/kantar-áwnt/	cantar-án

Der Grammatikalisierungsprozess spielt sich, wie zu erwarten, auf allen Ebenen sprachlicher Struktur ab und führt über die Zwischenstufe einer intentionalen Verbalperiphrase schließlich zu Entstehung eines neuen synthetischen Futurs:

---

[1] Dieses und die folgenden lateinischen Beispiele sind zit. nach Schwegler (1990).
[2] Nach Schwegler (1990:137)

Tab. 3: Die Grammatikalisierung von HABERE zum romanischen Futurmorphem

Bereich	Lexikalisch >>>>>>>>>>>>>>>>>>>>> Grammatisch			Bezeichnung
Morphologie	Vollverb	Auxiliar	> Affix	„Reanalyse"
Phonologie	mehrsilbig: /-ájo/	> einsilbig /-áj/	> einzelnes Segment: /-é/	
Distribution	freie Stellung (habeo cantare / cantare habeo)	> rel. feste Stellung (cantare habeo)	> völlig feste Stellung (cantaré)	
Frequenz	seltene intentionale Verbalperiphrase	> recht häufiges periphrastisches Tempus	> obligatorisches Tempus	
Semantik	reiche Semantik	> allg. Semantik	> reduziert oder leer	„bleaching"

Es dauert allerdings Jahrhunderte, bis dieses neue Futur auch in schriftlichen Dokumenten auftaucht. Ein Beispiel dafür ist die frühmittelalterliche Chronik des Fredegar (ca. 7. Jh.), in der wir das alte lateinische synthetische Futur *dabo* bereits Seite an Seite mit dem neuen HABEN-Futur *daràs* vorfinden:

(9) ET ILLE RESPONDEBAT: NON DABO. IUSTINIANUS DICEBAT: DARAS (< DARE HABES).
„Und er antwortete: 'Ich werde nichts geben'. Justinian sprach: 'Du wirst geben'".

Eine deontische Komponente des „Müssens" scheint aber noch lange Zeit mit dieser Periphrase assoziiert gewesen zu sein. Viele der frühen Beispiele **erlauben sowohl ein futurische als auch eine deontische Interpretation:**

(10) HABES ERUBESCERE, CUM VENERIT (Augustus) – 'Du [musst / wirst] erröten, wenn er kommt'
(11) ET EUM ACCIPERE HABETIS (Augustinus) – 'und ihr [müsst / sollt] ihn empfangen'

Die folgende spätlateinische Inschrift auf einem Grabstein ist allerdings bereits eher als ein Futur zu interpretieren:

(12) QUOD SUM, ESSERE ABETIS – 'Was ich bin, [werdet ihr sein] / [müsst ihr werden]'

9.4 Fortentwicklung im (Alt-)Spanischen

Bereits im Altspanischen finden sich praktisch keine Spuren des alten synthetischen Futurs auf *-bo-* mehr, sondern ausschließlich Fortsetzer der neuen, agglutinierten

HABEN-Periphrase. Während der gesamten altspanischen Periode war deren Grammatikalisierung aber noch nicht vollständig abgeschlossen: Die „Futurendungen" verhielten sich in manchen Aspekten noch nicht vollständig wie Affixe, sondern eher wie Klitika – oder auch, wie ein nachgestelltes Auxiliar. So konnten (klitische) Pronomina zwischen „Stamm" und „Endung" treten. Anstatt *os contaré* und *os iré* heißt es im *Poema de Fernán González* (2. Hälfte 13. Jh.) noch "*contar vos he*" und "*ir vos he*":

(13) El sennor [...] commo cobró la tierra toda de mar a mar. / **Contar vos he** primero como la perdieron / nuestros anteçesores [...] ir vos he yo contando / commo fueron la tierra perdiendo e cobrando [...] / fasta que toda(o)s fueron al conde don Fernando (vv. 5-20)

Was die Schreibung angeht, so findet sich in diesen Texten ohne erkennbares festes System sowohl Getrennt- als Zusammenschreibung, so dass *contarvosé* im selben Text neben *contar vos he* auftauchen kann. Das neue „haben"-Futur ist in diesem Sinne noch bis ins *Siglo de Oro* nicht vollständig grammatikalisiert. Während also die Grammatikalisierung des „neuen" romanischen Futurs noch längst nicht abgeschlossen war, tauchte aber schon im Mittelalter wieder eine weitere, noch **neuere futurische Periphrase** auf: **das „gehen"-Futur** des Typs *voy a decírselo*, das dem „haben"-Futur zusehends Konkurrenz zu machen begann. Aus dieser Periphrase entwickelte sich im Laufe der Jahrhunderte das spanische GEHEN-Futur und es entstand so die charakteristische morphologische Dopplung des spanischen Futurs in ein (sogenanntes) synthetisches Futur des Typs *cantaré* und ein (sogenanntes) analytisches des Typus *voy a cantar*.

9.5 Die Grammatikalisierung des GEHEN-Futurs im Spanischen

Tatsächlich hat es bei der Herausbildung von Futurformen in vielen Sprachen der Welt ähnliche Prozesse gegeben, so dass die Linguistik in diesem Zusammenhang von einem *Grammaticalization Cycle* spricht. Wir folgen hier dem Artikel Detges (1999), der detailliert nachzeichnet, über welche Stufen und Reinterpretationen in den romanischen Sprachen aus einer ehemaligen finalen Verbalperiphrase im Laufe der Jahrhunderte ein neues Futur-Tempus entstehen konnte. Die Entwicklung verläuft dabei insgesamt sehr ähnlich, wie sie 1000 Jahre zuvor auch bei der Entstehung des innovativen HABEN-Futurs abgelaufen war. In seiner Darstellung der semantischen Verhältnisse verwendet Detges (1999) nicht die traditionell strukturalistische Repräsentation als Liste notwendiger und hinreichender Eigenschaften, die die Bedeutung von ‚gehen' angeblich definieren; anstelle dieser traditionellen Merkmalsliste tritt eine Darstellung in Anlehnung an die Kognitionslinguistik, konkret die sogenannte *Frame*-Semantik von Charles Fillmore. Dabei werden die einzelnen semantischen Teilaspekte eben nicht einfach aufgelistet, sondern vielmehr als Elemente innerhalb eines „Bedeutungsrahmens" präsentiert, dessen wichtigere Elemente im Zentrum und weniger wichtige am Rand stehen und es außerdem Abstufungen zwischen Vordergrund und Hintergrund geben kann. So lässt es sich leichter zeigen, wenn bestimmte ehemals als vordergründig erscheinende Bestandteile langsam in den Hintergrund rücken und anderen Aspekten Platz machen.

Die Kognitionslinguistik geht davon aus, dass Designate in stabilen konzeptuellen Zusammenhängen organisiert sind, die sich in Form von *Frames* darstellen lassen; was dabei die Elemente untereinander verbindet, ist vor allem die sogenannte Kontiguität – ein Fachausdruck der Kognitionslinguistik, mit dem gemeint ist, dass Dinge regelmäßig gemeinsam auftreten. Im Fall des Konzepts GEHEN ist neben der eigentlichen Fortbewegung beispielsweise immer auch ein Agens mitgedacht, also die Person, die sich fortbewegt; wo jemand geht, gibt es zudem immer auch einen Ausgangspunkt, einen Zielort, eine zurückgelegte Strecke etc. All diese Elemente treten typischerweise zusammen auf und sind daher im technischen Sinne „kontig", d.h. ‚benachbart' bzw. ‚unmittelbar aneinander angrenzend'. Das wird in der bildlichen Darstellung von *Frames* so dargestellt, dass die wichtigeren Elemente im Zentrum des Bilds und die weniger wichtigen an den Rändern dargestellt werden.[3] Wenden wir uns nun den Verhältnissen im Altspanischen zu.

9.5.1 Stufe 1: Vom GEHEN zur ABSICHT

Am Anfang des Grammatikalisierungsprozesses haben wir also Strukturen wie „Ich gehe (zum Bäcker um) Brot (zu) kaufen", in denen der Fokus wirklich auf der Fortbewegung von einem Ausgangspunkt zu einem Zielort liegt. So sind denn auch die typischen Verhältnisse in den frühesten Belegen von *ir a + Infinitiv* einzuordnen: Regelmäßig steht dort noch die Fortbewegung im Vordergrund und das Verb *ir* bedeutet eindeutig ‚gehen, sich fortbewegen'. Wenn es sich dabei um eine willentliche Fortbewegung handelt, tritt zu dieser Bedeutung aber auch ein sekundäres Element der **Intentionalität**, also des Wollens, bzw. der **Finalität**, der Zweckgerichtetheit:

(14) "Quien quiere ir comigo çercar a Valencia" (*Poema de Mio Çid*, v. 1192)
 'Wer will mit mir Valencia belagern gehen?'

---

[3] In der strukturalistischen Semantik würde man die wichtigeren, unmittelbar definitionsrelevanten Elemente „Aktanten" nennen, die weniger wichtigen, nur assoziierten dagegen „Zirkumstanten". Die Kognitionslinguistik lehnt allerdings eine solche scharfe binäre Unterscheidung ab und ersetzt sie durch eine skalare Darstellung.

Am Anfang steht also das Vollverb *ir* mit seiner prototypischen Bedeutung, darstellbar als *semantic frame*, der die folgenden Elemente umfasst:
- ein Agens der Bewegung
- eine Bewegung im Raum (**Allativität**)
- ... von einem Ursprung zu einem Ziel
- ... mit einer Absicht, die an diesem Ziel realisiert wird (Finalität)
- ... evtl. mit einem Transportmittel
- ... als intentionaler Akt (Intentionalität).

Für einen solchen Satz könnte man die Semantik des Verbs GEHEN in einem Frame wie dem folgenden darstellen:

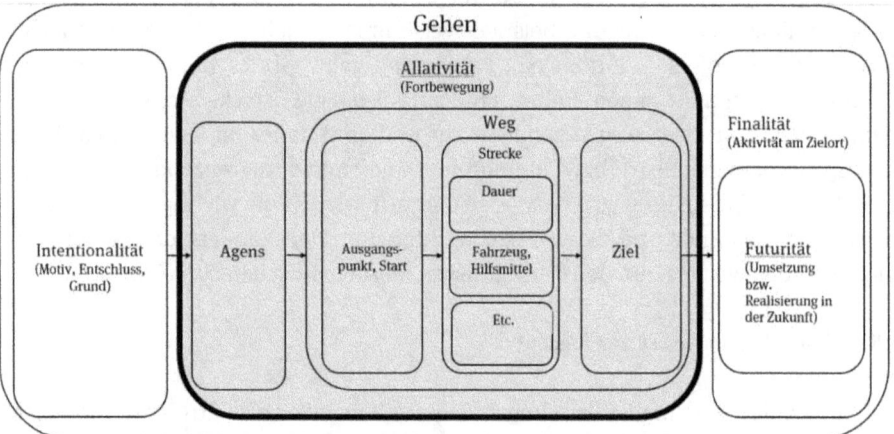

Abb. 1: Ausgangssituation der Grammatikalisierung des GEHEN-Futurs

Im Vordergrund steht zunächst einmal die „Fortbewegung", also die Allativität. Dass einer solchen Fortbewegung immer ein Entschluss vorangehen muss (= Intentionalität) und dass, am Zielort angelangt, dort typischerweise etwas getan wird, was die Reise letztlich motiviert hat (= Finalität), ist in diesem Frame zwar angelegt, steht aber nicht im Fokus. In der Graphik ist der Vordergrund vom Hintergrund durch Schattierung abgehoben. In Bezug auf Beispiel (14) bedeutet dies, dass die Soldaten des Cid tatsächlich einmal nach Valencia marschieren müssen; Thema ist hier primär, wer bereit ist, dem Cid auf diesem Weg zu folgen. Was dann am Ziel geschehen wird – nämlich die Belagerung der Stadt –, ist zwar schon mitgedacht, steht aber nicht im Vordergrund. Das Verb ist hier also primär in seiner allativen Funktion verwendet und eine Grammatikalisierung ist noch nicht zu beobachten.

In anderen Beispielen ist die Interpretation allerdings schon nicht mehr so klar – wie stark ist der allative Aspekt, wie stark der intentionale, räumliche oder gar schon der futurische? Das folgende Beispiel stammt aus einem Gedicht vom Beginn des 13. Jahrhunderts, in dem Personifizierungen von Wein und Wasser („Don Agua" und „Don Vino") streiten, wer wichtiger ist. *Don Agua* argumentiert im Folgenden, dass der Wein Sohn der Rebe sei und dass die Rebe längst verdorrt und verbrannt worden wäre, wenn das Wasser nicht geholfen hätte, sie am Leben zu erhalten:

(15) [...] que grant tiempo a que uuestra madre sserye ardida, / ssi non susse por mi aiuda: / mas quando ue que le uan cortar, / ploro e fago la v leuar (Razón de Amor, con los denuestos del agua y el vino, vv. 200-203). („... und Eure Mutter wäre schon vor langer Zeit / verbrannt worden, / wäre ich nicht zu Hilfe gekommen: Denn wenn ich sehe, dass sie sich anschicken, sie abschzuschneiden, / weine ich und lassen die Trauben wachsen')

Es geht uns hier um den Ausdruck *mas quando ve(o) que le van (a) cortar*. Hier steht offenbar nicht mehr im Vordergrund, dass der Winzer zur Arbeit im Weinberg einen Weg zurücklegen muss, sondern vielmehr, dass er sich anschickt bzw. seine Entschlossenheit zeigt, den verdorrten Weinstock in naher Zukunft zu verbrennen. Das Interessante an der kognitionslinguistischen Darstellung des Grammatikalisierungsprozesses ist nun, dass wir hier nicht einfach eine Bedeutungsveränderung des Verbs *ir* postulieren müssen; vielmehr bleibt der Bedeutungsrahmen (Frame) genau derselbe – allerdings haben sich nun die Vordergrund/Hintergrund-Verhältnisse verschoben. Der Agens mag sich fortbewegen oder nicht, dieser Aspekt tritt in den Hintergrund; demgegenüber rücken nun die bislang sekundären „Zirkumstanten" der Intentionalität und Finalität in den Vordergrund:

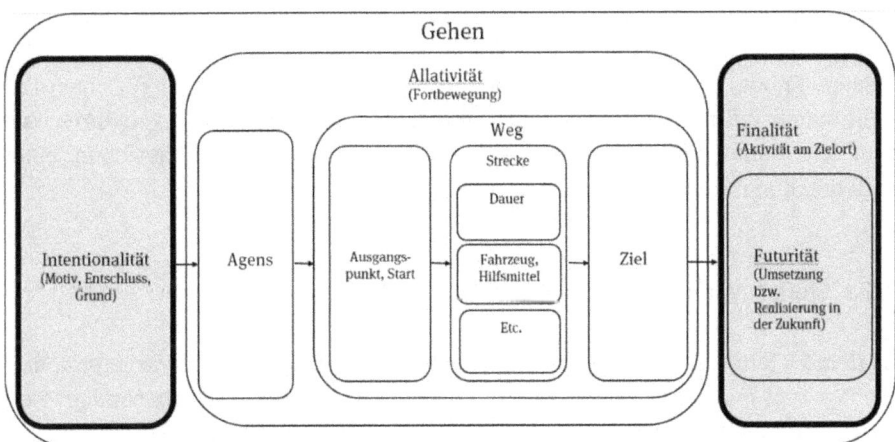

Abb. 2: Erste Stufe auf dem Grammatikalisierungspfad des GEHEN-Futurs: Intentionalität.

Hier ist nun bereits die erste Stufe der Grammatikalisierung erreicht, **in der das „Ziel" in den Hintergrund tritt und die „Absicht" in den Vordergrund.** Diese

Verwendung lässt sich für das Kastilische **ab dem 13. Jahrhundert** nachweisen (vgl. Yllera 1980:171):

(16) & sepas que vo yo lidiar contigo [= 'quiero/pienso pelear contigo'] (Garachana 1995:9)

Auch hier ist nicht mehr die Rede von einer Reise, an deren Ende möglicherweise der geplante Kampf steht. Vielmehr ist dieser Satz auch in einer Situation denkbar, in der die beiden Gegner einander bereits gegenüberstehen. Die Bedeutung wäre dann nicht mehr ‚Ich werde zu Dir gehen, um mit dir zu kämpfen', sondern vielmehr: ‚Ich habe vor, mit Dir zu kämpfen'. Hier sind die meisten Elemente des *Frame* ausgeblendet, die Bewegung ist im Hintergrund noch spürbar, aber die Intentionalität und Finalität nehmen eindeutig Figurstatus ein, rücken also in den Vordergrund. Wir haben es hier mit einer Verwendung von *ir* zu tun, in der die Allativität keine Rolle mehr spielt.

Die Kognitionslinguistik erklärt diesen Bedeutungswandel über das grundlegende Konzept der **Metonymie**, einer Denkfigur, bei der ein Konzept stellvertretend für ein anderes genannt werden kann, wenn diese regelmäßig zusammen auftreten. Man spricht hier von „Kontiguität", was so viel heißt, wie ‚benachbart, einander berührend'. Metonymie betrifft typischerweise Teil/Ganzes-Konfigurationen, wobei entweder ein Teil für das Ganze steht („PARS PRO TOTO", z.B. in „zwei Euro pro Kopf"), oder aber das Ganze für einen Teil („TOTUM PRO PARTE", z.B. in „Deutschland gewinnt die EM"). Alles, was regelmäßig zusammen auftritt, kann also prinzipiell metonymisch füreinander stehen. Im Fall unserer Grammatikalisierung ist das Verb *ir* im ersten Schritt nun so reinterpretierbar geworden, dass das Ganze (d.h. der gesamte Frame) nun nach dem Prinzip des TOTUM PRO PARTE nur noch für einen Teil steht, nämlich für die Intentionalität und Finalität. Das Spanische hat dadurch eine neue intentionale Verbalperiphrase entwickelt und das Vollverb *ir* hat sich in seiner Funktion nun in ein Vollverb und ein Auxiliar aufgespalten.

9.5.2 Stufe 2: Von der ABSICHT zur ZUKUNFT

Ab dem 13. Jahrhundert finden wir das Verb *ir* also in intentionalen Verbalperiphrasen des Typs *ir a + Infinitiv*, in denen es nun nicht mehr als Vollverb, sondern vielmehr als Auxiliar fungiert. Aus einer Konstruktion mit der Bedeutung ‚x bewegt sich von a nach b, mit dem Vorsatz, dort in der Zukunft etwas zu tun' sind wir auf der erste Grammatikalisierungsstufe nun zu Verwendungen gelangt, die die eigentliche Fortbewegung ausblenden und nur noch die Bedeutung ‚x hat den Vorsatz, in der Zukunft etwas zu tun' vermitteln. Damit ist die nächste Stufe der Grammatikalisierung bereits vorgezeichnet, denn die Realisierung von Intentionen liegt notwendigerweise in der Zukunft. Wir müssen also nur den metonymischen Fokus um eine weitere Stufe verengen und auch noch die Intentionalität in den konzeptuellen Hintergrund verschieben, damit schließlich aus dem ursprünglich komplexen Vollverb-Frame von *ir* nur noch die reine Futurität übrigbleibt. Das folgende Beispiel aus dem ausgehenden 15. Jahrhundert dürfte dieses Phänomen bereits zeigen:

(17) Desesperado habría, según lo que siento, si alguna vez me hallase solo. Pero como siempre me acompañan el pensamiento que me das, el deseo que me ordenas y la contemplación que me causas, viendo que lo voy a hacer, consuélanme acordándome que me tienen compañía de tu parte. (Diego de San Pedro, Cárcel de Amor).

Hier schreibt Leriano an Laureola einen schmachtenden Brief, in dem er beschreibt, wie er aus verschmähter Liebe zu verzweifeln droht; doch immer, wenn er dies zu tun droht ("viendo que lo voy a hacer"), bewahren ihn die Gedanken an die Geliebte vor dem letzten Unglück. Bemerkenswert ist hier die neuartige Verwendung der alten intentionalen Verbalperiphrase! Niemand hat vor, zu verzweifeln, so dass eine intentionale Interpretation hier durch den Kontext unwahrscheinlich bis unmöglich wird. Wir haben es also nicht mehr mit einer intentionalen, sondern eindeutig mit einer rein futurischen Bedeutung zu tun. Im Bedeutungsrahmen sind nun alle ursprünglichen Elemente in den Hintergrund gerückt, und es bleibt allein die Futurität im Vordergrund; in einem weiteren metonymischen Schritt steht nun das Ganze für einen noch kleineren Teil:

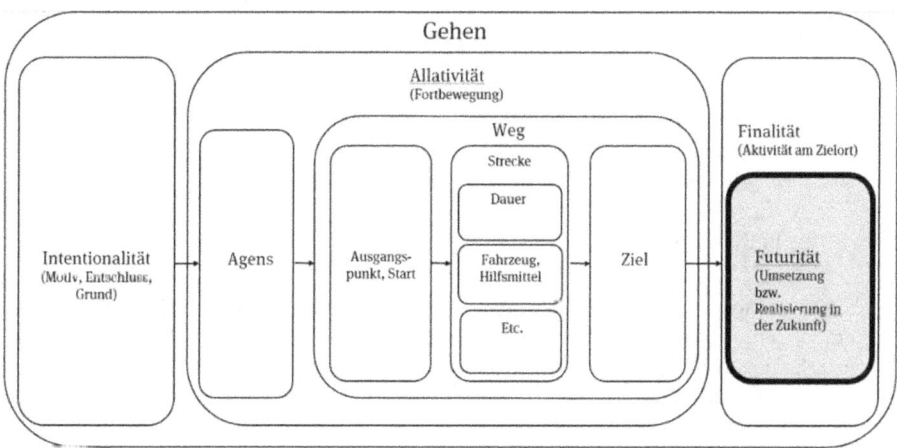

Abb. 3: Zweite Stufe auf dem Grammatikalisierungspfad des GEHEN-Futurs: Futurität.

Beispiele mit eindeutig futurischer Bedeutung erscheinen im Kastilischen erstmals gegen Mitte des 15. Jahrhunderts (vgl. Yllera 1980). In wirkliche Konkurrenz zum synthetischen Futur tritt diese Konstruktion aber erst gegen Ende des 19. Jahrhunderts:

> En los siglos XVII al XIX se observa un constante incremento en el empleo de ir a + infinitivo, pero no será hasta el XX, cuando se produzca un aumento sustancial de las formas analíticas (Garachana 1995:10).

9.6 Das Futur im *Esbozo*

Wir müssen uns nun die Frage stellen, wie weit die Grammatikalisierung dieses GEHEN-Futur heute bereits fortgeschritten ist. Sind wir bereits bei einem vollwertigen neuen Futur angelangt? Verschwindet das *futuro simple* in naher Zukunft, weil es vom nachrückenden innovativen GEHEN-Futur verdrängt wird? In welchen Zeiträumen sollten wir hier denken? Es ist in diesem Zusammenhang sehr aufschlussreich, den *Esbozo de una nueva gramática de la lengua española* zu konsultieren, den die Real Academia Española 1973 publizierte und der damit zwar nicht mehr wirklich modern ist – aber andererseits auch noch nicht als völlig veraltet gelten kann. Dabei entdeckt man, dass der *Esbozo* die beiden fraglichen Futur-Formen an systematisch völlig unterschiedlichen Stellen behandelt. Das reflektiert die Haltung der traditionellen spanischen Grammatikographie, die das *futuro compuesto* noch nicht als vollwertiges Tempus ansah. Das synthetische Futur erscheint im *Esbozo* daher als gleichberechtigtes „Tempus" neben Präsens und den verschiedenen Vergangenheitstempora, wie sich aus dem folgenden Ausschnitt aus dem Inhaltsverzeichnis leicht ersehen lässt:

> **3.14. SIGNIFICADO Y USO DE LOS TIEMPOS DEL MODO INDICATIVO**
> 3.14.1. Presente [...], 3.14.2. Pretérito perfecto compuesto [...], 3.14.3. Pretérito imperfecto [...], 3.14.4. Pretérito pluscuamperfecto [...], 3.14.5. Pretérito perfecto simple [...], 3.14.6. Pretérito anterior [...], **3.14.7. Futuro [...]**, 3.14.8. Futuro perfecto. [...]

Zum Futur heißt es dort:

> **3.14.7. Futuro.** — Expresa acción venidera y absoluta, es decir, independiente de cualquier otra acción. Al perderse las formas del futuro latino, el romance formó el futuro nuevo por aglutinación del infinitivo con el presente del verbo *haber*: *amar he = amaré; amar has = amarás*, etc. Era, pues, una perífrasis que denotaba la obligación, propósito o posibilidad presente de realizar un acto. [...]

Das innovative GEHEN-Futur, also das *futuro compuesto*, fehlt an dieser Stelle und wird stattdessen im vorangehenden Kapitel unter den „Verbalperiphrasen" abgehandelt:

3.12. PERÍFRASIS VERBALES
3.12.1 Definiciones. [...], 3.12.2. Verbos auxiliares. [...], 3.12.3. Clasificación de las perífrasis verbales. [...], 3.12.4. Verbo auxiliar + infinitivo. [...]

Demnach hält der *Esbozo* das GEHEN-Futur lediglich für eine Verbalperiphrase aus Auxiliar + Infinitiv, zu denen es dort heißt:

> — Las perífrasis así constituidas tienen, como queda dicho, un sentido general de acción dirigida hacia el futuro. [...]
> a) Forman un grupo muy numeroso de estas locuciones algunos verbos de movimiento seguidos por las, preposiciones a o de y el infinitivo: *Ir a y echar* **a forman a menudo expresiones incoativas:** «Ir a + infinitivo» significa acción que comienza a efectuarse, bien en la intención, bien en la realidad objetiva: *Iba a decir*; *El tren va a llegar*; *No vaya usted a pensar que...*; *Acaso fueran a creer que le engañaba*; *Parece que va a llover*. Aunque estas frases son muy frecuentes, **su uso está limitado a los tiempos presente e imperfecto de indicativo y subjuntivo.** Empleadas en imperativo o en futuro, el verbo *ir* recobra su sentido de encaminarse o dirigirse materialmente a ejecutar un acto; en frases como *Ve a estudiar*, *Iré a escribir*, el verbo ir pierde su función auxiliar. Lo mismo ocurre en los tiempos perfectos, porque el carácter perfectivo que con ellos adquiere la acción interrumpe el sentido de movimiento hacia el futuro. Por esto serían raras o imposibles oraciones como las siguientes, sin que ir perdiese su carácter de auxiliar: *Han ido a estudiar*; *Habían ido a ensayar*; *Aunque hayan ido a decir...*; *Si hubiesen ido a hablar...*, etc. En todas ellas, ir conserva el significado general de moverse o trasladarse de un lugar a otro.
> b) «Echar a + infinitivo» significa el comienzo de una acción [...] (Real Aacademia Española 1973:445f.).

Der *Esbozo* unterscheidet also fein zwischen solchen Fällen, in denen *ir* eindeutig als Auxiliar fungiert, und solchen, wo es seine ursprüngliche Bedeutung (zumindest teilweise) bewahrt. **Das GEHEN-Futur ist im *Esbozo* noch kein obligatorischer Bestandteil des spanischen Tempussystems, sondern nur eine Periphrase unter anderen!**

9.7 Verbreitung und Vitalität der beiden Future

Die Haltung des *Esbozo* macht in spektakulärer Weise deutlich, dass wir uns im Verhältnis der beiden Future noch in einer Phase schneller Umbrüche befinden, in der extreme Ansichten koexistieren: Während von manchen hispanoamerikanischen Autoren bereits das völlige Verschwinden des temporal gebrauchten *futuro simple* berichtet wird (vgl. Silva Corvalán / Terrell 1992, Sedano 2006),[4] die Verdrän-

---

[4] Zur Verwendung des analytischen Futurs berichten Silva-Corvalán / Terrell (1992) von der Dominikanischen Republik einen Wert von 100 %, von Chile: 98 % und von Venezuela: 87,5 %. Nahezu überall in der hispanophonen Welt liegt dieser deutlich über 50 % (vgl. Sedano 2006).

gung also dort bereits abgeschlossen zu sein scheint, weigert sich die RAE noch in den 1970er Jahren, das *futuro compuesto* auch nur als vollwertiges Tempus anzuerkennen! Bei Escandell-Vidal (2018:21) finden wir eine aussagekräftige Graphik, die den weit fortgeschrittenen Schwund des HABEN-Futurs anschaulich illustriert:

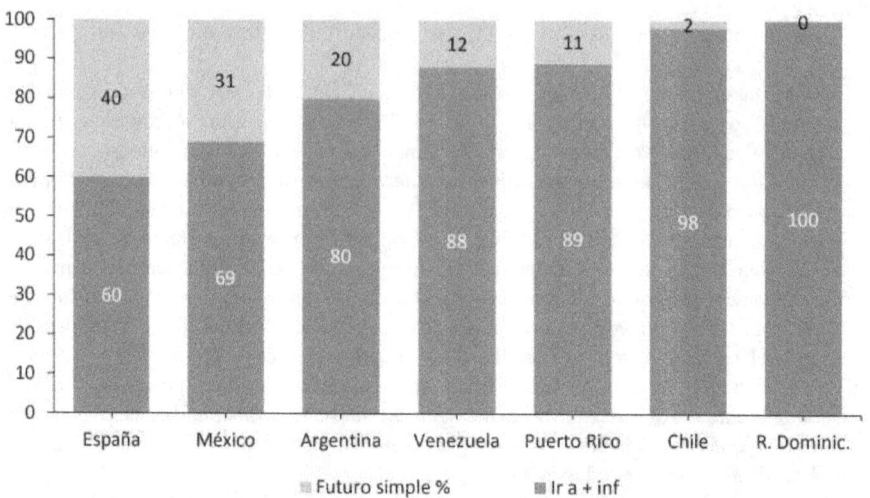

Abb. 4: Verteilung von GEHEN- und HABEN-Futur in temporaler Verwendung in verschiedenen hispanophonen Ländern (Escandell-Vidal 2018:21).

Doch auch die scheinbar noch recht hohen Gebrauchswerte des *futuro simple* in Spanien erscheinen in einem anderen Licht, wenn man eine weitere bei Escandell-Vidal vorgestellte Studie betrachtet. Es handelt sich um eine studentische Abschlussarbeit (Sánchez Canales 2018), bei der 20 bilingual spanisch-englischsprachige Kinder zwischen 4 und 10 Jahren in mündlich geführten Interviews gebeten wurden, ihre Pläne für das bevorstehende Weihnachtsfest zu schildern. Eine Auszählung aller futurisch verwendeten Verbformen ergab einen Wert von 62 % für das GEHEN-Futur und 38 % für das Präsens; das synthetische Futur dagegen war nicht ein einziges Mal aufgetaucht! Insgesamt ist heute also in der Literatur weitgehend unstrittig, dass im **gesprochenen Spanischen** das analytische Futur (*voy a cantar*) überwiegt und dass das synthetische Futur vor allem noch im **geschriebenen Spanischen** überlebt.

9.8 Die beiden Future im Vergleich: die temporalen Funktionen

Es bleibt uns nun nur noch, die beiden Future des Spanischen in ihrer Semantik und Verwendung voneinander abzugrenzen. Zunächst kann man sie beide als Tempora der Nachzeitigkeit charakterisieren, die (wie bereits eingangs argumentiert) in ihrer temporalen Funktion typischerweise unauffällig gegeneinander ausgetauscht werden können. Das heißt allerdings nicht, dass sie völlig synonym wären, und es gibt in der Literatur unzählige Versuche, die subtilen Bedeutungsnuancen herauszuarbeiten. Martínez / Mailhes (2019:2016) bringen diese auf die Formel, dass das GEHEN-Futur eine Kontrolle des Sprechers über die Realisierung seiner Proposition andeutet, während die Verwendung des synthetischen HABEN-Futurs das Fehlen einer solchen Kontrolle impliziert. Derselbe Sachverhalt ist oft auch so gedeutet worden, dass das synthetische Futur eher als objektive Vorhersage der Zukunft wirkt, während im periphrastischen GEHEN-Futur stets ein Element der Intentionalität mitschwingt. Mit anderen Worten könnte man der Verteilung der beiden Future **unterschiedliche semantische Prototypen zugrunde liegen: das *futuro simple* beschreibt ein „Ereignis", während das GEHEN-Futur prototypisch eine „Handlung" (intentional, Kontrolle) repräsentiert.**

Da das moderne GEHEN-Futur, wie weiter oben ausgeführt, historisch aus einer intentionalen Verbalperiphrase entstanden ist, liegt es nahe, dass auch heute noch ein gewisses Maß an Intentionalität darin mitschwingt. Tatsächlich ist es eine immer wieder beschriebene Eigenschaft von Grammatikalisierungsprozessen, dass sie zwar auf jeder neuen Reinterpretationsstufe die Bedeutung der betreffenden Form unwiederbringlich verändern, dass dabei aber immer ein Teil der früheren Semantik reaktivierbar bleibt. Dieses Phänomen ist als **persistence** (Hopper / Traugott 2003), also „Beharrungstendenz" bezeichnet worden. So mag beispielsweise das englische Auxiliar *will* heute im Normalfall einfach nur Futurität ausdrücken (*It will rain*); es gibt daneben aber immer noch Verwendungen, in denen die ursprüngliche Semantik als Modalverb (mit derselben Bedeutung wie dt. ‚wollen') durchscheint. So kann man auch heute noch „if you will" in der Bedeutung ‚wenn Du willst' verwenden; und die Antwortformel „I will" in der englischsprachigen Trauungszeremonie kann ihr volles romantisches Potenzial nur erfüllen, wenn sie modal interpretiert wird, während die Lesart als reines Futur-Auxiliar nur eine Prophezeiung anstelle eines Versprechens ergäbe.

Wie also das englische Futur-Auxiliar *will* in bestimmten Kontexten durch *persistence* in bestimmten Wendungen bis heute seine Herkunft aus einem Modalverb nicht verleugnen kann, so bleibt auch dem spanischen GEHEN-Futur bis heute ein Element der früheren Intentionalität erhalten. Wo also ein belebter Agens erkennbar ist, der zu Intentionalität fähig ist, bleibt das GEHEN-Futur immer noch mehrdeutig. Dasselbe gilt, bei passendem Kontext, sogar noch für die Allativ-Interpretation aus den Anfangstagen der Futur-Grammatikalisierung. Dadurch ergeben sich bei einem Satz wie *Voy a comprar cerveza* drei Interpretationsmöglichkeiten, die genau den Stufen des oben geschilderten Grammatikalisierungspfads entsprechen. Die erste, allative, Interpretationsmöglichkeit entspräche der Paraphrase ‚Ich gehe nun von hier an einen anderen Ort (um dort Bier zu kaufen)'. Die zweite, intentionale, Lesart ließe sich paraphrasieren als ‚Ich habe den festen Entschluss gefasst, Bier käuflich zu erwerben'. Erst neben diesen beiden älteren Zuständen der GEHEN-Periphrase finden wir dann bei diesem Beispiel auch die rein futurische Interpretation: ‚Ich werde Bier kaufen (gehen)'. Diese Vielfalt an Lesarten hängt aber stark vom Kontext ab und reduziert sich sofort auf reines Futur, wenn Allativität und Intentionalität logisch unmöglich sind; bei einem Satz wie *Va a llover* haben wir es daher ohne Mehrdeutigkeiten mit einem reinen Futur zu tun!

Die potenzielle Kontrolle über die Ereignisse bzw. die dabei mitschwingende intentionale Nuance des analytischen Futurs fehlen dem synthetischen Futur weitgehend. Durch pragmatische Inferenz (d.h. ‚Schlussfolgerung') ergeben sich weitere semantische Assoziationen; denn was man will bzw. kontrollieren kann, befindet sich typischerweise in der nahen oder gar unmittelbaren Zukunft, während eine solche Assoziation dem synthetischen Futur fehlt. Im Französischen, dessen Future sich weitgehend analog zu denen des Spanischen entwickelt haben, hat sich daher für das analytische Futur der Ausdruck *futur proche* eingebürgert, also etwa ‚Nahzukunft'. Die spanische Übersetzung *futuro próximo* findet sich zuweilen auch in der Literatur zum Spanischen. Wir waren anlässlich des Perfekts auf die Hypothese gestoßen, dass das spanische Perfekt und das Präteritum (*indefinido*) als Nah- und Fernvergangenheit analysiert werden könnten, wobei das Perfekt mit seinem Element der Gegenwartsrelevanz dann als „Nahvergangenheit" fungieren würde. Da auch das analytische Futur sich vom synthetischen durch das Merkmal „Gegenwartsrelevanz" auszeichnet, ließe sich die Duplizität der beiden Futurformen analog zur Duplizität der beiden genannten Vergangenheitstempora analysieren.

Harald **Weinrich** hat diese Zusammenhänge noch stärker anthropozentrisch ausgestaltet und unterscheidet nicht mehr nur objektiv vorhandenen (oder fehlenden) Gegenwartsbezug, sondern konkretisiert dies zu einem Sprechaktbezug. In diesem Zusammenhang beobachtet er zwei grundsätzlich verschiedene Sprech- bzw. Rezeptionshaltungen (die bereits oben im Kapitel zum Perfekt vorgestellt wurden), nämlich die des „Besprechens" und die des „Erzählens". Weinrichs Konzept der **Sprechperspektive** lässt sich auch auf die beiden Future gewinnbringend anwenden. Dabei entspricht das analytische GEHEN-Futur eindeutig der Haltung des Besprechens, die Weinrich wie folgt charakterisiert: „Nimm eine Bedeutung in gespannter Rezeptionshaltung auf, denn es kann dein Handeln unmittelbar betreffen" (Weinrich 1982:866). Das GEHEN-Futur impliziert Intentionalität und damit Handlungsrelevanz, und es dominiert in der gesprochenen Sprache. Demgegenüber entspräche die Verwendung des synthetischen Futurs eher einer Haltung des „Erzählens" („Gegenanweisung: Rezipiere eine Bedeutung mit Gelassenheit und in entspannter Haltung, dein Handeln ist nicht unmittelbar gefordert", Weinrich 1982:866).

Weinrichs These passt gut zu dem, was wir über die Motivationen und Durchsetzungsprozesse von Grammatikalisierungen wissen: Analytisches Futur und Perfekt sind beide periphrastische Neuerungen, die durch Grammatikalisierungsprozesse im Romanischen entwickelt haben. Als Motivation für Grammatikalisierungen wird immer wieder das Sprecherbedürfnis nach Expressivität genannt. Beide Innovationen sind charakterisiert durch Gegenwartsbezug und die Sprechperspektive des „Besprechens". Sie unterscheiden sich also von den älteren Tempora durch größere Expressivität.

Die beschriebenen tempussemantischen Unterschiede sind zwar real, bleiben aber alle so subtil, dass auch *Ahora compraré cerveza* als Ausdruck einer Intention mit Realisierung in der Nahzukunft akzeptabel ist, selbst wenn *Ahora voy a comprar cerveza* semantisch wie statistisch wahrscheinlicher wäre. Dieser Sachverhalt ist allerdings keine bemerkenswerte Eigenschaft des Spanischen, sondern entspricht dem wohlbekannten typologischen Prinzip,

> de que las categorías de futuro se caracterizan por su inestabilidad semántica y por su polimorfismo en la mayoría de lenguas del mundo en las cuales suelen coexistir dos, tres y hasta cuatro formas con el mismo origen etimológico y con mínimas diferencias semánticas para expresar la futuridad (Company Company 1999:65).

Der Unterschied zwischen den beiden spanischen Futuren ist dennoch viel ausgeprägter, als es diese tempussemantischen Charakterisierungen vermuten lassen. Sie liegen allerdings nicht im Bereich ihrer temporalen Funktionen, sondern ergeben sich durch die vielfältigen und hochfrequenten modalen Verwendungen des *futuro simple*, in denen dieses in scharfen Kontrast zu seinem Konkurrenten, dem innovativen GEHEN-Futur, tritt. Während der Kontrast in den temporalen Funktionen stets schwach ausgeprägt ist, sind die im Folgenden erläuterten modalen Verwendungen des *futuro simple* ausschließlich diesem vorbehalten und eine Ersetzung durch das GEHEN-Futur resultiert entweder in einer Bedeutungsveränderung (von modal zurück zu futurisch) oder aber in Agrammatikalität.

9.9 Die modalen Funktionen des *futuro simple*

Wir hatten bereits weiter oben konstatiert, dass das Futur insgesamt eine natürliche Neigung zu modalen Nuancen und in seiner Semantik nie völlig auf Temporalität eingeschränkt bleiben kann. Das gilt in besonderem Maße auch für das spanische *futuro simple*. Der *Esbozo* (Real Academia Española 1973) behandelt diese modalen Aspekte im selben Kapitel, in dem auch die temporale Verwendung beschrieben wird (S. 464-482), thematisiert dabei allerdings nicht ausdrücklich, dass hier ein Tempus offensichtlich in nicht-temporaler Bedeutung auftritt. Generell unterscheidet man mindestens drei modale Verwendungen des *futuro simple*:

9.9.1 Deontisch (*futuro de mandato*)

Das *futuro simple* kann zum **Ausdruck der deontischen Modalität** verwendet werden und ähnelt dabei in seiner Semantik einem Imperativ („**Gebotsfutur**"). Es erscheint normalerweise in der 2. Person und entspricht der biblischen Formulierung der 10 Gebote:

(18) No matarás. No cometerás adulterio. No hurtarás. No dirás falso testimonio contra tu prójimo ...

Während diese Formen hier stets einen biblischen Kontext evozieren, kommt das Gebotsfutur aber durchaus auch in der normalen Alltagssprache vor, wo es als Alternative zur Verwendung eines Imperativs verwendet werden kann.

(19) ¡Me pondrás un cortado y un coñac! – ‚Ich bekomme einen Kaffee und einen Weinbrand!'

In dieser Verwendung bleibt nichts mehr von dem archaisierenden Beigeschmack der biblischen Gebote übrig, und wir bewegen uns nun eindeutig im Bereich des Umgangssprachlichen mit ähnlichen Konnotationen einer bis aufs Notwendigste zurückgenommenen Höflichkeit, wie sie ja auch in der deutschen Übersetzung spürbar ist.

9.9.2 Epistemisch (*futuro de probabilidad*)

Ungleich häufiger ist dagegen das Futur beim **Ausdruck der epistemischen Modalität** („Futur der Wahrscheinlichkeit"). Hier gibt es eine ganze Palette von Ausdrucksmöglichkeiten, denen allen gemeinsam ist, dass der Sprecher durch Verwendung des modalen Futurs die Assertion der betreffenden Proposition einschränken oder gar ganz verweigern will:

(20) Estará enfadado (= supongo que lo está)
(21) Serán las ocho (= supongo que son)
(22) ¿Habrá tantos manzanos como antes?
(23) Ahí vendrá algo que mi madre le envía a Luisa

Dass Future eine Neigung in Richtung Modalität besitzen, wurde hier schon wiederholt thematisiert. Es verwundert daher nicht, dass auch die deutsche Futur-Periphrase solche modalen oder gar evidentialen Verwendungen kennen:

(24) Es werden vielleicht zwanzig, dreißig Mann gewesen sein. Auf keinen Fall mehr!

Der *Esbozo* bemerkt dazu weiter:

> De aquí proviene el sentido concesivo que le damos para replicar amablemente a un interlocutor; p. ej.: 'Luego, con timidez, añade que Grano de Pimienta no es mal hijo. Andará extraviado en sus ideas; hará más tonterías que los otros; será atrevido y atolondrado fuera de casa. Pero en familia es afectuoso, dócil y diligente (Real Aacademia Española 1973:471).

Das Futur kann so auch eine **konzessive** Nuance zum Ausdruck bringen, die der deutschen Periphrase mit *mögen* entspricht:

(25) Es mag zwar regnen, aber wenigstens haben wir noch zwei Flaschen Gin.

9.9.3 ¿Será verdad? (futuro de sorpresa)

Dieser Gebrauch des Futurs unterliegt ähnlich starken Restriktionen wie das Gebotsfutur, wird allerdings eindeutig und ausschließlich in der entspannten Alltagssprache verwendet – oft auch mit einer negativen oder gar beleidigenden Konnotation:

(26) ¿Se atreverá usted a negarlo? – 'Das werden Sie ja wohl nicht leugnen wollen!' (Nachdem der Gesprächspartner es gerade geleugnet hat)
(27) ¡Qué desvergonzado será ese sujeto! – ‚Wie dreist ist *der* denn!'
(28) ¡Si será tonto! – ‚Ja ist der denn bescheuert!?'

Bemerkenswert ist nun bei alledem, dass das *futuro simple* in all diesen modalen Funktionen nicht durch das *futuro compuesto* ersetzbar ist, ohne dass die Modalität wieder in Futurität zurückschlägt:

(29) ¡No vas a matar! – ‚Du wirst nicht töten'.
(30) Va a estar enfadado. – ‚Er wird (dann später) ärgerlich sein'.
(31) ¡Qué desvergonzado va a ser ese sujeto! – ‚Als wie dreist wird sich dieser Typ entpuppen!'

Damit stellen sich einige Aspekte des spanischen Futurs plötzlich in einem völlig neuen Licht dar! Wenn es eingangs den Anschein hatte, dass das neue analytische GEHEN-Futur das ältere synthetische Futur schlicht verdrängt, hat sich nun herausgestellt, dass diese Verdrängung 1. vor allem die gesprochene Sprache betrifft, während sich die Schriftsprache weitaus konservativer verhält. Dadurch bekommt das GEHEN-Futur Konnotationen von Oralität, Nähesprachlichkeit, Gegenwarts- und Handlungsrelevanz, Intentionalität und Subjektivität, die dem synthetischen Futur fehlen. Zudem sehen wir nun 2., dass das synthetische Futur nicht etwa insgesamt aus dem Sprachsystem verschwindet, sondern dass es vielmehr eine schleichende **Funktionsverschiebung von einem alten Tempus hin zu einem neuen Modus** durchläuft:

> Insgesamt überschneiden sich die Funktionen von analytischem und synthetischem Futur teilweise im temporalen Bereich, kaum aber im modalen (Berschin et al. 2012:223)

Dies ist auch der Grund, weshalb bei den Berichten über den Schwund des synthetischen Futurs in der Literatur (vgl. Abb. 4) stets der Zusatz „im temporalen Gebrauch" erscheint. Denn das *futuro de mandato / probabilidad / sorpresa* ist in allen gesprochenen Varietäten sehr lebendig und zeigt keine Anzeichen irgendeines Schwunds.

9.10 Praktische Analysetipps

Konfrontiert mit einer Anlyseaufgabe, bei der die beiden Future eine Rolle spielen, gilt es eine Anzahl von Merkmalen systematisch abzuarbeiten. Zunächst einmal ist die Verwendung der beiden Future stark von der betreffenden Textsorte abhängig. Das GEHEN-Futur ist als Zukunftsausdruck in nähesprachlichen Texten selbstverständlich und unmarkiert; in distanzsprachlichen Registern dagegen konkurriert es weiterhin mit dem älteren synthetischen Futur, so dass seine Verwendung hier möglicherweise tatsächlich noch zum Ausdruck der oben geschilderten Konnotationen wie „Nahzukunft", „intentionale Färbung", „Ereignis vs. Handlung" dient. Dasselbe gilt für die geographische Herkunft des Textes, für die gilt, dass das GEHEN-Futur in Lateinamerika immer weniger Konnotationen neben der reinen Futurität mit sich bringt, während diese für einen Text aus Spanien noch eher in Betracht zu ziehen wären. Vor allem aber sollten zunächst die temporalen von den modalen Verwendungen getrennt werden; dabei könnte das Ergebnis in bestimmten Textsorten bereits so aussehen, dass alle oder die überwiegende Zahl der Formen des *futuro simple* überhaupt nicht mehr temporal sind und die Aufspaltung in ein temporales GEHEN-Futur und ein zusehends modales HABEN-Futur bereits vollzogen ist.

Abschließend fassen wir alle im Text erläuterten Unterschiede der beiden Future noch einmal in einer Übersichtsgraphik zusammen:

Tab. 4: Funktionsumfang der beiden Futurformen im Spanischen

	Futuro simple	**Futuro compuesto**
Tempusfunktion → ('Zukunft' vs. 'Nahzukunft')	*Lloverá.* [... irgendwann einmal]	*Va a llover.* [... jeden Moment]
Semantischer Prototyp → (Ereignis vs. Handlung)	*Y mañana, ¿qué pasará?* [= erfragt Zukunftsprognose]	*Y mañana, ¿qué vas a hacer?* [= erfragt Handlungsabsicht]
Modale Funktionen → Futuro de probabilidad	*(No sé, pero) serán las ocho.*	--
Futuro de mandato	*¡No matarás!*	--
Futuro de sorpresa	*¡Serás tonto!*	--

Als weiterführende Lektüre eignet sich Nelson Cartagenas Artikel zu den *tiempos compuestos* in der *Gramática descriptiva de la lengua española* (Cartagena 1999). Yllera (1980) liefert eine gute Darstellung der historischen Dimension der Futurperiphrasen, Fleischman (1982) bietet eine gesamtromanische Perspektive, während Detges (1999) anschaulich zeigt, wie sich die einzelnen Schritte des Grammatikalisierungsprozesses kognitionslinguistisch motivieren lassen. Zum Thema der Multifunktionalität der Tempora und ihrer modalen Funktionen bietet Thieroff (2004) einen guten typologischen Überblick.

9.11 Aufgaben

1. Erläutern Sie vergleichend, welche morphologischen Mittel zum Ausdruck der Zukünftigkeit das Spanische besitzt, und zeigen Sie die Unterschiede zum Deutschen auf.
2. Markieren Sie in einem beliebigen spanischen Text alle Vorkommen des synthetischen Futurs und überprüfen Sie, wie hoch der prozentuale Anteil des modalen Gebrauchs liegt. Differenzieren Sie dabei nach eher distanzsprachlichen und nähesprachlichen Texten.

10 Prädikation, Kopula und das *ser/estar*-Problem

Das *ser-estar*-Problem ist der absolute Klassiker unter den grammatischen Phänomenen der spanischen Sprache. Selbst Menschen, die kein Spanisch können, wissen typischerweise davon und haben zumindest eine Vorstellung davon, worin es besteht. Eine typische Formulierung finden wir in der „*Großen Lerngrammatik Spanisch*" des Hueber-Verlags: „*Ser* und *estar* entsprechen beide dem deutschen ‚sein'" (Moriena / Genschow 2004:504). Das ist natürlich korrekt, aber wenig hilfreich, solange man nicht verstanden hat, was das „deutsche ‚sein'"eigentlich für Funktionen hat. Die Autorinnen fahren fort: „Die Unterscheidung zwischen Zustand und Definition ist ein wichtiger Aspekt beim Gebrauch von *ser* und *estar*, sie erklärt aber nicht alle Fälle" (Moriena / Genschow 2004:504). Die Formulierung „nicht alle Fälle" ist, wie wir sehen werden, noch immer viel zu optimistisch, denn derartige Charakterisierungen betreffen zwar die bekannten und auffälligen Problemfälle (*Marta es / está guapa*), doch umfassen diese nur einen eher kleinen Ausschnitt des gesamten Verwendungsspektrums. Für die restlichen Verwendungen aber ist eine Unterscheidung zwischen „Zustand und Definition" ohne Relevanz – und darum sogar irreführend. Im weiteren Verlauf der Lerngrammatik werden dann relativ willkürlich erscheinende semantische Kategorien wie „Definitionen [...], Zugehörigkeit [...], Familienstand [...], Gemütszustand [...], Ereignisse [...], Gegenstände und Personen [... und] Datum, Wochentag, Jahreszeit, Uhrzeit" zur Erklärung herangezogen. So wird suggeriert, dass dem Problem allein durch semantische Klassifizierungen beizukommen ist. Eine solche Herangehensweise ist für eine populärwissenschaftliche Lernergrammatik natürlich legitim und vielleicht im Kontext nichtakademischer Sprachpraxis auch zielführend.

Hier soll dagegen der Versuch unternommen werden, den gesamten Problemkomplex nach linguistischen Kriterien zu analysieren – und zwar im eigentlichen Wortsinn einer Auflösung in kleinere Einheiten, die eine je eigene Behandlung erfordern. Aus linguistischer Perspektive zeigt sich so, dass man die meisten Teilphänomene des *ser/estar*-Spektrums über eine syntaktische Analyse deutlich effizienter in den Griff bekommen kann als über semantische Klassifizierungen, vor allem aber, dass nur ein eher kleiner Anteil der Verwendungen von *ser* oder *estar* wirklich problematisch ist! Erst bei diesem allerletzten Analyseschritt werden dann semantische Kriterien eine größere Rolle spielen. Zum Zweck einer solchen Gesamtanalyse müssen wir zunächst herausarbeiten, dass *ser* nicht etwa einfach nur irgendein Verb ist, sondern dass es vielmehr in der Syntax des Spanischen eine herausgehobene Schlüsselrolle bei der Bildung von Prädikationen spielt. Wir werden dann im weiteren Verlauf die verschiedenen syntaktischen Konstruktionen analysieren, in denen *ser*, *estar* oder *ser / estar* auftauchen können. Es wird sich dabei zeigen, dass es in den meisten Konstruktionen keinen Entscheidungsspielraum gibt und damit das „*ser/estar*-Problem" gar nicht erst auftaucht. Erst nachdem wir im Ausschlussverfahren alle unproblematischen Konstruktionen benannt und ausgeschlossen haben, gelangen wir schließlich zum Kernbereich des Problems: der „Prädikation mit qualifikativem adjektivischem Prädikatsnomen". Bevor wir aber diese Analyse leisten können, müssen zunächst eine Anzahl grundsätzlicher Aspekte der Prädikation geklärt werden.

10.1 Prädikative Konstruktionen

10.1.1 Prädikation

Die Formulierung, *ser* und *estar* entsprächen dem „deutschen ‚sein'", ist eine zwar untechnische, aber korrekte Einordnung und besagt, dass es hier um die sprachliche Realisierung von **Prädikation**en geht. „Prädikation" ist ein Fachbegriff sowohl der Logik als auch der Pragmatik und Semantik. Eine gängige Definition lautet: Eine Prädikation ist eine sprachliche Handlung, bei der Subjekten Eigenschaften (Prädikatoren) zu- oder abgesprochen werden. Es geht also um Eigenschaften oder Kategoriezugehörigkeiten und damit um den Vorgang der **Klassifizierung** bzw. **Kategorisierung**. Wird nur einem Subjekt eine Eigenschaft (sogenannter **einstelliger Prädikator**) zu- oder abgesprochen, führt diese einfache Prädikation zu einem **Elementarsatz**:

(1) Diese Vorlesung ist nicht lang. / Dies ist ein Fagott.

Eine komplexere Prädikation findet bei der Verwendung **mehrstelliger Prädikate** (Relationen) statt. So kann das zweistellige Prädikat „x liebt y" von Personen (Gegenständen, Argumenten) wie beispielsweise <Günther> und <Lieselotte> prädiziert werden, so dass die komplexe Prädikation „Günther liebt Lieselotte" entsteht. Durch Prädikationen werden also sprachliche Unterscheidungen vorgenommen. Zusammen mit der **Referenz** (also der Bezeichnung von Subjekten und Prädikatoren) ist die Prädikation ein zentrales Element der sprachlichen „Gliederung der Welt", und alle menschlichen Sprachen verfügen über hochfrequente Konstruktionen zur konventionellen Versprachlichung dieser logischen Grundoperationen.

10.1.2 Kopula

Im Zentrum dieser prädikativen Konstruktionen steht häufig ein hochspezialisiertes Verb, das einerseits die logische Operation der Prädikation ausdrückt und sie andererseits temporal, aspektuell und modal verortet. Dieses Spezialverb nennt man in der Linguistik die **Kopula** (Plural: Kopulas bzw. Kopulae, lat. ‚Band'). „Kopula" ist zunächst ein Ausdruck der traditionellen **Logik** und Grammatik und bezeichnet den

Operator, der in einem Urteil bzw. einer Aussage das Subjekt mit einem Prädikat verbindet (Kopula-Band):

(2) Günther **ist** [katholisch / sauer / versichert / bestohlen worden] / [Rechtsanwalt]/ [bei der Arbeit]

Da die Kopula auf den Ausdruck der reinen Prädikation spezialisiert ist, ist sie selbst ansonsten typischerweise **semantisch leer** und dient allein dieser Verknüpfung. Während also normale („prädikative") Verben bereits für sich eine Prädikation ausdrücken (*Pedro duerme*), vermag die Kopula dies nur in Arbeitsteilung mit einem lexikalischen Prädikativum zu leisten, wobei die Kopula die Aufgabe übernimmt, die reine Verknüpfung zu symbolisieren, während das Prädikativum diese mit Inhalt füllt. In vielen (aber keineswegs allen) Sprachen ist die Kopula ein Verb oder ein verbähnliches Element. In manchen Sprachen funktioniert die Prädikation freilich auch ohne Kopula:

(3) ERRARE HUMANUM (EST) – ‚Irren ist menschlich'.

Im klassischen Latein galt das obige Sprichwort auch ohne explizite Kopula als vollständiger Satz, und die Verwendung der Kopula war hier – im Präsens Indikativ – rein fakultativ. Ähnliches gibt es beispielsweise auch im Russischen, Arabischen, Ungarischen und Hebräischen.

10.1.3 Prädikatsnomen, Prädikativum

Syntaktisch unterscheidet sich die Kopula von den restlichen Verben darin, dass ihre Komplemente **keine Objekte** sind, auch wenn sie in ihrer Position nach dem Verb zunächst so aussehen mögen. Die Kopula ist also nicht transitiv! Im Deutschen lässt sich dieser Sachverhalt leicht an der Kasusflexion ablesen, denn direkte Objekte erscheinen hier ja typischerweise im Akkusativ. In den folgenden beiden Beispielen sehen wir aber, dass die Kopula, anders als die zum Vergleich angeführten transitiven Verben, inkompatibel mit dem Akkusativ ist – und der Akkusativ mit der Kopula:

(4) Peter [grüßt / sieht / beleidigt / *ist] einen Rechtsanwalt.
(5) Peter [*grüßt / *sieht / *beleidigt / ist] ein Rechtsanwalt.

Wir erkennen an diesem syntaktischen Verhalten, dass die Komplemente der Kopula syntaktisch nicht als Objekte analysiert werden können; im Deutschen stehen sie daher nicht im Akkusativ, sondern im Nominativ, wodurch sie eher in die Nähe von Subjekten rücken. Das ist aus logisch-semantischer Sicht nicht überraschend, denn das Subjekt ‚*Peter*' und das Komplement ‚*ein Rechtsanwalt*' haben ja den selben Referenten. Statt von einem Objekt spricht man hier von einem **Prädikatsnomen** oder **(Subjekts-)Prädikativ** bzw. anglisierend von einem „prädikativen Komplement" oder auch einem *subject complement*. Der Bestandteil „Nomen" in „Prädikatsnomen" ist dabei in der traditionellen Bedeutung zu verstehen, also nicht als nachlässige deutsche Übersetzung von englisch *noun* in der Bedeutung von ‚Substantiv', sondern tatsächlich als Nomen im klassischen Sinne eines Oberbegriffs über NOMEN ADIECTIVUM und NOMEN SUBSTANTIVUM. Ein Prädikatsnomen kann also entweder von einer NP oder auch von einer AdjP – ja sogar von einer Präpositionalphrase („*Der Garten ist hinter dem Haus*") oder einem Adverb („*Die Party war gestern*") – realisiert werden, und wir werden im weiteren Verlauf des Kapitels zentral zwischen substantivischen und adjektivischen Prädikatsnomen unterscheiden müssen. Auch im Spanischen lässt sich über verschiedene diagnostische Tests zeigen, dass Prädikatsnomina keine Objekte sind. Zwar kennt das Spanische keinen Nominativ oder Akkusativ, wohl aber den Objektmarker <a>, der erwartungsgemäß mit der Kopula inkompatibel ist, weil er eben Objekte und keine Prädikatsnomen markiert:

(6) Pedro [saluda / ve / insulta / *es] a un abogado.
(7) Pedro [*saluda / *ve / *insulta / es] un abogado.

10.1.4 Semikopulative und kopulative Verben

Die zentrale Funktion von *ser* als Kopula besteht darin, Prädikatoren mit einem Subjekt zu verknüpfen und dabei, syntaktisch gesehen, Prädikatsnomina anzubinden. Neben der eigentlichen Kopula kennen die meisten Sprachen noch eine Reihe anderer Verben, die ebenfalls nicht mit einem Objekt, sondern mit einem Prädikatsnomen konstruiert werden und daher ebenfalls zusammen mit einem Prädikativum Prädikationen bilden können. Von der semantisch leeren, reinen Kopula unterscheiden sich diese **sekundären Kopulae** durch die Verschmelzung der eigentlichen Kopulafunktion mit anderen, sehr allgemeinen semantischen Merkmalen:
- ‚werden' = Kopula + Aspekt (telisch, inchoativ)
- ‚bleiben' = Kopula + Aspekt (durativ)
- ‚scheinen' = Kopula + Modalität (epistemisch) etc.

Ähnlich verhalten sich auch noch ‚*heißen*', ‚*gelten als*' und eine ganze Reihe weiterer Verben und Konstruktionen. Je nach dem Grad der semantischen Beimischung und ihrer Ähnlichkeit zur eigentlichen Kopula nennt man diese Wörter **semikopulative oder kopulative Verben**, auf Spanisch *verbos (semi)copulativos* oder *pseudocopulativos*. Ist einfach nur von „der Kopula" die Rede, ist damit normalerweise das eigentliche semantisch leere **Kopulaverb** der jeweiligen Sprache gemeint, also z.B. *sein* (dtsch.), *to be* (engl.), *être* (frz.), *essere* (it.), *a fi* (rum.), *ser* (kast.) etc.

Wie das Deutsche besitzt auch das Spanische eine ganze Reihe (semi)kopulativer Verben. Als *verbos copulativos* werden generell nur *estar, parecer* und die eigentliche Kopula *ser* genannt. Die Liste der Semikopulativa ist dagegen länger. Die Gesamtzahl hängt davon ab, wie viele der seltener gebrauchten mit aufgeführt werden. Eine typische Liste enthält u.a. *quedarse (se quedó quieto), ponerse (se puso furioso), volverse (se volvió loco de amor), andar (anda preocupado), permanecer (permanezca atento), seguir (sigue contento), encontrarse (se encuentra cerrado), mostrarse (se mostró encantada con la decisión), hallarse (se halla enfermo), revelarse (se reveló insuficiente), resultar (resulta curioso)* und *continuar (continúa parado)*.

Im Vergleich mit dem Deutschen werden einige dieser Semikopulativa deutlich häufiger gebraucht und müssen von deutschen Spanischlernern eigens gelernt werden. So ist beispielsweise *resultar* nicht einfach durch die Kopula *ser* ersetzbar, ohne dass sich die Bedeutung des Satzes ändert. *Dos hombres fueron heridos* impliziert, dass es einen Täter gibt (= Vorgangspassiv), während diese Implikatur bei Verwendung von *resultaron* oder *quedaron* nicht ergibt (= Zustandspassiv)! Je nach der Intensität der semantischen Beimischung lassen sich diese Verben im Spanischen auf einem Kontinuum absteigender Kopula-Ähnlichkeit anordnen.

Vergleichsweise gering ist die Abweichung jedenfalls noch bei *andar, quedar, permanecer*. Hier tritt nur sekundäre aspektuelle Information hinzu:

(8) **Anda** muy avergonzado por lo que hizo (progressiv).
(9) Un restaurante frente al mar **quedó** destrozado este viernes al convertirse en víctima de un devastador incendio (resultativ).
(10) **Permanecemo**s cerrados hasta que termine la pandemia (perdurativ).

Stärker ist sie beispielsweise schon bei *resultar*:

(11) Dos hombres **resultaron** heridos al chocar dos coches en Madrid.

Bei wieder anderen, wie *continuar* oder *seguir*, tritt die Kopulafunktion gegenüber der eigentlichen Semantik des Verbs schon fast in den Hintergrund:

(12) El culpable del crimen **continúa** suelto.
(13) ¿**Sigues** enfermo de la garganta?

Die Idee eines Kontinuums absteigender Kopulaähnlichkeit werden wir später bei der vergleichenden Analyse von *ser* und *estar* wieder aufnehmen.

10.2 Prädikation im Spanischen

Damit haben wir nun alle Theorieelemente beisammen, die nötig sind, um das *ser/estar*-Problem deutlich präziser und aussagekräftiger zu beschreiben, als dies eingangs möglich war. Das Problem ist also situiert im Bereich der spanischen Prädikationskonstruktionen, und sowohl *ser* al auch *estar* erwecken den Eindruck, als Kopulaverben zu fungieren:

(14) Marta es gallega.
(15) Marta está triste.

Der Unterschied zum Deutschen besteht also darin, dass Spanisch nicht ein, sondern zwei „eigentliche" Kopulaverben zu besitzen scheint. Dies ist jedenfalls die typische Wahrnehmung vieler Spanischlerner, und dies ist es auch, was die Hueber-Lerngrammatik mit der Formulierung „*Ser* und *estar* entsprechen beide dem deutschen ‚sein'" meint. Wir müssen nun überprüfen, ob diese Hypothese von den zwei Kopulae des Spanischen wirklich die beste Erklärung der bekannten Phänomene ist – und ob sie überhaupt in Übereinstimmung mit dem bereits Herausgefundenen zu bringen ist. Schließlich hatten wir weiter oben konstatiert, dass die echte Kopula semantisch auf die reine Prädikation festgelegt ist, ohne dass noch aspektuelle oder modale Nuancen hinzutreten. Und während beide Verben auf den ersten Blick tatsächlich zwei echte Kopulae zu sein scheinen, so zeigt sich doch auf den zweiten Blick und bei genauerer semantischer Analyse, dass allein *ser* in der Lage ist, eine reine Prädikation auszudrücken, die überzeitliche bzw. atemporale Gültigkeit beansprucht. Der einschlägige Wikipedia-Artikel beschreibt den Unterschied wie folgt:

> El verbo ser es semánticamente perfectivo: indica que no es posible tiempo interior alguno en el significado de la predicación: "La pared es azul". El verbo estar, por el contrario, es semánticamente imperfectivo: indica que existe tiempo interior en la predicación, y, por tanto, existe un proceso anterior o ulterior del que es resultado esta: "La pared está azul" (Wikipedia s.v. „verbo copulativo" (04.09.2020).

Ob die Interpretation von *ser* als „perfektiv" hier gelungen ist, sei dahingestellt; tatsächlich dürfte es angemessener sein, hier von einer abwesenden oder maximal neutralen Aktionsart zu sprechen. Technisch spricht man hier von **atemporal** oder auch **gnomisch**. Wir wollen davon ausgehen, dass die Konstruktion mit *ser* als eine Prädikation verstanden werden soll, während *estar* eben doch in seiner Aktionsart die Idee eines Verlaufs oder einer Veränderung zulässt. Damit ist allein *ser* die echte Kopula der spanischen Sprache, während *estar* lediglich ein aspektuell markiertes kopulatives Verb ist, das allerdings im Vergleich mit den restlichen kopulativen Verben des Spanischen – aber auch denen anderer Sprachen – außergewöhnlich häufig ist und daher dem oberflächlichen Beobachter den Eindruck einer Alternativkopula vermitteln mag. Damit sind die empirischen Verhältnisse im System der spanischen Prädikationskonstruktionen ungewöhnlich, und wir wollen uns daher im Folgenden einem historischen Exkurs zuwenden, um besser zu verstehen, wie es zu dieser Anomalie gekommen ist.

10.3 Entwicklung vom Lateinischen zum Kastilischen

Im klassischen Latein war die Situation noch genau wie im Deutschen und den meisten anderen europäischen Sprachen: Es gab ein einziges Kopulaverb ESSE (das, wie gesagt, unter bestimmten Bedingungen auch elidiert werden konnte), sowie daneben eine Reihe kopulativer Verben. Zu diesen gehörte auch eine Reihe von lexikalischen Vollverben, die prototypisch verschiedene Körperhaltungen bezeichneten: STĀRE 'stehen', SĔDĒRE 'sitzen', IĂCĒRE 'liegen'. Im Spätlatein erweitert sich der Anwendungsbereich von STĀRE und SĔDĒRE erheblich und auf Kosten von ESSE. Dahinter verbirgt sich ein beginnender Grammatikalisierungsprozess, der zunächst darin besteht, die Bedeutung dieser Verben metonymisch zu reinterpretieren.

Wir erinnern uns, dass die Kognitionslinguistik die Metonymie als Denkfigur definiert, bei der entweder ein Teil für das Ganze stehen kann („PARS PRO TOTO", z.B. in „zwei Euro pro Kopf"), oder aber das Ganze für einen Teil („TOTUM PRO PARTE", z.B. in „Deutschland gewinnt die EM"). Im Fall der genannten Verben können wir einen Bedeutungsrahmen („Frame") ansetzen, der zugleich die Elemente „Lokalisierung" und „Körperhaltung" enthielt; im Rahmen einer TOTUM-PRO-PARTE-Metonymie wurde hier nun zusehends das Ganze gesagt (,sich in sitzender / stehender / liegender Körperhaltung an einem Ort befinden'), aber nur noch der Aspekt der Lokalisierung gemeint. Es gibt im Deutschen ähnliche Tendenzen, doch sind sie hier stets begrenzt geblieben und haben sich nie zu einer Konkurrenz der eigentlichen Kopula entwickelt:

(16) Berlin liegt in Deutschland. / Der Text steht unten. / Der Schmerz sitzt im Ohr.

Diese beginnende Grammatikalisierung im Lateinischen führte zu einer semantischen „Verallgemeinerung" und damit zu einer Erhöhung der Gebrauchsfrequenz; STĀRE (und in geringerem Maße auch SĔDĒRE) übernehmen so zusehends Kopulaähnliche Funktionen. Im folgenden Beispiel wird bereits bei Plautus das Verb SĔDĒRE in diesem allgemeineren Sinne verwendet:

(17) CUM APUD HOSTIS SEDIMUS (Plaut. Amph. 599) 'während wir in der Nähe des Feindes **waren**'
(18) IN DUBIO STARE ('im Zweifel **sein**')
(19) UT UNUSQUISQUE, QUOMODO STAT, [...] INCLINET CAPUT –'dass jeder, wo er auch **sein** möge, den Kopf senke' (Beispiele aus Väänänen 1985:§208)

Diese bereits im Lateinischen angelegte Grammatikalisierung von STĀRE vom Vollverb zur Kopula schreitet in den romanischen Sprachen weiter voran. Daraus entsteht in den meisten romanischen Sprachen für einen gewissen Zeitraum eine ähnliche Situation, wie sie heute noch im Kastilischen besteht, nämlich eine scheinbare **Dopplung der Kopula.** Je weiter der Prozess voranschritt, desto stärker drang STĀRE in den ehemaligen Funktionsbereich von ESSE ein. Im Französischen geriet diese Grammatikalisierung zu einem Abschluss, indem schließlich die Formen von ESSE und STĀRE in einem einzigen sogenannten „suppletiven" (d.h. aus verschiedenen Verbwurzeln verschmolzenen) Paradigma zusammenfielen. So sind im Französischen des Indikativs *je suis, tu es, il est ...* etymologisch aus ESSE, die Subjunktive *que je sois, que tu sois, qu'il soit ...* aus SĔDĒRE und die Imperfekte *j'étais, tu étais, il était ...* aus STĀRE herzuleiten. Auch das spanische Paradigma von *ser* zeigt sehr ähnliche suppletive Phänomene, doch während im Französischen das unabhängige kopulative Verb *estar* schließlich wieder verschwand, hat es sich in den meisten anderen romanischen Sprachen bis heute gehalten – allerdings mit sehr verschiedenen Intensitätsgraden und Gebrauchsfrequenzen. In absteigender Reihenfolge gilt dies für Kastilisch, Portugiesisch, Galicisch, Katalanisch, Italienisch und Rumänisch, während die Galloromania (Okzitanisch, Französisch und Frankoprovenzalisch) die ESSE/STARE-Dualität völlig aufgegeben hat. Das heißt, mit anderen Worten, dass diese Dualität zwar in den meisten anderen romanischen Sprachen nicht völlig unbekannt ist, dass aber die Grammatikalisierung von STĀRE nirgendwo in der Romania weiter fortgeschritten ist als im Kastilischen.

Diese Grammatikalisierung der ehemaligen Verben zur Bezeichnung von Körperpositionen hat dazu geführt, dass die romanischen Sprachen alle kein Verb mehr für das ursprüngliche Konzept ‚stehen' besitzen und dass auch die Konzepte ‚sitzen' und ‚liegen' normalerweise durch adverbiale Ergänzungen ausgedrückt werden:

(20) kast. *estar de pie*; frz. *être debout, se tenir debout*; it. *stare in piedi*; rum. *a sta în picioare* etc.

Während die Grammatikalisierung von STĀRE in den restlichen romanischen Sprachen irgendwann stagnierte, ist sie im Kastilischen so weit fortgesetzt worden, dass *estar* schließlich die bekannte Kopula-ähnliche Ausdehnung angenommen hat.

10.4 Unproblematisch: die nicht-prädikative Verwendung mit *ser* und *estar*

Wenden wir uns nun wieder den Gegebenheiten des modernen Spanischen zu. In der unspezifischen Bezeichnung *ser/estar*-Problem spiegelt sich die Idee wider, dass die Unterscheidung dieser Formen generell problematisch sei; und aus dem bisher Geschilderten mag es so scheinen, als kämen *ser* und *estar* ausschließlich in Prädikativkonstruktionen vor. Beides trifft aber nicht zu. In diesem Unterkapitel sollen daher zunächst all diejenigen Verwendungen beschrieben werden, die nichts mit der Kopulafunktion zu tun haben, um das eigentliche Problem durch sukzessives Eliminieren aller hier sachfremden Erwägungen deutlicher herausarbeiten zu können.

10.4.1 Vollverben: ein lexikalisches Problem

Beide Verben können als Vollverben verwendet werden; man erkennt diesen Gebrauch daran, dass *ser* und *estar* hier ohne Komplement erscheinen. Dabei kann *ser* (vor allem im philosophischen Sprachgebrauch) im Sinne von ‚existieren' verwendet werden:

(21) ¿No dice usted que todo lo que es, está bien porque es? (Navas Ruiz 1985:115)

Abgesehen von dieser jargonhaften Verwendung in der philosophischen Fachsprache sind alle verbleibenden Verwendungen von *ser* als Vollverb an spezifische idiomatisierte Konstruktionen gebunden. In Verbindung mit dem Futur bedeutet *ser de* so viel wie ‚werden aus':

(22) ¿Qué será de Platero? – ‚Was wird [nun] aus Platero?'

In formelhaften Wendungen steht *ser* außerdem für das Eintreten eines Ereignisses:

(23) Érase una vez ... / Fue el 15 de abril ... / Fue de repente ... etc.

Subjektloses *ser* wird für Zeitangaben und existenzielle Aussagen verwendet:

(24) Son las ocho. / Era ya lunes. etc.

Auch *estar* erscheint in bestimmten, meist idiomatischen Wendungen als Vollverb:

(25) Estamos [a domingo] / [en marzo] → Zeitangabe.
(26) Estaban también Luisa y su marido → ‚anwesend sein'.
(27) ¿Está ya la cena? → ‚fertig sein' etc.

All diese Verwendungen sind eher eine Frage des Lexikons und der Idiomatik und im traditionellen Sinn kein Problem der Grammatik; der Vollverbgebrauch kann daher im Rahmen der *ser/estar*-Problematik ausgeklammert werden.

10.4.2 In der Diathese: Vorgangs- vs. Zustandspassiv

Ein weiterer Verwendungsbereich ist die **Diathese**, also die Bildung von Passivkonstruktionen (*voz pasiva*). Da sowohl Latein als auch Griechisch dafür besondere Verbformen haben, definiert der einschlägige Wikipedia-Artikel das Konzept so:

> Die Diathese (griechisch διάθεσις ‚Aufstellung, Zustand', auch Handlungsrichtung) ist in der Sprachwissenschaft die Bezeichnung für eine morphologische Kategorie des Verbs (Wikipedia s.v. „Diathese").

Es ist offensichtlich, dass das so nicht stimmen kann, denn das Passiv wird keineswegs überall durch Verbalendungen ausgedrückt. Anders als das Lateinische (und ähnlich wie das Deutsche) kennt das Spanische keine Passivflexion am Verb, sondern verwendet dafür vielmehr syntaktische Konstruktionen mit Partizipien, wobei sowohl *ser* als auch *estar* verwendet wird. Es gibt also zwei verschiedene Passivkonstruktionen, je nachdem, welches der beiden Kopulaverben verwendet werden:

(28) Las proposiciones **fueron** clavadas a la puerta. → Vorgangspassiv
 ‚Die Thesen **wurden** an die (Kirchen-)Tür genagelt'.
(29) Las proposiciones **estaban** clavadas en la puerta. → Zustandspassiv
 ‚Die Thesen **waren** an die (Kirchen-)Tür genagelt'.

Das **Vorgangspassiv** (*pasiva de acción*) präsentiert einen Vorgang als erfolgte Handlung, wobei das Subjekt des zugrundeliegenden Aktivsatzes fakultativ in einer Präpositionalphrase mit *por* genannt werden kann:

(30) Las proposiciones fueron clavadas a la puerta *por Lutero*.

Das **Vorgangspassiv** dagegen wird im Spanischen mit *ser* und im Deutschen mit *werden* gebildet. Im **Zustandspassiv** (*pasiva de resultado*) wird dagegen von jeglicher Prozesshaftigkeit abstrahiert und das Subjekt des Matrixsatzes völlig ausgeblendet. Das Zustandspassiv ist daher auch inkompatibel mit der Nennung einer Agensphrase mit *por*:

(31) Las proposiciones estaban clavadas en la puerta *[por Lutero].

Das **Zustandspassiv** wird im Spanischen mit *estar* und im Deutschen mit *sein* gebildet. Diese Verwendungen habe nichts mit der Kopulafunktion zu tun; zudem bringen sie auch keine Probleme mit sich, da beide Funktionen klar definiert sind und es normalerweise keine Zweifelsfälle gibt.

10.4.3 Lokativ: Verwendung mit Lokalverbi(al)en (PPs)

Der weiter oben geschilderte Grammatikalisierungsprozess begann genau hier, im Bereich der Lokalisierung, indem diese Semantik sukzessive von der Kopula auf neu entstehende kopulative Verben überging. Es ist also kaum überraschend, dass das Spanische gerade in diesem Sinnbezirk klar auf *estar* setzt. Im Spanischen verdrängte STĀRE schließlich nicht nur ESSE, sondern auch das konkurrierende SĔDĒRE und ist heute die kanonische Form zum Ausdruck der Lokalisierung. Adverbiale Bestimmungen des Ortes haben syntaktisch zumeist die Form von Präpositionalphrasen (PPs) und diese werden mit *estar* konstruiert. Ein *ser/estar*-Problem ergibt sich dabei nicht. Lokative Adverbiale werden ausnahmslos mit *estar* gebildet und eine Entscheidung zwischen *ser* und *estar* ist hier ausgeschlossen:

(32) Madrid [está / *es] en España.
(33) Pedro [está / *es] en Madrid.
(34) Todo lo que he dicho [está / *es] en el libro que cito.

10.5 Das *ser/estar*-Problem: prädikative Konstruktionen

Nachdem wir nun nach dem Ausschlussprinzip die typischen nicht-kopulativen Konstruktionen beschrieben haben, gelangen wir zum Kernbereich des Problems: die Prädikation mit Prädikatsnomen. Doch auch hier sind längst nicht alle Fälle problematisch in dem Sinne, dass eine Wahl zwischen den beiden Alternativen getroffen werden müsste (oder auch nur könnte ...). So müssen wir hier noch einmal verschiedene Arten von Prädikatsnomina unterscheiden. Wie bereits eingangs geschildert, steht hier der Wortbestandteil „Nomen" nicht nur für Substantive (also NPs), sondern eben auch für adjektivische Komplemente (also AdjPs). Und damit lässt sich ein weiterer Unteraspekt als unproblematisch aussondern, da bei substantivischem Prädikatsnomen regelmäßig nur *ser* verwendet werden kann und eine komplexe Entscheidungskasuistik damit entfällt:

(35) Pedro [es / *está] abogado. / El hierro [es / *está] un metal. / Madrid [es / *está] la capital de España.

Das Prädikatsnomen kann allerdings auch eine AdjP sein und hier – und nur hier – gibt es die viel zitierten Fälle, in denen es die Wahlmöglichkeit zwischen *ser* und *estar* mit den bekannten semantischen Effekten geben kann. Das folgende Beispiel zeigt, dass die Entscheidung nicht von formalen (d.h. syntaktischen) Kriterien abhängen kann, da ein und dasselbe Adjektiv mit beiden Kopulae konstruiert werden kann:

(36) Pedro no **era** gordo, pero ahora sí **está** gordo.

Das Kriterium für die Auswahl ist offenbar semantischer Natur und die Wahl hat damit den Charakter eines willentlich steuerbaren Ausdrucksmittels. Die Prädikation eines adjektivischen Komplements ist also der eigentliche Ort, an dem das *ser/estar*-Problem sich stellt und da die Alternation keinen formalen Prinzipien folgt, muss die linguistische Lösung des Problems im weitesten Sinne auf semantisch-funktionaler Ebene erfolgen. Zudem hat sich nun gezeigt, dass es präziser bezeichnet werden sollte: z.B. als „**das Problem der Kopulawahl bei adjektivischem Prädikatsnomen**".

10.6 Einige klassische Lösungsvorschläge

In der Literatur herrscht im Kern weitgehende Einigkeit über die Prinzipien, denen die spanische Kopulawahl hier folgt. Wir wollen im Folgenden einige typische Vorschläge vergleichen, wie man das Unterscheidungskriterium beschreiben könnte, um hinter den zuweilen recht verschiedenen Formulierungen die grundlegende Gemeinsamkeit nachvollziehen zu können. Christopher Pountain schreibt beispielsweise:

> With an adjective complement, we may claim as a general principle that the adjective following *estar* cannot be construed syntactically as a nominal or semantically as a classificatory or inherent property (Pountain 1982:140).

Das ließe sich so paraphrasieren, dass Pountain zufolge *estar* die Interpretation des Adjektivs als **definitionsrelevante, inhärente Eigenschaft** ausschließt, *ser* dagegen nicht. Bei Berschin et al. (1995) heißt es dagegen:

> Die Konstruktion *ser* + Adj. ordnet dem Subjekt ein konstitutives Merkmal zu. *estar* + Adj. gibt einen durch Veränderung entstandenen oder veränderbaren Zustand des Subjekts an. [...] Verkürzt kann man folgende Abgrenzungsregel aufstellen: *ser* + Adj. klassifiziert und definiert das Subjekt, *estar* + Adj. konkretisiert [...] (Berschin et al. 1995:273).

Hier wird der semantische Kontrast also auf den Unterschied zwischen **Klassifizieren** und **Konkretisieren** zurückgeführt. Navas Ruiz, Autor der vielleicht wichtigsten Überblickmonographie zum Thema, kontrastiert *ser* und *estar* wie folgt:

> **Ser coincide con la oración atributiva pura** dentro del sistema en expresar la simple relación atributiva, es decir, en asignar el atributo al sujeto en forma total, sin exclusiones ni limitaciones de ningún género, estableciendo una identidad de términos dentro de la cual lo atribuido viene a convertirse en una especie de definición, de nota característica del sujeto. [...] Dentro del sistema atributivo **se confía a *estar* y verbos afines la expresión de la permanencia en lo atribuido**. Se entiende por permanencia la duración indefinida, siendo en consecuencia una de las formas de realizarse el aspecto verbal. Frente a *ser* y la oración

atributiva pura, indiferentes aspectualmente, *estar* y el resto de los verbos atributivos quedan marcados decisivamente por su carácter positivo en relación al aspecto (Navas Ruiz 1985:51 & 65).

Zum Verständnis dieses Zitats ist terminologisch anzumerken, dass Prädikation auf Spanisch *atribución* genannt wird und mit *oración atributiva pura* also die ‚reine Prädikationskonstruktion' gemeint ist. *Ser* ist demnach der unmarkierte „Normalfall", die „reine Prädikation", während *estar* ein zusätzliches semantisches Merkmal mit ins Spiel bringt: einen *aspecto verbal*. Damit ist hier nicht etwa „Aspekt" gemeint, sondern vielmehr das, was wir als **Aktionsart** beschrieben haben. Aspekt und Aktionsart haben dabei gemeinsam, dass sie die interne Vorgangsstruktur eines Ereignisses kategorisieren (vgl. oben das Kapitel zum Imperfekt). Dabei werden zur Beschreibung beider Phänomene im Prinzip dieselben Kategorien verwendet: perfektiv, durativ, habituell, konativ, iterativ etc. Unterscheiden tun sich Aktionsart und Aspekt auf der Ausdrucksseite, denn während Aspekt durch Flexion (oder Verbalperiphrasen) ausgedrückt wird, ist Aktionsart ein lexikalisches Phänomen (vgl. den Unterschied zwischen ‚husten' und ‚hüsteln', ‚essen' und ‚aufessen' oder ‚kennen' und ‚erkennen'). Navas Ruiz (1985) sieht den Unterschied zwischen unseren beiden Verben also in der Aktionsart:
- Die Aktionsart von *estar* konstruiert die Attribution als etwas, das in der Zeit abläuft, d.h. als etwas, das potenziell Anfang, Ende und Dauer besitzen kann.
- Die Aktionsart von *ser* ist demgegenüber völlig atemporal bzw. überzeitlich und lässt keinen Gedanken an eine prozessuale Binnenstruktur zu.

Unter den spanischen Prädikationskonstruktionen wird demnach der Ausdruck der Dauer bzw. (technisch formuliert) der Imperfektivität durch das kopulative Verb *estar* und verwandte Verben realisiert. Mit **Imperfektivität** ist hier gemeint, dass die Prädikation als ein Zeitraum mit unbestimmtem Anfang und Ende versprachlicht wird. Das eigentliche spanische Kopulaverb *ser* realisiert demgegenüber die reine Prädikation, ohne jegliche Beimischung irgendeiner Aktionsart. Man könnte dies mit anderen Worten auch so beschreiben: **Prädikationen mit *ser* konstruieren diese als Sachverhalt, solche mit *estar* dagegen als Vorgang oder Zustand.**

Diese grammatischen Fakten findet man in der Literatur zumeist in philosophischer Terminologie beschrieben, indem *ser* mit „**essenziell**en" oder wesentlichen Eigenschaften assoziiert wird, *estar* dagegen mit „**akzidentell**en" oder nichtwesentlichen Eigenschaften. Diese Analyse kann als klassisch gelten und sie hat den Vorteil, dass sie Begrifflichkeiten verwendet, die philosophisch gebildete Menschen spontan verstehen. Es sprechen aber auch einige Argumente gegen sie. So sind „akzidentell" und „essenziell" keine linguistischen Fachtermini, die auch anderweitig in der Sprachanalyse verwendet würden. „Imperfektivität" und „Aktionsart" *sind* eingeführte linguistische Kategorien, die nicht nur für dieses konkrete Problem ersonnen wurden, sondern auch anderswo in der Linguistik Verwendung finden. Es gibt aber auch noch ein gewichtigeres Gegenargument, dass sich aus der linguistischen **Zwei-Welten-Lehre** ergibt: Essenz und Akzidenz sind inhärent ontologische Kategorien und beziehen sich damit auf die Lebenswelt. Der Unterschied zwischen einem Ding und seinen Eigenschaften ist kein sprachlicher Unterschied, sondern einer, den wir mit der Außenwelt in Verbindung bringen. Damit führt uns diese Analyse in die Irre, denn die Alternanz zwischen *ser* und *estar* ist ein reines Phänomen der versprachlichten Welt. Sie dient den Sprechern als Ausdrucksmittel (also als Versprachlichungsstrategie), um eine Prädikation entweder als gnomisch-überzeitlich (mit *ser*) oder als zeitgebunden und potenziell veränderbar (mit *estar*) zu versprachlichen. Navas Ruiz fasst dies so zusammen:

> De este valor derivan las posibilidades significativas de estar dentro del sistema de atribución. Estar, verbo imperfectivo y de situación, no enteramente gramaticalizado, aporta a la oración un carácter de temporalidad. El atributo no es aplicado como con ser en forma total y definidora, sino en forma restringida. No hay una relación absoluta y lógica entre sujeto y atributo, sino una relación circunstancial y transitoria (Navas Ruiz 1986:65).

Der Blick auf die Lebenswelt hilft daher nicht immer bei der Entscheidung, welche Kopula verwendet werden sollte; relevant ist vielmehr, welcher Effekt in der sprachlichen Welt angestrebt wird. So schreibt Milsark (1969) zu recht, dass Eigenschaften nicht so prädiziert werden müssen, wie sie in der Realität erscheinen, sondern so, wie der Sprecher sie in seiner versprachlichten Welt haben möchte:

> Properties are those facts about entities which are assumed to be, even if they are not in fact, permanent, unalterable, and in some sense possessed by the entity, while states are conditions which are, in principle, transistory, not possessed by the entity of which they are predicated, and the removal of which causes no change in the essential qualities of the entity. (Milsark 1969:212)

Betz (2016) schließlich unterscheidet zwischen **Individuenprädikaten** (konstruiert mit *ser*) und **Zustandsprädikaten** (konstruiert mit *estar*), die zwei verschiedenen *Construals* entsprechen. Dieses Konzept aus der kognitiven Grammatik von Ronald Langacker trägt der Tatsache Rechnung, dass man in der versprachlichten Welt ein und denselben Sachverhalt auf unterschiedlichste Weise präsentieren oder „konstruieren" kann (z.B. ‚*das halbvolle Glas steht auf dem Tisch*' vs. ‚*der Tisch steht unter dem halbleeren Glas*'). Betz konstatiert in diesem Zusammenhang,

> dass es im Spanischen eine Gruppe von Individuen-Adjektiven gibt, die mit der Kopula *ser* stehen können, eine Gruppe von Zustands-Adjektiven, die mit der Kopula *estar* stehen können und eine Gruppe, die ambig bezüglich dieser Unterscheidung ist (Betz 2016:59).

Diese letzte „ambige" Gruppe ist es, die Spanischlernen die klassischen Probleme bereitet.

10.7 Kognitionslinguistische Analyse der Konstruktionen SER + ADJP und ESTAR + ADJP

Damit könnte das Kapitel enden. Doch tatsächlich ist der Problembereich noch immer weiter gefasst als nötig. Tatsächlich gibt es nämlich längst nicht bei allen adjektivischen Prädikatsnomina eine Wahlmöglichkeit, sondern nur bei einer Untergruppe davon, die man als „qualifikative Adjektive" bezeichnen könnte (vgl. Kapitel 5 zur Adjektivstellung). Die Wortart Adjektiv ist keineswegs einheitlich, und ein wichtiger Aspekt bei der *ser/estar*-Entscheidung ist der semantische Typ des betreffenden Adjektivs. Es ist dafür nützlich, zuerst einmal die Wortarten Substantiv und Adjektiv miteinander zu vergleichen. Die prototypische Funktion von Substantiven ist es, Referenten des Diskursuniversums auszuwählen und sie in der Prädikation allgemeineren Kategorien zuzuordnen. Mithilfe von Substantiven wählen wir also einen Referenten aus, den wir dann mit anderen in Beziehung setzen:

(37) Marta es abogada.

Die Kategoriezugehörigkeit wird dabei als binäre Entweder-oder-Entscheidung versprachlicht. Man ist nicht mehr oder weniger Rechtsanwalt, sondern man ist es, oder man ist es nicht. Daher gibt es bei Substantiven auch keine Steigerung oder Modifikation durch Adverbien:

(38) Marta es [abogada / *abogadísima].
(39) Marta es [*poco / *muy] abogada.

Die prototypische Funktion von Adjektiven ist es demgegenüber, diesen einmal ausgewählten Referenten Eigenschaften zuzuweisen. Eigenschaften werden, anders als Kategoriezugehörigkeit, als potenziell gradierbar versprachlicht. Intelligent ist man nicht notwendigerweise nur entweder maximal oder minimal, sondern die Versprachlichung präsentiert solche Eigenschaften als graduell; es gibt daher bei qualifikativen Adjektiven die Möglichkeit der Steigerung und auch die Möglichkeit einer Modifikation durch Adverbien:

(40) Marta es [inteligente / más inteligente/ inteligentísima].
(41) Marta es [poco / muy / apenas] inteligente.

Allerdings sind eben längst nicht alle Adjektive „prototypisch". Viele Adjektive bezeichnen gar keine Eigenschaften und sind semantisch Substantiven viel ähnlicher als den qualifikativen Adjektiven. Das gilt vor allem für die sogenannten **Relationsadjektive** (vgl. Kapitel 5) wie z.B. *español*:

(42) la música [*muy / *poco / *extremadamente] [española / *españolísima]

Anders als die qualifikativen Eigenschaftsadjektive sind Relationsadjektive in vielen Aspekten Substantiven ähnlicher als Adjektiven, da sie eigentlich auch keine Adjektive sind, sondern lediglich morphologisch aus Substantiven abgeleitet werden:

(43) español (< España); maternal (< madre); semanal (< semana); episcopal (< obispo); muscular (músculo) etc.

In diesem Kontext zeigt sich nun, dass Relationsadjektive auch noch in einem weiteren Aspekt substantivähnlich sind; denn genau wie die NP-Prädikatsnomen können auch Relationsadjektive als solche (d.h. wenn sie nicht als qualifikative Adjektive reinterpretiert worden sind) nur mit *ser* konstruiert werden:

(44) Esta música [es / *está] española y aquella alemana.

Dasselbe gilt auch für adjektivische Komplemente, die zwar Eigenschaften bezeichnen, diese aber (ähnlich wie Substantive) als klassifikatorische, überzeitliche, definitionsrelevante und wesentliche Merkmale präsentieren. Um diese Semantik zu erzeugen, eignet sich das atemporal-gnomische *ser*:

(45) La nieve es blanca. / Las ovejas son mansas. / Marta es inteligente.

Modifiziert man diese Sätze aber mit einer Zeitbestimmung, fällt das Element der „Überzeitlichkeit" fort, und die Verwendung von *ser* wird inakzeptabel:

(46) ?[Hoy / Últimamente] la nieve es blanca etc.

Wir können das Problem also noch weiter eingrenzen: **Das *ser/estar*-Problem stellt sich nur in Prädikationskonstruktionen mit adjektivischem Prädikatsnomen, wenn das Adjektiv qualifikativ und nicht relational ist, d.h. wenn es der semantischen Klasse der Eigenschaftsbezeichnungen angehört.** Die Regel lautet dann:
- Soll ein qualifikatives Adjektiv als eine überzeitliche und wesentliche (also essentielle) Eigenschaft konstruiert werden, so ist es ein Individuenprädikat und wird mit der über- bzw. außerzeitlichen, gnomischen Kopula *ser* gebildet.
- Soll das qualifikative Adjektiv dagegen als eine nicht-wesentliche und potenziell vorübergehende (also akzidentelle) Eigenschaft konstruiert werden, so ist es ein Zustandsprädikat und wird mit der Zeitverlauf und Veränderung prinzipiell zulassenden Kopula *estar* gebildet.

Wichtig ist hier wieder einmal, dass es dabei nicht um objektive Strukturen der Welt, sondern um deren sprachliche Inszenierung durch den Sprecher geht. Überlassen wir dem klassischen Einführungswerk Berschin et al. (1995) das Schlusswort in diesem Sinne:

> Die verbreitete Grammatikerlehre, *ser* + Adj. bezeichne 'dauerhafte' und 'wesentliche' Eigenschaften des Subjekts, *estar* + Adj. 'vorübergehende' und 'zufällige' Zustandsausprägungen, ist als Faustregel richtig, darf aber nicht ontologisch interpretiert werden: *Ser* und *estar* bilden nicht Strukturen der Wirklichkeit ab, noch sind sie Ausdruck einer Weltanschauung – objektiv ist der Tod in **está** *muerto* 'dauerhaft' und der Sturz in *La caída **fue** dura* 'vorübergehend' –, sondern kategorisieren sprachlich die Wirklichkeit (Berschin et al. 1995:273).

10.8 Von keiner Regel erfassbar: lexikalisierte Konstruktionen

Ein letztes verbleibendes Problem muss hier noch erwähnt werden, da es sich allen Versuchen einer systematischen Erklärung entzieht: Es gibt bestimmte idiomatisch fixierte prädikative Kombinationen, die sich zwar etymologisch herleiten lassen, synchronisch aber den bisher beschriebenen allgemeinen Prinzipien widersprechen. Sie müssen daher wie lexikalische Einheiten gelernt werden. So verstoßen beispielsweise die folgenden idiomatischen Wendungen gegen die Regel, dass substantivische Prädikatsnomen stets mit *ser* gebildet werden: *estar bomba* ‚toll aussehen', *estar canela* ‚lecker schmecken', *estar cañón* ‚großartig aussehen (Person)', *estar fenómeno* 'lecker / attraktiv sein', *estar mosca* ‚eingeschnappt sein', *estar pez* ‚eine Null in etwas sein', *estar trompa* ‚betrunken sein'. Weitere lexikalisierte Beispiele sind *estar bueno* mit der spezialisierten, latent sexualisierten Sonderbedeutung ‚physisch attraktiv' oder *(no) estar católico* in der Bedeutung ‚sich unwohl oder krank fühlen'. Im Falle von *casado* ‚verheiratet' und *soltero* ‚ledig' werden sowohl *ser* als auch *estar* verwendet, wobei der behauptete semantische Unterschied minimal erscheint (*estar* wäre hier resultativ, *ser* dagegen kategorisierend). Immer wieder überraschend ist für Spanischlerner auch die Tatsache, dass es *estar muerto* und nicht etwa **ser muerto* heißt. Hier mag die tief verwurzelte Heilsgewissheit einer katholisch geprägten Kultur ihren grammatischen Niederschlag gefunden haben.

10.9 Praktische Analysetipps

Wir haben in der vorangegangenen Analyse nun eine größere Anzahl von Unterkategorien etabliert, die im Folgenden noch einmal in einem tabellarischen Überblick zusammengefasst werden sollen:

Tab. 1: Funktionen von *ser* und *estar* im Spanischen

Funktion	Ser	Estar
Vollverb und Passiv		
Vollverben	‚existieren', ‚sich ereignen' etc.	‚sich befinden' (räumlich, zeitlich, gesundheitlich etc.)
Passiv	Vorgangspassiv	Zustandspassiv
Das prädikative System: Kopulafunktionen		
Lokale Adverbiale	--	nur mit *estar*
NPs	nur mit *ser*	--
AdjPs (nicht qualifikativ)	nur mit *ser*	--
AdjPs (qualifikativ)	Individuenprädikat (= essentiell und atemporal)	Zustandsprädikat (= akzidentell)

Das gefürchtete *ser/estar*-Problem reduziert sich auf die letzte Zeile dieser Tabelle! Die vorstehende Tabelle eignet sich auch als Grundlage für eine Textanalyse, bei der es zunächst darum gehen müsste, jedes Vorkommen von *ser* und *estar* einer der oben aufgeführten Funktionen zuzuordnen und auf diese Weise schließlich die Fälle mit qualifikativem Adjektiv als Prädikatsnomen herauszuarbeiten. Nach Ausschluss der lexikalisierten Sonderfälle sollte zeigbar sein, dass *estar* die Prädikation imperfektivisch als einen Zustand versprachlicht, während *ser* den Effekt eines überzeitlich gültigen Sachverhalts erzeugt.

Klassische und unumgängliche Lektüre zum Thema *ser/estar* ist seit 1963 (und sicher auch noch für weitere Jahrzehnte) die sehr didaktisch gehaltene Monographie ‚Ser' y ‚estar', el sistema atributivo del español (Navas Ruiz 1986). Daneben findet sich in Fernández Leborans (1999) eine gründliche Überblicksdarstellung des Forschungsstands zum Thema Ende des 20. Jahrhunderts. Eine moderne und wissenschaftlich gehaltene Einführung in das Thema der Kopulaverben und Kopulasätze im Romanischen insgesamt liefert Remberger (2007). Ebenfalls gesamtromanisch, aber stärker historisch orientiert ist Pountain (1982), ein wichtiger Artikel der eine Gesamtschau der Entwicklung von ESSE und STARE vom Lateinischen bis zu den modernen romanischen Sprachen beisteuert. Fogsgaard (2000) ist eine viel beachtete Monographie zu den Verhältnissen im Spanischen.

10.10 Aufgaben

1. Informieren Sie sich über den Bestand an semi- bzw. pseudokopulativen Verben im Spanischen, und formulieren Sie für jedes aus, worin dessen Semantik sich von der reinen Kopula unterscheidet.
2. Suchen Sie in einem beliebigen spanischen Text nach kopulativen Prädikationen, und motivieren Sie die jeweilige Wahl des betreffenden Kopulaverbs aus den oben referierten Prinzipien.

Bibliographie

Alarcos Llorach, Emilio (1994): *Gramática de la Lengua Española*, Madrid: Real Academia Española (Colección Nebrija y Bello).

Andreu-Klein, Flora (2000): *Variación actual y evolución histórica: los clíticos le/s, la/s, lo/s*, München / Newcastle: Lincom Europa (Studies in Romance Linguistics; 16).

Aparicio, Guillermo (1992): „¿Murió o moria Manolete?", in: *Hispanorama* 60, März 1992, 115-116.

Beckmann, Hans-Georg (1997): *Neue Spanische Grammatik*, Nürtingen: dnf-Verlag.

Bergen, John J. (1978): „One rule for the Spanish subjunctive", in: *Hispania* 61, 218-234.

Berschin, Helmut / Fernández-Sevilla, Julio / Felixberger, Josef (⁴2012): *Die spanische Sprache: Verbreitung, Geschichte, Struktur*, Hildesheim / New York: Olms.

Betz, Katrin (2016): *Adverbien und Depiktive im Spanischen als radiale Kategorien: Eine korpuslinguistische Untersuchung im Rahmen der Konstruktionsgrammatik*, Bamberg: University of Bamberg Press.

Bhat, Darbhe N. Shankara (1994): *The Adjectival Category: Criteria for Differentiation and Identification*, Amsterdam / Philadelphia: John Benjamins.

Bosque, Ignacio / Demonte, Violeta (Hg.) (1999): *Gramática descriptiva de la lengua española*, 3 Bde., Madrid: Espasa / Real Academia Española.

Bossong, Georg (1979): „Prolegomena zu einer syntaktischen Typologie der romanischen Sprachen", in: Höfler, Manfred / Vernay, Henri / Wolf, Lothar (Hg.): *FS Kurt Baldinger zum 60. Geburtstag*, Tübingen: Niemeyer, 54-68.

Bossong, Georg (1991): „Differential object marking in Romance and beyond", in: Wanner, Dieter / Kibbee, Douglas A. (Hg.): *New Analyses in Romance Linguistics*, Amsterdam / Philadelphia: John Benjamins, 143-170.

Braselmann, Petra (1993): „Zur Stellung des attributiven Adjektivs im gegenwärtigen Spanisch", in: *Archiv für das Studium der neueren Sprachen und Literaturen* 230, 335-351.

Brons Albert, Ruth (1982): *Die Bezeichnung von Zukünftigem in der gesprochenen deutschen Standardsprache*, Tübingen: Stauffenburg.

Bruyne, Jacques De (²2002): *Spanische Grammatik*, übersetzt von Dirko-J. Gütschow, 2., ergänzte Auflage, Tübingen: Niemeyer.

Bühler, Karl (1965): *Sprachtheorie: Die Darstellungsfunktion der Sprache*, Stuttgart: Gustav Fischer Verlag.

Bull, William E. (1954): „Spanish Adjective Position: The Theory of Valence Classes", in: *Hispania* 37, 32-8.

Bull, William E. (1965): *Spanish for Teachers*, New York: The Ronald Press.

Cartagena, Nelson (1999): „Los tiempos compuestos", in: Ignacio Bosque / Violeta Demonte (Hg.): *Gramática descriptiva de la lengua española*, Band 2, *Las construcciones fundamentales. Relaciones temporales, aspectuales y modales*, Madrid: Espasa-Calpe, 2935-2975.

Company Company, Concepción (1998): „The interplay between form and meaning in language change. Grammaticalization of cannibalistic datives in Spanish," in: *Studies in Language* 22:3, 529-565.

Company Company, Concepción (1999): „Sintaxis motivada pragmáticamente: futuros analíticos y futuros sintéticos en el español medieval", in *Revista de filología Española* 79:1-2, 65-100.

Comrie, Bernard (1994): „Tense", in: *Encyclopedia of Language and Linguistics*, Oxford u.a.: Pergamon Press, 4558-4563.

Coste, Jean / Redondo, Agustín (1965): *Syntaxe de l'Espagnol moderne (enseignement supérieur)*, Paris: Société d'édition d'enseignement supérieur.

Croft, William (1991): *Syntactic Categories and Grammatical Relations: The Cognitive Organization of Information*, Chicago: University of Chicago Press.

Delbecque, Nicole (1990): „Word Order as a Reflection of Alternate Conceptual Construals in French and Spanish", in: *Cognitive Linguistics* 1:4, 349-416.

Demonte, Violeta (1999): „El adjetivo: clases y usos. La posición del adjetivo en el sintagma nominal", in: Bosque, Ignacio / Demonte, Violeta (Hg.): *Gramática descriptiva de la lengua española* I, § 3.2.3.1., Madrid: Real Academia Española / Espasa Calpe, 129-216.

Detges, Ulrich (1999): „Wie entsteht Grammatik? Kognitive und pragmatische Determinanten der Grammatikalisierung von Tempusmarkern", in: Lang, Jürgen / Neumann-Holzschuh, Ingrid (Hg.): *Reanalyse und Grammatikalisierung in den romanischen Sprachen*, Tübingen: Niemeyer, 31-52.

Detges, Ulrich (2005): „La gramaticalización de los acusativos preposicionales en las lenguas iberorrománicas: Una hipótesis pragmática", in: Knauer, Gabriele / Bellosta von Colbe, Valeriano (Hg.): *Variación sintáctica en español: un reto para las teorías de la sintaxis*, Tübingen: Niemeyer, 155-173.

Du Bois, John W. (2003): „Argument structure: Grammar in use", in: Du Bois, John W. / Kumpf, Lorraine E. / Ashby, William J. (Hg.): *Preferred Argument Structure*, Amsterdam u.a.: John Benjamins (Studies in Discourse and Grammar; 14), 11-60.

Eberenz, Rolf (2000): *El español en el otoño de la edad media, sobre el artículo y los pronombres*, Madrid: Gredos.

Escandell-Vidal, María Victoria (2018): „El futuro simple del español. Sistema natural frente a usos cultivados", in: *Verba Hispanica* 26, 15-31.

Fabricius-Hansen, Cathrine (1986): *Tempus fugit, über die Interpretation temporaler Strukturen im Deutschen*, Düsseldorf: Schwann.

Fernández-Ordóñez, Inés (1999): „Leísmo, laísmo y loísmo", in: Bosque, Ignacio / Demonte, Violeta (Hg.): *Gramática descriptiva de la lengua española* vol. I, Madrid: Espasa / Real Academia Española, 1317-1517.

Fernández Leborans, M. Jesús (1999): „La predicación: Las oraciones copulativas", in: Bosque, Ignacio / Demonte, Violeta (Hg.): *Gramática descriptiva de la lengua española* vol. II, Madrid: Real Academia Española / Espasa Calpe, 2357-2460.

Fernández Soriano, Olga (1999): „El pronombre personal. Formas y distribuciones. Pronombres átonos y tónicos", in: Bosque, Ignacio / Demonte, Violeta (Hg.): *Gramática descriptiva de la lengua española* vol. I, Madrid: Espasa / Real Academia Española, 1209-1273.

Fleischman, Suzanne (1990): *Tense and Narrativity: From Medieval Performance to Modern Fiction*, Austin: University of Texas Press.

Fogsgaard, Lene (2000): *Esquemas copulativos de ser y estar: ensayo de semiolingüística*, Bern u.a.: Lang (European semiotics; 2).

Gabriel, Christoph / Rinke, Esther (2010): „Information packaging and the rise of clitic-doubling in the history of Spanish", in: Ferraresi, Gisella / Lühr, Rosemarie (Hg.): *The Role of Information Structure in Language Change*, Berlin / New York: De Gruyter.

Garachana Camarero, Mar (1995): „Vamos a ir yendo: Metonimia y metáfora en la formación del futur analítico", in: Ortega, Rudolf (Hg.) *Propostes actuals en ciències del llenguatge* I, Tarragona: Universitat Rovira i Virgili, 141-148.

García González, Javier (1993): „La colocación del adjetivo atributivo en el español medieval: un problema metodológico e histórico", in: Lorenzo, Ramón (Hg.): *Actas do XIX Congreso Internacional de Lingüística e Filoloxía Románicas, Universidade de Santiago de Compostela 1989*, V, Gramática Histórica e Historia da Lingua, A Coruña: Fundación „Pedro Barrié de la Maza, Conde de Fenosa", 819-827.

Gebhardt, Heidemarie (1979): „Modus und Pragmatik: Untersuchungen zum Gebrauch des Konjunktivs im Spanischen", in: Bergerfurth, Wolfgang (Hg.): *Festschrift Rupprecht Rohr zum 60. Geburtstag*, Heidelberg: Julius Groos, 169-181.

Givón, Talmy (1983): „Topic Continuity in Discourse: an Introduction", in: Givón, Talmy (Hg.): *Topic Continuity in Discourse*, Amsterdam / Philadelphia: John Benjamins, 1-42.

Grimm, Scott (2005): *The Lattice of Case and Agentivity*, MSc Thesis Amsterdam, Amsterdam: Institute for Logic, Language, and Computation.

Haase, Martin (2012): „Das Spanische aus typologischer und historisch-vergleichender Sicht", in: Born, Joachim et al. (Hg.): *Handbuch Spanisch. Spanien und Hispanoamerika. Sprache – Literatur – Kultur*, Berlin: Erich Schmidt, 39-44 (ungekürzte und ergänzte Fassung unter http://opus4.kobv.de/opus4-bamberg/frontdoor/index/index/docId/1487).

Haig, Geoffrey (2018): „The grammaticalization of object pronouns: Why differential object indexing is an attractor state", in: *Linguistics* 2018; 56(4), 781–818.

Harris, Martin B. (1982): „The 'past simple' and 'present perfect' in Romance", in: Vincent, Nigel / Harris, Martin B. (Hg.): *Studies in the Romance Verb*, London: Helm, 42-70.

Haspelmath, Martin (2001): „The European linguistic area: Standard Average European", in: *Language Typology and Language Universals* vol. 2, Berlin / New York: De Gruyter (HSK - Handbücher zur Sprach- und Kommunikationswissenschaft; 20).

Haßler, Gerda (2016): *Temporalität, Aspektualität und Modalität in romanischen Sprachen*, Berlin / Boston: De Gruyter.

Hatcher, Anne Granville (1942): „The Use of ‚a' as a Designation of the Personal Accusative in Spanish", in: *Modern Language Note*s 57, 421-429.

Heger, Klaus (1966): „La conjugaison objective en français et en espagnol", in: *Langages* 3, 19-39 [wieder als: „La conjugación objetiva en castellano y en francés", in: *Boletín del Instituto Caro y Cuervo*, Bogotá, Colombia 1967, 22, 153-175].

Hennemann, Anja / Plötner, Kathleen (2015): *Das Adjektiv und seine nominalen Nachbarn: Eine korpusbasierte Untersuchung zur Adjektivstellung im Französischen, Spanischen, Italienischen und Portugiesischen*, Berlin: Frank & Timme.

Heusinger, Klaus von / Kaiser, Georg (2003): „Animacy, specificity, and definiteness in Spanish", in: Heusinger, Klaus von / Kaiser, Georg / Stark, Elisabeth (Hg.): *Proceedings of the Workshop „Semantic and Syntactic Aspects of Specificity in Romance Languages"*, Arbeitspapier 113, Fachbereich Sprachwissenschaft, Konstanz: Universität Konstanz, 41-65.

Heusinger, Klaus von / Kaiser, Georg (2005): „The evolution of differential object marking in Spanish", in: Heusinger, Klaus von / Kaiser, Georg / Stark, Elisabeth (Hg.): *Proceedings of the Workshop „Specificity And The Evolution / Emergence of Nominal Determination Systems in Romance*, Konstanz: Universität Konstanz, 33-69.

Heusinger, Klaus von / Kaiser, Georg (2007): „Differential Object Marking and the Lexical Semantics of Verbs in Spanish", in: Kaiser, Georg / Leonetti, Manuel (Hg.): *Proceedings of the Workshop „Definiteness, Specificity, and Animacy in Ibero-Romance Languages*, Arbeitspapier 122, Fachbereich Sprachwissenschaft, Konstanz: Universität Konstanz, 83-109.

Hopper, Paul J. (1979): „Aspect and foregrounding in discourse", in: Givón, Talmy (Hg.): *Discourse and Syntax = Syntax and Semantics*, Bd. 12, New York: Academic, 213-241.

Hopper, Paul J. / Closs Traugott, Elizabeth (^{2}2003): *Grammaticalization*, Cambridge: Cambridge University Press,

Hummel, Martin (2001): *Der Grundwert des spanischen Subjunktivs*, Tübingen: Narr (Tübinger Beiträge zur Linguistik; 459).

Hummel, Martin (2012): „Einzelaspekt: Modus", in: Born, Joachim et al. (Hg.): *Handbuch Spanisch*, Berlin: Erich Schmidt Verlag, 324-329.

Jacob, Daniel (1994): *Die Auxiliarisierung von ‚habere' und die Entstehung des romanischen periphrastischen Perfekts*, dargestellt an der Entwicklung vom Latein zum Spanischen, Habilitationsschrift Freiburg im Breisgau.

Jacob, Daniel (1996): „Von der Subjekt-Relevanz zur Gegenwartsrelevanz: Gebrauch und Entwicklung der Perfektperiphrase *aver* + Partizip Perfekt Passiv im Altspanischen", in: *Romanistisches Jahrbuch* 46, 251-286.

Jacob, Daniel (1999): „La posición del adjetivo en español (y en la lenguas románicas): aspectos varios y varias soluciones de un problema clásico de gramática", in: Martínez González, Antonio (Hg.): *Estudios de Filología Hispánica* II, Granada: Universidad de Granada, 87-106.

Kaiser, Georg (1992): *Die klitischen Personalpronomina im Französischen und Portugiesischen: Eine synchronische und diachronische Analyse*, Frankfurt am Main: Vervuert.

Kaiser, Georg A. (2012): „Einzelaspekt: Pronominalsystem", in: Born, Joachim et al. (Hg.): *Handbuch Spanisch*, Berlin: Erich Schmidt Verlag, 318-324.

Kiefer, Ferenc (1994): „Modality", in: *Encyclopedia of Language and Linguistics*, Oxford u.a.: Pergamon Press, 2515-2520.

Kiesler, Reinhard (2015): *Sprachsystemtechnik: Einführung in die Satzanalyse für Romanisten*, Heidelberg: Winter.

Klein, Philip Walter (1974): *Observations on the Semantics of Mood in Spanish*, Ph.D. dissertation, Washington DC: University of Washington.

Klein-Andreu, Flora (1983): „Grammar in Style: Spanish Adjective Placement", in: Ead. (Hg.): *Discourse Perspectives on Syntax*, New York etc.: Academic Press, 143-79.

Kliffer, Michael D. (1995): „Personal 'A', Kinesis and Individuation", in: Pensado, Carmen (Hg.) *El complemento directo preposicional*, Madrid: Visor, 93-111 (zuerst in: *Papers from the XIIth Symposium on Romance Languages* (1984).

Knauer, Gabriele (1998): *Der Subjuntivo im Spanischen Mexicos, sein Wechselverhältnis zwischen Syntax, Semantik und interaktionalen Faktoren*, Tübingen: Niemeyer (Beihefte zur Zeitschrift für romanische Philologie; 292).

Koch, Peter (1993): „Le 'chinook' roman face à l'empirie. Y a-t-il une conjugaison objective en français, en italien et en espagnol et une conjugaison subjective prédéterminante en français?", in: Hilty, Gerold (Hg.): *Actes du XXe Congrès International de Linguistique et Philologie Romanes*, Université de Zurich (6-11 avril 1992), Band 3, Tübingen / Basel: Francke, 169-190.

Krenn, Herwig / Niemeyer, Jürgen (1997): „Zur Stellung des attributiven Adjektivs im Lateinischen und in den romanischen Sprachen. Syntaktische Gemeinsamkeiten und Unterschiede", in: Gather, Andreas / Werner, Heinz (Hg.): *Semiotische Prozesse und natürliche Sprache* – Festschrift für Udo L. Figge zum 60. Geburtstag, Stuttgart: Franz Steiner, 411-423.

Kurylowicz, Jerzy (1975 [1965]): „The evolution of grammatical categories", in: Id.: *Esquisses linguistiques* II, München: Fink, 38-54.

Laca, Brenda (2006): „El objeto directo. La marcación preposicional", in: Company Company, Concepción (Hg.): *Sintaxis histórica de la Lengua Española,* primera parte: La frase verbal, Bd.1, México, D.F.: Universidad Nacional Autónoma de México / Fondo de Cultura Económica, 423-475.

Lakoff, George (1987): *Women, Fire, and Dangerous Things*: *What Categories Reveal About the Mind*, Chicago / London: The University of Chicago Press.

Langacker, Ronald W. (1995): „A Note on the Spanish Personal ‚A'", in: Hashemipour, Peggy / Maldonado, Ricardo / van Naerssen, Margaret (Hg.): *Studies in language learning and Spanish linguistics, in Honor of Tracy D. Terrell*, New York: McGraw-Hill, 431-441.

Langenscheidt (1997): *Praktische Grammatik Spanisch*, Berlin / München: Langenscheidt.

Lapesa, Rafael (1964): „Los casos latinos: restos sintácticos y sustitutos en español", in: *Boletín de la Real Academia Española* 44, 57-105.

Lapesa, Rafael (⁹2005 [1959]): *Historia de la lengua española*, Madrid: Gredos.

Lleal Galceran, Coloma (1990): *La formación de las lenguas romances peninsulares*, Barcelona: Barcanova.

Llorente Maldonado de Guevara, Antonio / Mondéjar, José (1974): „La conjugación objetiva en español", in: *Revista Española de Lingüística* 4, 1-60.

Martínez, Angelita / Mailhes, Verónica N. (2019): „Re-visitando significados: Las formas del llamado 'futuro' en español", in: Stern, Nancy et al. (Hg.): *Columbia School Linguistics in the 21st Century*, Amsterdam / Philadelphia: John Benjamins, 216-232.

Milsark, Gary (1969): *Existential Sentences in English*, PhD-Thesis Massachusetts Institute of Technology, http://hdl.handle.net/1721.1/13021.

Moreno de Alba, José G. (2006): „Valores verbales de los tiempos pasados de indicativo y su evolución", in: Company Company, Concepción (Hg.): *Sintaxis histórica de la Lengua Española,* Primera parte: *La frase verbal,* Bd. 1, México, D.F.: Universidad Nacional Autónoma de México / Fondo de Cultura Económica, 5-94.

Moriena, Claudia / Genschow, Karen (2004): *Große Lerngrammatik Spanisch*, Regeln, Anwendungsbeispiele, Tests, Ismaning: Hueber.

Müller, Bodo (1971): „Das morphemmarkierte Satzobjekt der romanischen Sprachen. Der sogenannte präpositionale Akkusativ", in: *Zeitschrift für romanische Philologie* 87, 477-519.

Navas Ruiz, Ricardo (³1986): *‚Ser' y ‚estar', el sistema atributivo del español*, Salamanca: Publicaciones del Colegio de España.

Navas Ruiz, Ricardo (1986): *El subjuntivo castellano*, Salamanca: Publicaciones del Colegio de España (Problemas fundamentales del Español; 2).

Niculescu, A. (1959): „L'objet prépositionnel dans les langues romanes", in: *Recueil d'études romanes, publ. à l'occasion du 9ème Congrès international de linguistique romane à Lisbonne du 31 mars au 3 avril 1959*, Bucarest: Editions de l'Académie de la République Populaire Roumaine, 167-185.

Oesterreicher, Wulf (1996): „Gemeinromanische Tendenzen V. Morphosyntax", in: *Lexikon der Romanischen Linguistik* (LRL) II:1, Tübingen: Niemeyer, 273-309.

Pedrero, Rosa (1993): „El futuro perifrástico en las lenguas indoeuropeas", in: *Revista Española de Lingüística* 23:1, 59-72.

Pensado, Carmen (1995): „La creación del complemento directo preposicional y la flexión de los pronombres personales en la lenguas románicas", in: Ead. (Hg.): *El complemento directo preposicional*, Madrid: Visor Libros, 179-233.

PONS (2010): *Das große Handbuch Spanisch*, das komplette Nachschlagewerk zur spanischen Sprache für Schule, Beruf und Allgemeinbildung, Stuttgart: PONS.

Pollak, Wolfgang (²1988 [1960]): *Studien zum Verbalaspekt*, mit besonderer Berücksichtigung des Französischen, Bern u.a.: Peter Lang.

Pountain, Christopher (1982): „'Essere/stare' as a Romance Phenomenon", in: Vincent, Nigel / Harris, Martin (Hg.): *Studies in the Romance Verb, essays offered to Joe Cremona on the occasion of his 60th birthday*, London / Canberra: Croom Helm, 139-160.

Quiles Casa, Carlos (2007): *A Grammar of Modern Indo-European*, Olivenza (Badajoz): Indo-European Language Association (Eur. DNGHU Adsóqiation).

Radatz, Hans-Ingo (2001): *Die Semantik der Adjektivstellung: Eine kognitive Studie zur Konstruktion 'Adjektiv + Substantiv' im Spanischen, Französischen und Italienischen*, Tübingen: Niemeyer (Beihefte zur Zeitschrift für romanische Philologie; 312).

Radatz, Hans-Ingo (2008): „Non-lexical core-arguments in Basque, Romance and German: How (and why) Spanish syntax is shifting towards sentential head-marking and morphological cross-reference", in: Detges, Ulrich / Waltereit, Richard (Hg.): *The paradox of grammatical change: Perspectives from Romance*, Amsterdam: John Benjamins, 181-215.

Radatz, Hans-Ingo (2011): „Leísmo y Marcado Diferencial de Objeto: Dos soluciones paralelas acerca del pansincretismo de caso en el español peninsular", in: Pomino, Natascha / Stark, Elisabeth (Hg.): *El sincretismo en la gramática del español*, Madrid / Frankfurt am Main: Iberoamericana / Vervuert, 45-73.

Radatz, Hans-Ingo (forthcoming): „On Deconstructing Mood: a Construction Grammar Approach to the Spanish Subjunctive", in: Hennecke, Inga / Wiesinger, Evelyn (Hg.): *Constructions in Spanish*, Amsterdam / Philadelphia: John Benjamins (Constructional approaches to language).

Real Academia Española (1973): *Esbozo de una nueva gramática de la lengua española*, Madrid: Espasa-Calpe.

Real Academia Española (2009): *Nueva gramática de la lengua española*, 2 Bde., Madrid: Espasa.

Remberger, Eva-Maria (2007): „Die Kopula im Romanischen", in: Geist, Ljudmila / Rothstein, Björn (Hg.): *Kopulaverben und Kopulasätze, Intersprachliche und intrasprachliche Aspekte*, Tübingen: Niemeyer, 201-66.

Rini, Joel (1990): „Dating the grammaticalization of the Spanish clitic pronoun", in: *Zeitschrift für romanische Philologie* 106, 354-370.

Rothe, Wolfgang (1966): „Romanische Objektkonjugation", in: *Romanische Forschungen* 78, 530-547.

Rudolph, Hildegard (2006): *Kurzgrammatik Spanisch*, zum Nachschlagen und Üben, Ismaning: Hueber.

Sankoff, Gillian (1991): „The grammaticalization of tense and aspect in Tok Pisin and Sranan", in: *Language Variation and Change* 2, 295-312.

Sánchez-Miret, Fernando (2001): *Proyecto de gramática histórica y comparada de las lenguas romances*, München u.a.: LinCom Europa.

Sánchez Canales, E. (2018): *La expresión del futuro en español e inglés*. Adquisición por parte de niños bilingües (4-10 años), Trabajo Fin de Grado, Madrid: Facultad de Filología, UNED.

Schrott, Angela (2012): „Einzelaspekt: Tempus und Aspekt", in: Born, Joachim et al. (Hg.): *Handbuch Spanisch*, Berlin: Erich Schmidt Verlag, 329-334.

Schwegler, Armin (1990): „Chapter five: The verbal core from Latin to French: Part 2: Periphrastic 'cantare habeo, 'habeo cantatum', and 'je vais chanter'", in: Id.: *Analyticity and Syntheticity*, Berlin / New York: Mouton de Gruyter, 117-149.

Sedano, Mercedes (2006): „Importancia de los datos cuantitativos en el estudio de las expresiones de futuro", in: *Revista Signos* 2006, 39(61), 283-296.

Silva-Corvalán, Carmen (1981): „La función pragmática de la duplicación de pronombres clíticos", in: *Boletín de Filología de la Universidad de Chile* 31, 561-570.

Silva-Corvalán, Carmen / Terrell, Tracy D. (1992): „Notas sobre la expresión de futuridad en el español del Caribe", in: Luna Traill, Elisabeth (Hg.): *Scripta philologica* [= FS Juan M. Lope Blanch], Ciudad de México: Universidad Nacional Autónoma de México, 757-772.

Silverstein, Michael (1976): „Hierarchy of Features and Ergativity", in: Dixon, R.M.W. (Hg.): *Grammatical Categories in Australian Languages*, Canberra: Australian Institute for Aboriginal Studies, 112-171.

Solano-Araya, José Miguel (1982): *Modality in Spanish: an account of mood*, Ph.D. thesis University of Kansas.

Taylor, John R. (1992): „Old problems: Adjectives in Cognitive Grammar", in: *Cognitive Linguistics* 3:1, 1-35.

Terrell, Tracy / Hooper, Joan B. (1974): „A semantically based analysis of mood in Spanish", in: *Hispania* 62, 484-494.

Thieroff, Rolf (2000): „Preterites and imperfects in the languages of Europe", in: Abraham, Werner / Kulikov, Leonid (Hg.): *Tense-Aspect, Transitivity and Causa-*

tivity: Essays in Honour of Vladimir Nedjalkov, Amsterdam / Philadelphia: John Benjamins (Studies in Language Companion Series, 50), 141-161.

Thieroff, Rolf (2004): „Modale Tempora – non-modale Modi. Zu Bedeutung und Gebrauch inhärenter Verbalkategorien in verschiedenen europäischen Sprachen" in: Oddleif Leirbukt (Hg.): *Tempus / Temporalität und Modus / Modalität im Sprachenvergleich*, Tübingen: Stauffenburg, 63-85.

Togeby, Knud (1953): *Mode, aspect et temps en espagnol*, Copenhague: Munksgaard (Kgl. Vid. Selsk.).

Väänänen, Veikko (⁴1985): *Introducción al latín vulgar*, Madrid: Gredos.

Vendler, Zeno (1967): „The grammar of goodness", in: Id: *Linguistics in Philosophy*, Ithaca: Cornell University Press, 172-195.

Wandruszka, Ulrich (2000): „Über die Bedeutung des romanischen Konjunktivs und die Geburt des Nebensatzes", in: *Zeitschrift für romanische Philologie* 116:1, 56-71.

Weinrich, Harald (³1977 [1964]): *Tempus: besprochene und erzählte Welt*, Stuttgart: Kohlhammer.

Weinrich, Harald (1982): *Textgrammatik der französischen Sprache*, Stuttgart: Ernst Klett.

Yllera, Alicia (1980): *Sintaxis histórica del verbo español: las perífrasis medievales*, Zaragoza: Universidad de Zaragoza, Departamento de Filología Francesa.

www.ingramcontent.com/pod-product-compliance
Lightning Source LLC
Chambersburg PA
CBHW080634230426
43663CB00016B/2871